新时代应急管理学科建设丛书

应急管理新论

王宏伟◎著

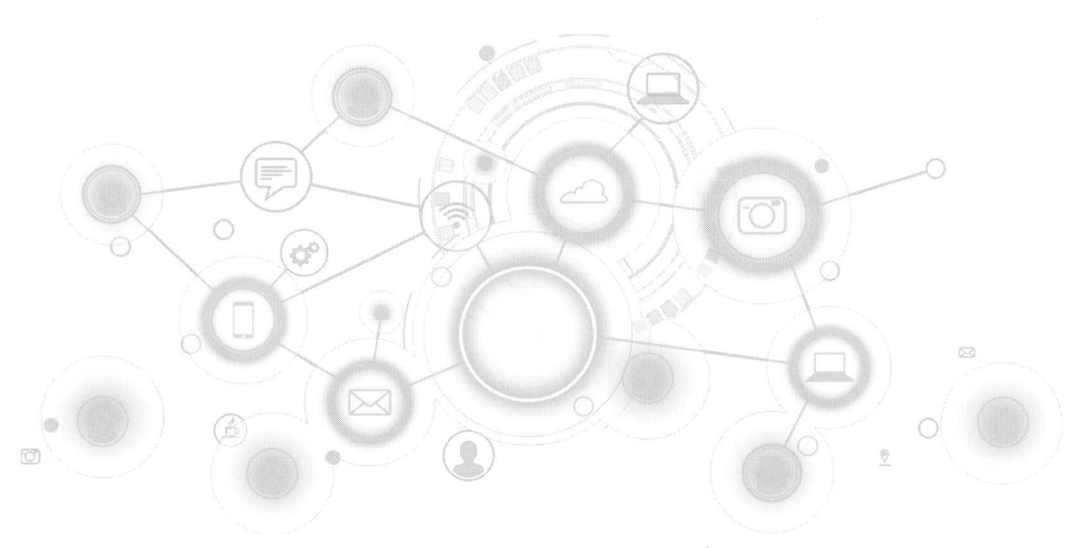

中国人民大学出版社
·北京·

序　言

突发事件应急管理是当前世界各国政府共同关注的一个重要问题。美国学者认为，凸显应急管理重要性的因素包括："(1) 随着近年来灾害成本的激增，公众对于致灾因子、紧急事件及灾害的意识增强；(2) 企业认识到，灾害可能会扰乱企业的运行，甚至导致企业破产；(3) 在危险的地理区域内，人口迅速增长，越发暴露于灾害影响之下；(4) 应急管理者接受越来越多的专业培训，应急管理作为一种职业得到了发展。"[①] 其实，人类社会自诞生以来就与风险、灾难相伴。中国古代"大禹治水"的故事与西方《圣经》中关于"诺亚方舟"的传说都反映了人类的先民们与自然界所进行的顽强抗争。在远古时代，由于对自然界认识的局限，人们往往习惯于对风险与灾害做出某种超自然的解释。

随着科学技术的发展，人们转变了被动地应对风险与灾害的局面，开始积极地预测风险、化解风险，主动地应对、处置灾难，探索进行应急管理的有效途径。自现代国家出现后，应急管理便成为政府管理的核心职能之一。今天，人类已经进入了风险社会。对于人类来说，风险如影随形，无处不在。随着改革开放的不断深入，我国正面临着经济转轨与社会转型的双重挑战。同时，在经济全球化的国际背景下，我国工业化、城市化、信息化迅猛发展，各种可预见和不可预见的风险彼

① Michael K. Lindell，Carla S. Prater，Ronald W. Perry. Introduction to emergency management. John Wiley & Sons Inc.，2007：7.

此之间相互关联、耦合、互动、叠加，重特大自然灾害与事故灾难频繁发生。能否有效地预防与处置突发事件，关系着社会的和谐稳定与国家的长治久安，影响着社会公众获得感、幸福感与安全感的提升。

进入21世纪以来，影响我国公共安全的重大突发事件不断发生，从“非典”、禽流感、甲型H1N1流感到新冠肺炎疫情，从南方暴风雪到四川汶川特大地震、雅安芦山地震、云南鲁甸地震，从拉萨“3·14”严重暴力犯罪事件到乌鲁木齐“7·5”严重暴力犯罪事件，从瓮安县“6·28”事件、孟连事件到石首事件，从襄汾尾矿库溃坝事故到鹤岗“11·21”矿难，从天津“8·12”爆炸事故到江苏响水“3·21”特大爆炸事故……一场场触目惊心的突发事件对社会公众的生命、健康与财产安全提出了严峻的挑战，也考验着各级政府的治理能力。

中国特色社会主义进入新时代。当前，世界正处于百年未有之大变局。新冠肺炎疫情的发生加剧了这个大变局的演变。和平与发展仍是当今世界的两大主题，但影响中国发展的不安定、不稳定、不确定因素明显增多。同时，我国正处于中华民族伟大复兴的关键阶段，依旧面临着改革发展稳定的繁重任务，必须着力防范化解重大风险。在新时代，我们必须以习近平新时代中国特色社会主义思想为指针，认真贯彻落实习近平总书记关于应急管理重要论述精神，认识到做好应急管理工作的极端重要意义，着力打造具有新时代特征的大国特色应急体系。

回顾历史，中华人民共和国成立后，在中国共产党的领导下，我国人民同各类突发事件进行了艰苦卓绝的斗争，积累了丰富而宝贵的应急管理经验。特别是2003年抗击“非典”后，我国以“一案三制”建设为中心，开始探索构建以综合性为主要特征的现代应急管理体系。2018年，为适应国家治理体系和治理能力现代化的要求，在新的一轮党和国家机构改革中，我国整合自然灾害与事故灾难应对的主要职能，整合11个部门的13项职责，组建了全新的应急管理部。这是中国应急管理史上的一个里程碑，意味着一场系统性的转型与重塑，也使得国家整体应急管理格局为之变化。

2020年，世界发生新冠肺炎疫情的大流行。在习近平总书记亲自指挥、亲自部署下，我国坚持“人民至上、生命至上”，按照“坚定信心，同舟共济，科学防治，精准施策”的总原则，打响了疫情防控的人民战争、总体战、阻击战，“用1个多月的时间初步遏制疫情蔓延势头，用2个月左右的时间将本土每日新增病例控制在个位数以内，用3个月左右的时间取得武汉保卫战、湖北保卫战的决定性成果，进而又接连打了几场局部地区聚集性疫情歼灭战，夺取了全国抗疫斗争重大战略成果”，“充分展现了中国精神、中国力量、中国担当”。

客观地说，应急管理的学术研究尚存在许多未经开垦的“处女地”，甚至出现理论滞后于实践的现状。对此，我们要本着以下三个原则进行强弱项、补短板：第一，借鉴国际经验，联系中国国情，大力进行创新；第二，理论与实践相结合，以理论指导实践，用实践丰富理论，弥补理论与实践之间的裂痕；第三，应急技术与应急管理结合，扭转“重技术，轻管理”的局面，在完善应急管理制度的前提下，发挥应急技术的最大效能。

应急管理是一门全新的学科。尽管它不是一种纯粹的“书斋里的学问”，但也需要以理论研究为支撑。1986 年，美国《公共行政评论》杂志出版专号《应急管理：公共行政面临的新挑战》。在美国，应急管理是公共管理的一个非常重要的子领域。特别是“9・11”事件发生后，应急管理成为学术界十分关注的话题。

在美国，联邦应急管理署（FEMA）的目标之一是鼓励和支持应急管理教育。1979 年，联邦应急管理署收购了位于马里兰州埃米斯堡（Emisburg）的圣・约瑟夫学院（St. Joseph's College)。这座学院原来是一个女子人文学院，被收购后，它成为美国消防学会（NFA）的培训基地。1981 年，与原防务民事准备局（DCPA）的培训学院合并，成立联邦应急管理署应急管理学院。同年，它被确定为美国应急管理培训中心。

联邦应急管理署应急管理学院主要为现有的应急管理人员提供技能培训。该机构已经开展了几个项目，推动加快应急管理的学校教育，培养符合未来要求的应急管理者。1995 年，联邦应急管理署指派了一名专职官员，负责与学术界合作，以开发和推广应急管理的相关高等教育课程。

目前，美国有 80 多所各级各类大学、研究和培训机构在开设应急管理方面的课程，培养学士、硕士、博士各类不同人才。其中，7 所大学可授予博士学位，即佐治亚州立大学、北达科他州立大学、乔治・华盛顿大学、路易斯安那州立大学、俄克拉何马州立大学、得克萨斯农工大学、德拉瓦尔大学。在欧洲和澳大利亚，应急管理或危机管理的研究也受到学者的青睐。例如，荷兰莱顿大学公共管理学院的危机研究中心出版了一系列高质量的学术成果。国外有关应急管理的学术期刊主要有以下几种：

- 《重大紧急文件与灾害国际杂志》(*Mass Emergencies and Disasters*)

- 《应急管理国际期刊》（*International Journal of Emergency Management*）
- 《国土安全与应急管理杂志》（*Journal of Homeland Security and Emergency Management*）
- 《灾害预防与管理》（*Disaster Prevention and Management*）
- 《紧急情况与危机管理杂志》（*Journal of Contingencies and Crisis Management*）
- 《灾害管理与响应》（*Disaster Management and Response*）

在新时代，推进我国应急管理体系和能力现代化，一方面要借鉴国外应急管理的有益做法，另一方面也要发挥我国应急管理的特色和优势。2007 年颁布、实施的《中华人民共和国突发事件应对法》（简称《突发事件应对法》）规定：国家鼓励、扶持具备相应条件的教学科研机构培养应急管理专门人才。在国内，突发事件应急管理尚且没有形成一个专业，学术研究起步于 2003 年的"非典"。"5·12"汶川地震后，暨南大学在行政管理专业下开设了"应急管理"方向，后成立应急管理学院。2010 年 5 月，河南理工大学也成立了应急管理学院。此外，中国人民大学、清华大学、中国政法大学等高等院校也设立了应急管理研究所或研究基地。中国行政管理学会还创办《中国应急管理》杂志。这些都为推动我国应急管理研究的发展做出了重要的贡献。2020 年，全国 21 所"双一流"高校在公共管理一级学科下新增应急管理二级学科，全国至少有 36 所本科院校也建立了"应急管理"或"应急技术与管理"专业，这将进一步推动应急管理的发展。

但是，我国应急管理研究需要促进多学科的融合。从研究对象看，突发事件应急管理涉及自然灾害、事故灾难、公共卫生事件、社会安全事件等四大类；从过程看，应急管理包括减缓、准备、响应和恢复等四个阶段；从主体看，应急管理包括政府、企业、社会组织、个人。这决定了突发事件应急管理需要利用理、工、文、管的多学科交叉优势进行研究，推动应急技术与应急管理的结合。

本书是在我 2011 年出版的《应急管理导论》一书基础之上修改而成的，结合了应急管理改革后的实际情况，体现、融合了许多新时代的元素与内容，特别是研究了应急管理改革后的新格局新气象与新问题新挑战。九年前，中国人民大学公共管理学院院长董克用教授鼓励我写一本应急管理教材，并将其纳入了"公共管理核心课程系列教材"，真是独具慧眼。很长一段时间，实践部门所称的“应急管理”在高校课程中只能叫“危机管理”。在应急管理研究沉寂的那几年，老院长的话一直在激励着我：“这个问题到你退休之前是研究不完的。”是他，把我领进了这样一个充满魅力的领域。如今他已经退休了，让我轻轻地道一声“好人一生平安”。若待上林花似锦，出门俱是看花人。在应急管理逐渐成为“显学”的今天，我应该庆幸自己多年的坚守与积累。

感谢中国人民大学公共管理学院院长杨开峰教授、副院长杨宏山教授，让我有机会用应急管理跨学科建设的课题经费重新装扮了自己的“宠儿”。感谢清华大学苏世民书院院长薛澜教授。当年，他作为《应急管理导论》的外审专家之一，给我提出了宝贵、中肯的意见。最后，我还要感谢研究生刘颖、曹梦怡，这两位同学为本书的出版做了大量的统稿、校对工作。

王宏伟

2020 年初冬于中国人民大学

目　录

第一章
应急管理的基础

人类发展的历史就是一部灾害或灾难的历史。从这个意义上说，应急管理活动古已有之。在中国，大禹治水、女娲补天、后羿射日等神话故事以及李冰父子兴修都江堰、张衡发明地动仪等都反映了人与自然灾害抗争的智慧与行动。在西方，随着工业化进程的推进，铁路事故频繁发生，开启了人们对科学管理方式的探索。自 2003 年“非典”以来，“突发事件”“应急管理”等字眼屡见于媒体，已经成为社会公众耳熟能详的词汇。但是，对于其确切的含义，学术界也存在着较大的分歧与争议。新组建的应急管理部整合了自然灾害与事故灾难应对的主要职能，越发倾向于将其应对的对象描述为“灾害事故”，但这并不能涵盖应急管理的全部。研究突发事件应急管理的前提与基础就是科学地界定突发事件与应急管理。

第一节　突发事件与灾害事故

突发事件是剖析应急管理基本理论的基础元素。我们应该对突发事件有一个全方位、立体化的认识，包括了解突发事件的特征、分类与分级。理解突发事件的特征，可以帮助我们识别一个事件是否为突发事件；明晰突发事件的分类与分级，可以帮助我们迅速地确定突发事件应对的责任主体，合理地调配应急资源，厘清应急管理中的各种关系。

一、突发事件概述

1. 突发事件的性质

在英文中，与“突发事件”相关联的词汇有事故（accident）、危机（crisis）、灾害（disaster）、紧急事件（emergency）和巨灾（calamity/catastrophe）。它们在损害程度、影响范围、应急资源需求、恢复时间等方面存在着较大的差别。从事故、危机、紧急事件或灾害到巨灾，其损害程度逐渐加深，影响范围逐渐扩大，恢复时间逐渐拉长，可调度资源逐渐减少。这个观点并没有获得广泛的赞同。例如，不少人认为，危机是非常规的突发事件，应对难度比较大，如果应对不力，就可能导致灾害、巨灾的发生。突发事件相关概念辨析如表 1-1 所示。

表 1-1 突发事件相关概念辨析表

分类	事故	危机	紧急事件/灾害	巨灾
受伤	很少	许多	很多	几百/千
死亡	很少	许多	很多	几百/千
损失	轻微	较重	严重	特重
扰动	轻微	较重	严重	特重
地理影响	地方	分散	分散/扩散	扩散
资源供给	丰富	足够	有限	稀缺
响应者数量	很少	许多	数百	数百/千
恢复时间	几分钟/小时/天	几天/周	数月/年	数年/数十年

资料来源：David A. McEntire. Disaster response and recovery：strategies and tactics for resilience. John Wiley &Sons Inc.，2007：3.

其中，紧急事件与灾害也存在着重要的差别。在西方，“紧急事件”一词主要指导致微小伤亡和有限财产损失的常规事件，如一般性的车祸、火灾等，受影响人数少，消防、警察、急救作为事件的最初响应者，可以依照标准程序加以应对。此外，“紧急事件”还可以指迫在眉睫、一触即发的事件，人们的响应时间有限，必须采取迅速、有效的行动。事件尽管尚未发生，但后果可能非常严重。而“灾害”一词主要用于指造成重大损失、某一社会系统难以驾驭和控制的事件。灾害往往造成巨大的伤亡、众多的财产损失或环境破坏。

在英文中，“应急管理”（emergency management）即“紧急事件管理”，这一表述方式存在着一定的问题。美国应急管理学家麦克恩泰尔（David A. McEntire）认为，“应急管理”这一术语本身就是不恰当的、自相矛盾的。其原因有三：一是应急管理学者更加关注“灾害”，而不是“紧急事件”；二是“应急管理”突出了被动反应性，似乎它只与一线的响应者有关；三是“应急管理”意味着我们拥有应对灾害的控制能力①。在英文中，“紧急事件”通常是指在人们日常生活中经常发生、通常不会造成严重影响的紧急情况，如小型火灾等。但是，学者们使用“应急管理”一词主要指称对各种灾害或灾难的管理。

同时，“应急管理”不仅仅意味着要对灾害或灾难进行处置，也要对其进行有效的预防，事发后要快速地恢复。它绝不只是对警察、消防、医疗急救等一

---

① David A. McEntire. The status of emergency management theory：issues，barrier and recommendations for improvement. Journal of Emergency Management，2005，3 (3).

线处置者的技能要求，还与应急决策者、应急管理者相关。

此外，灾害之所以发生，意味着它超出了我们的承受、控制能力。但是，“应急管理”却包含着这样一层含义，即我们对于灾害有进行控制的能力。这存在着一个明显的悖论：灾害的发生是因为超出我们的控制能力，而我们进行应急管理的目的就是控制灾害的发生。即便如此，人们依旧没有找到一个更为恰当的词语去替代“应急管理”。

由于汉语词汇表达的丰富性与模糊性，上述概念无一可与我们所使用的“突发事件”一词完全照应。根据《突发事件应对法》，所谓的突发事件，“是指突然发生，造成或者可能造成严重社会危害，需要采取应急处置措施予以应对的自然灾害、事故灾难、公共卫生事件和社会安全事件”。

我们所说的“突发事件”包含以下两层含义：第一，在我国，突发事件主要包括四大类，即自然灾害、事故灾难、公共卫生事件和社会安全事件；第二，突发事件具有突发性、公共威胁性和紧急性三大基本特征。

（1）突发性。在《说文解字》中，东汉许慎对“突”字的解释是：“突者，犬从穴中暂出也。”其意思为一条狗突然从狗洞里窜出，情势非常紧急。突发事件往往是平素积累起来的问题、矛盾、冲突因长期不能得到有效解决，在突破一定的临界点后的突然迸发。因此，它看似偶然，实则必然。突发事件应对必须未雨绸缪、防患于未然。

（2）公共威胁性。突发事件可能会使特定多或不特定多的社会公众在健康、生命和财产方面遭受重大的损失，干扰、破坏社会正常运行的秩序，甚至使政府的合法性面临挑战。其影响对象是社会公众群体，其威胁带有很强的公共性和社会性。因此，突发事件又被称为突发公共事件。

（3）紧急性。突发事件发生后，情势变得非常紧急，应急管理人员处于巨大的时间和心理压力之下，必须迅速调动一切可能调动的人力、物力和财力，进行有效的应对与处置，控制事态发展，消除事件的后果与影响。

以上二点是突发事件的基本特征，也是我们判明一个事件是否为突发事件的基本标准。我们要避免将突发事件泛化的趋势，特别要注意以下两个问题：第一，我们所说的突发事件是非战争状态下的突发事件。战争或武装冲突不属于我们所说的突发事件。在日本等国家，战争或武装冲突被列入“危机”的范畴。第二，我们一定要注意突发事件的公共性边界。有些事件对于个人而言为“突发事件”，但并非突发公共事件。例如，一些居住在高层的人房门打不开，这属于“突发个人事件”，但不是“突发公共事件”。因此，一些人用“公共”来修饰“突发事件”，或曰“公共突发事件”，或曰“突发公共事件”。

除此之外，在应急管理的过程中，突发事件还常常具有其他两个重要的附加特征：不确定性与扩散性。通常，突发事件从始至终都处于不断的变化过程中，人们很难根据以往的经验对其缘起、演变路径与发展方向做出常识性的判断。特别是今天，我们经常会面临前所未遇的新型突发事件，这更加剧了突发事件的不确定性。

突发事件的扩散性表现在两个方面：一是突发事件往往会突破地域限制，向更广范围的地理空间扩张；二是突发事件会引发次生灾害，形成一个灾害的链条。前者要求我们建立区域应急联动、流域应急联动甚至是国际应急联动机制，后者要求我们加强各个相关部门之间的应急合作与协调。

其实，我国对“突发事件”的界定并不严密，存在着一定的瑕疵。一是并非所有应急管理的对象都符合“突发”特征，如渐进性发生的旱灾属于应急管理的范畴，但并不符合突发的特征。二是四大类的划分并不周延，如经济危机似乎无可归类。这说明，突发事件是具有高度复杂性的现象，以至于挑战了人类的语言表达能力。例如，在西方，应急管理似乎是名不符实，其管理的对象按照字面含义应是“紧急事件”（英文对应的是 emergency，主要是指交通事故、火灾等影响与危害较小的意外事件），但实际上应急管理关注的对象却是如“9・11”事件、“东日本大地震”那样的大危机、大灾难；灾害管理（disaster management）本身就是自相矛盾的，因为“灾害”本身就意味着超越了社会的管理能力，“灾害管理”似乎是无稽之谈。所以，“突发事件”的概念尽管存在问题，也是可以理解和宽宥的。在我国，官方使用“突发事件”而不用“危机”，目的大概是凸显事件的客观性和中立性。但实际上，“危机”、“公共危机”和“突发事件”是等量齐观的术语。

2. 突发事件的社会影响

应急管理者不仅要掌握突发事件的特征，还要了解突发事件所带来的社会变化。只有这样，才能客观、冷静地分析突发事件发生后的情势，做出正确的决策。我国应急管理理论与实践的一个重大缺憾是缺少对突发事件社会影响的研究。应急管理者从主观意志出发，一厢情愿地采取救援、救助、管理措施，结果事倍功半甚至事与愿违。应急管理以人民为中心的理念要求应急管理者仔细研究突发事件带来的社会影响，有的放矢地采取应急措施。

美国灾害管理学家戴尼斯、库兰特利、克莱普斯（R. R. Dynes，E. L. Quarantelli，& G. A. Kreps）认为，灾害会给社会带来以下六大变化：

（1）不确定性。灾害发生后，相关信息匮乏。人们不知道发生了什么、为什么发生、死伤人数、毁坏程度以及为应对这些问题而采取的措施。

（2）紧急性。由于需求增加，大多数公众和领导者初步认识到尽快发出预警、救治伤员、清理废墟、打通道路的重要性。

（3）紧急一致性。个人、群体、企业、政府部门和政治领导人通常会齐心协力，共同应对。

（4）公众角色的扩张。人们不仅更愿意合作，而且可能参与到各种活动中，如搜寻被困在废墟下的邻居、向医院运送伤员、给慈善组织救灾捐赠等。

（5）契约关系重要性降低。由于灾民的需求必须尽快满足，文字性契约被口头约定所取代。人们在进行捐献时，不会考虑事后的补偿。

（6）汇集效应。人及物资汇集到灾害现场。其中也包括返回现场的疏散者及需要了解灾民情况的人。此外，志愿者、记者、研究人员、趁火打劫者、为救援人员助威者以及悼念遇难亲友者都会云集至灾区①。

了解这些变化，对于我们准确把握突发事件的特征和人们的心理及行为特点、迅速展开有效的处置行动都具有重要的指导意义。例如，突发事件发生后所带来的“紧急一致性”成为灾后社会动员的依据，应急管理者必须采取有力措施，有序地调派志愿者、分发应急救援物资。但是，这个结论来自对自然灾害的研究，是否符合事故灾难还有待观察。

3. 突发事件的分类

突发事件的类型学是非常复杂的理论问题。不同国家将突发事件做不同的分类。在我国，突发事件按照发生原因、机理、过程、性质和危害对象的不同而被分为四大类，即自然灾害、事故灾难、公共卫生事件和社会安全事件。

一是自然灾害，主要包括五小类：干旱、洪涝、台风、冰雹、沙尘暴等气象灾害，地震、山体滑坡、泥石流等地震地质灾害，风暴潮、海啸、赤潮等海洋灾害，森林草原火灾，农作物病虫害等生物灾害。由于所处的自然地理环境

---

① David A. McEntire. Disaster response and recovery：strategies and tactics for resilience. John Wiley &Sons Inc.，2007.

和特有的地质构造条件，我国是世界上遭受自然灾害侵袭最为严重的国家之一。灾害种类多，影响范围广，发生频率高，造成损失重，是我国的一个基本国情。应急管理改革后，应急管理部门主要应对的是气象灾害、地震地质灾害、森林草原火灾，不包括海洋灾害、生物灾害。

二是事故灾难，主要包括铁路、公路、民航、水运等交通运输事故，工矿商贸等企业的安全生产事故，城市水、电、气、热等公共设施、设备事故，核与辐射事故，环境污染与生态破坏事件，等等。目前我国安全生产的整体水平较低、基础相对薄弱，重特大安全生产事故时有发生，危化品、煤矿、非煤矿山、交通运输、建筑施工、冶金、烟花爆竹、特种设备等重点行业隐患突出。在事故灾难中，应急管理部门主要应对生产安全事故和城市火灾，而不包括核与辐射事故、环境污染与生态破坏事件等。

三是公共卫生事件，主要包括传染病疫情、群体性不明原因疾病、食物与职业中毒、动物疫情及其他严重影响公众健康和生命安全的事件如食药安全事件。在应急管理改革中，原属于国家安监总局的职业卫生管理职能移交国家卫健委。国家卫健委在卫生应急领域有两大职责：一是主责应对公共卫生事件，二是为其他三类突发事件提供紧急医疗救援。自然灾害与事故灾难的应对中医疗救援不可缺位。

四是社会安全事件，主要包括恐怖袭击事件、经济安全事件、民族宗教事件、涉外突发事件、重大刑事案件、群体性事件等。在我国，社会安全事件与政治安全特别是制度安全和政权安全联系更加直接与密切，由国安委、政法委及其下属的公安部门负主责，必要时协调国安、检察院、法院、司法等部门共同处置。如果社会安全事件造成人员被困或伤亡，则需要应急救援队伍开展现场搜救、医疗救援人员开展救护。当其他三类突发事件发生时，公安部门要协同配合，如封闭道路、维持秩序、打击犯罪等。

不仅如此，有人甚至建议将生态环境事件单独作为一类突发事件，以彰显其重要性。

2018 年 3 月，第十三届全国人民代表大会第一次会议批准国务院机构改革方案，决定设立应急管理部。按照大部制模式组建的应急管理部并没有将四大类突发事件的应对都纳入自己的职责范围，这是因为行政体制改革要处理大和小的关系。“大部门制要稳步推进，但也不是所有职能部门都要大，不是所有相关职能都要往一个筐里装，关键要看怎样摆布符合实际、科学合理、更有效率。”① 应急管理部、国家卫健委、公安部是中国应急管理的“三驾马车”或“三堵承重墙”：灾害事故应急与卫生应急是单向依赖关系，卫生应急与社会安全事件应急、灾害事故应急与社会安全事件应急则是双向依赖关系。不仅如此，应急管理部是中国最大的应急专业部门，扮演的是“驾辕马车”和“主承重墙”的角色。

4. 灾害事故的含义

应急管理部在描述应对对象时使用“灾害事故”的表述，“灾害”与“事故”之间没有顿号。灾害主要是指自然灾害，事故主要是指事故灾难。

灾害事故的第一层含义是对二者的合称。相比较而言，自然灾害是自然的致灾因子引发的，人为因素表现得较为间接；事故灾难则是技术的致灾因子引发的，人为因素表现得较为直接。自然灾害与事故灾难都表现为突然发生，然而自然的致灾因子的作用更容易被人们界定为不可抗力，而事故灾难则被认为是可以预防的，其发生是由责任、制度不落实所导致。因此，造成群死群伤的事故灾难发生后，更容易引起舆情的波动和公众的不满，从而引发群体性事件。通常，自然灾害发生后，地方政府容易夸大灾情，以获取更多的中央政府支持；事故灾难发生后，地方政府更倾向于瞒报，以规避责任和惩罚。因此，应急管理部将两类突发事件整合在一起，必须注意其中的差别。

我们对于突发事件进行分类的主要意义在于：明确责任主体，更为便捷地处置专业性、技术性强的突发事件。以前，自然灾害救援涉及林业等部门，救助的主责部门是民政；生产安全事故处置的主责部门是安监，救援要依赖消防；公共卫生事件应对的主责部门是卫生；社会安全事件处置的主责部门是公安。但是，自然灾害的预测与预警由多个部门负责，如气象、地震、防汛抗旱、国土资源等，资源相对分散。而且，同一场事故灾难，性质是生产安全责任事故还是火灾责任事故，彼此纠缠不清、相互扯皮。应急管理部整合了 11 个部门的 13 项职责，符合现代社会重大安全风险应对的要求。

突发事件的分类是静态的。但是，突发事件的演进却是动态的，因为安全风险是流动的。突发事件之间往往是相互关联、相互渗透的，需要各个部门协

---

① 中共中央宣传部．习近平总书记系列重要讲话读本（2016 年版）．北京：学习出版社，2016：177.

同应急、合成应急。在现代社会中，我们经常需要面对的是复杂型的突发事件，致灾因子具有突出的连带性、耦合性与叠加性，表现出链状群发甚至网状群发的特点。

灾害事故的第二层含义是自然灾害所导致的事故灾难。例如，在 2008 年南方雨雪冰冻灾害中，自然因素导致基础设施瘫痪，进而演化为技术灾难；基础设施因相互依赖而产生互动效应，其影响迅速向全社会扩散，造成社会生产生活的无序，暴露出我国在电、煤等重要物资生产、储备上的严重问题。可以说，自然因素引发了技术灾难，而技术灾难又放大了自然因素的社会影响，显现出隐性的社会经济问题。这是典型的“自然-技术型灾害”，即事故灾难。

灾害事故的第三层含义是事故灾难导致的自然灾害，或许应该称为事故灾害。例如，2008 年 9 月 8 日的山西襄汾尾矿库溃坝，从致灾因子作用的形态上看类似泥石流、滑坡，最终定性为事故。2015 年 12 月 20 日，深圳光明新区垃圾场垮塌，面积超过 10 万平方米。该事件造成 73 人死亡，33 栋建筑物被掩埋或毁坏。事发地原为一个采石场，弃用后变成垃圾受纳场。垮塌原因为人工堆土崩溃，而非山体滑动。因此，该事件尽管从表现形式上为自然灾害，实际上被定性为由失职渎职所导致的事故灾难，强调其“事出有因”的属性。

因此，灾害事故属于突发事件，是应急管理部主责处置的突发事件，有三种情况：应急管理部主责处置的自然灾害或事故灾难，自然灾害引发的事故灾难，事故灾难引发的自然灾害。这一概念的出现便于描述复杂性灾害。国外学者在发生机理上将复杂灾害分为以下四类：复杂或复合型灾害（complex or compound disaster）、引致型灾害（cascading disaster）、协同型灾害（synergistic disaster）和自然-技术型灾害（na-tech disaster）。复杂或复合型灾害包括多种灾害，如地震会导致滑坡、建筑坍塌、火灾等。引致型灾害指引发更多致灾因子或风险的事件。例如，在“9・11”事件中，被劫持的飞机撞上世界贸易中心大楼，引起火灾和建筑物垮塌，纽约市的地铁等基础设施运行受到影响。协同型灾害是指一种灾害的影响会放大其他灾害的影响，如供水或供电中断会使通信不畅或灭火队伍不能及时赶到现场。自然-技术型灾害是指自然致灾因子与技术互动，产生或放大负面效应[①]。这是后工业社会重大安全风险使然，应急

① David A. McEntire. Disaster response and recovery: strategies and tactics for resilience. John Wiley & Sons Inc., 2007: 360.

管理部的组建有利于提升政府的应急处置能力。作为应急管理活动的中枢神经，应急管理者必须高屋建瓴、统揽全局，把握突发事件演进的机理，做好应急资源的协调与调度工作，处理好分类管理与综合协调的关系。

二、灾害事故的非常规性

在很大程度上，现代灾害事故管理深受官僚文化的习染，被打上了深深的官僚组织的烙印。一般而言，官僚组织应对灾害事故有四个支柱：既定的应急预案与体系，良好的沟通与信息技术，事先确定的决策协议，正式的合作与有效的跨边界组织。官僚组织遵循僵化的应对计划，不折不扣地执行决策程序，并依赖正式的关系进行沟通。

现代灾害事故发生后，社会表现出快速变化、海量信息、高度不确定性等特点。这种复杂的环境偏离了确定性、可预测、可控制的状态。在这种情况下，灾害事故应对需要“快速评估与适应能力，恢复或增强受到扰动或不充分的沟通，采取灵活的决策，增进应急组织之间的协调与信任”①。这绝非通过常规手段可以实现的。从总体上看，蓬莱 19-3 油田溢油事故处置不力就是因为我们因循守旧，以常规性的手段来处置非常规性的现代灾害事故。

在现实世界中，人们为自己划定了职责边界。而现代灾害事故往往表现出扩散性的特点，往往会越过职责边界。灾害事故应对需要多个部门协同联动。蓬莱 19-3 油田溢油事故发生后，海洋受到污染，养殖户提出利益诉求，国人高度关注，舆论热议纷纷。这表明，溢油事故已经超越了企业内部生产安全事故的范畴，必须采取非常规的应对措施，调动多种资源，灵活加以处置。这就如同人体在紧急情况下需要启动应激机制一样。但遗憾的是，相关部门并没有打破既有的权责界限、采取有力的非常规手段，依然按照常规程序加以应对。

面对灾害事故的不确定性，人类本能地希望以强化制度、规则甚至法律的方式应对。灾害事故从其发生的频率来看可以分为两种：一种是经常发生，具有一定的周期性，可以按照日常程序、调动常规资源予以应对，如火灾、洪灾；另一种发生的概率比较小，无规律可循，不能按照日常程序、调动常规资源予以应对。二者表现形式与内在规律不同，需要采取不同的手段来应对：前者因

---

① Naim Kapucu. Building community capacity to respond. Public manager，2007，36（3）：21-25.

反复出现，可预测性较强，预案与灾害事故应对的实际情况之间差距较小，可以循规蹈矩。但是，后者发生概率较小，可预测性弱，预案与灾害事故应对的实际情况之间存在着较大差距，必须打破常规。

在后工业化社会，我们经常面对的风险都是不确定性极强的。为了有效应对常规性的突发事件，我们依然需要良好的制度设计，以界定正式、严格、可预测的角色和行动系统，其目的是在高度非理性、混乱的环境中做出理性的反应。与此同时，反思蓬莱19-3油田溢油事故，我们认为，为了有效地应对不确定性、复杂性、扩散性极强的现代灾害事故，必须学会不按常理出牌，打破既有的管理边界，增强应对的灵活性，以非常规的措施来应对非常规的灾害事故。

第二节 突发事件的分级

一、突发事件分级的惯例

突发事件不仅分类，而且分级。分级的主要目的是使应急响应行动与突发事件潜在的危害相适合、相匹配，因为过度响应和响应不足都可能造成负面影响。

在《突发事件应对法》中，突发事件的分级与突发事件预警分级是分别规定的。根据《突发事件应对法》第三条第二款，“按照社会危害程度、影响范围等因素，自然灾害、事故灾难、公共卫生事件分为特别重大、重大、较大和一般四级。法律、行政法规或国务院另有规定的，从其规定”。

根据《突发事件应对法》第四十二条第二、三款，我国突发事件预警制度中，“可以预警的自然灾害、事故灾难和公共卫生事件的预警级别，按照突发事件发生的紧急程度、发展态势和可能造成的危害程度分为一级、二级、三级和四级，分别用红色、橙色、黄色和蓝色标示，一级为最高级别。预警级别的划分标准由国务院或者国务院确定的部门制定”。

除此之外，我国的突发事件应急预案又存在着对响应级别的划分。例如，《国家突发地质灾害应急预案》按危害程度和规模大小，将地质灾害险情和地质灾害灾情分为四级：特大型、大型、中型和小型，并据此确定相应级别的应急机构。

事件分级、预警分级与响应分级三者之间的关系是什么？我们认为，要弄清这个问题，先要阐释分级的意义。如果分类是从横向上确定相关部门的主体责任，那么分级则是从纵向上确定相关层级政府的主体责任。应急管理既要避免响应不足，也要避免响应过度。响应不足会影响公共安全，响应过度则会对社会公众的基本人权造成不必要的克减，造成应急成本太高和纳税人钱财的靡费。

我们不是为了分级而分级，更不是为了显示应急管理工作的高科技含量而分级。分级的主要目的是科学应急、合理应急、适度应急，在确保公共安全的同时，降低应急的行政成本。在这个原则下，我们应该按照简单、清晰、明确、易行的原则对待分级问题：

第一，事件分级、预警分级与响应分级应该合而为一。分级的前提是进行客观、科学的风险评估。根据风险评估的结果，研判将要发生哪一级别的突发事件，并发布相关级别的预警信息。有关主体在接到预警信息后，按照预警级别，启动相应级别的应急响应。

第二，突发事件处于不断的演进过程，分级是动态的。当对事件级别的研判出现变化，预警级别及响应级别应相应地做出调整。但是，当突发事件情势不够明朗时，分级可遵循"就高不就低"的原则。分级要突出"三敏感"的原则，即对敏感时间、敏感地点和敏感性质的事件定级要从高。

第三，按照我国应急管理现行模式，不同级别的突发事件对应不同层次的最高响应行政主体（见表1-2)。由于我国突发事件应对体现属地管理为主的原则，某一级突发事件发生后，与之相对应的最高响应主体及以下的主体都需要参与应对。例如，特大突发事件发生后，省及其下属的地级、县级人民政府都要展开应对。

表1-2　　突发事件的分级与最高响应主体

级别	颜色	最高响应主体
特别重大（一级）	红色	国务院
重大（二级）	橙色	省政府
较大（三级）	黄色	地级人民政府
一般（四级）	蓝色	县级人民政府

我们用不同颜色标注不同的突发事件等级，其原因如下：一是比较醒目，便于识别和判断；二是方便弱势群体如文盲辨识。但是，社会公众必须接受一定程度的公共安全教育，否则，他们很难确知各种不同颜色的含义。

第四，突发事件种类繁多、规律各异，且彼此之间相互交织、渗透。中国幅员广阔，各地情况千差万别，脆弱程度与承灾能力不同，很难将死亡人数及财产损失作为划分级别的规定。例如，根据现行的《国家突发地质灾害应急预案》，因灾死亡 30 人以上或因灾造成直接经济损失 1 000 万元以上的地质灾害灾情为特大型地质灾害灾情；因灾死亡 10 人以上、30 人以下，或因灾造成直接经济损失 500 万元以上、1 000 万元以下的地质灾害灾情为大型地质灾害灾情。30 人、1 000 万元这样决定应急响应级别的节点是否有科学依据？此外，在同一场灾害事故中，不同部门启动响应级别不同，不能相互协同。

目前，国家建立一个放之四海而皆准的统一分级标准，可行性较低。我们认为，国家可对各地制定突发事件分级标准，进行风险评估提出指导性的意见，增强地方各级政府的突发事件风险评估能力。县级人民政府如果根据风险评估的结果判定突发事件将发生，并可以凭借本辖区内的资源予以应对，则发出四级预警、进行四级响应。如果突发事件的破坏性影响将超出本辖区的应对能力，则请求上级人民政府发出三级预警、进行三级响应，以此类推。或者说，当发生何种级别的突发事件时，我们如果知道采取何种响应行动，那么，分级的最终目的也就达到了。

二、突发事件分级的挑战

在迈向后工业社会的进程中，重大安全风险的演进呈现出非线性的特点。美国气象学家爱德华·洛伦兹（Edward Lorenz）提出：南美亚马孙河流域的一只蝴蝶轻微地振动一下翅膀，两周后在美国的得克萨斯州就可能掀起一场风暴。社会安全事件经常体现出发展变化的“蝴蝶效应”。因而，应急管理者应对突发事件，尤其是社会安全事件必须要有见微知著的洞察力和防患于未然的预控力。

应急管理改革是一个复杂的系统工程，既涉及中央层面，也涉及地方层面。在地方应急管理改革尚未完全到位时，应急管理部门在成立之初以“把豆腐当铁打”的姿态，不断派出工作组指导地方党委和政府处置突发事件，这在“边应急，边组建”时期是必要的。它有效地维护了新生组织的声誉，确保了改革空档期的公共安全。但是，由于我国灾害事故多发，从长远来看，应急管理部门应该明确并压实地方政府的责任，使其更有自主应急的能力。否则，应急管理部门就会成为一个四面出击、疲于奔命的“救火队”。毕竟，应急管理部门的人力资源也是有限的。

第三节　应急管理概述

“应急管理”这一术语是一个舶来品。检索《人民日报》，最早使用“应急”一词的是 1981 年 8 月 16 日的一篇报道《国务院召开紧急会议制订开源节流应急措施》。其实，“应急管理”是由核电行业引入我国的。1989 年 5 月 27 日，《人民日报》发表了《我核安全工作进入法制轨道：已发布 6 个核安全法规 24 个安全导则》，其中提到了“核事故应急管理”。自 2003 年“非典”疫情暴发以来，我国对突发事件应急管理给予了前所未有的高度重视。今天，“应急管理”已经成为一个家喻户晓的社会热门词汇。但是，何为应急管理？对于这样一个基本问题，人们未必了然于胸。

一、应急管理的定义

德拉贝克与霍特默说：“应急管理是这样一种学科与职业，它应用科学技术、规划与管理来应对极端事件。这些极端事件可能会导致多人伤亡，对财产造成重大损失，扰乱社会生活。”

美国联邦应急管理署认为，应急管理就是“有组织地分析、规划、决策与调配可利用的资源，针对所有危险的影响而进行的减缓、准备、响应与恢复”。

威廉·沃认为：“用最简单的话来说，应急管理就是风险管理，其目的是使社会能够承受环境、技术风险，应对环境、技术风险所导致的灾害。”风险管理贯穿于应急管理的全过程。那种将风险管理界定为事前管理、把应急管理界定为事后管理的观点是没道理的。

哈多与布洛克说，应急管理的简要定义是“应对风险与规避风险的学科”。

联合国国际减灾战略在《术语：灾害风险削减的基本词汇》中提出，应急管理是“组织与管理应对紧急事务的资源与责任，特别是准备、响应与恢复。应急管埋包括各种计划、组织与安排，它们确立的目的是将政府、志愿者与私人机构的正常工作以综合协调的方式整合起来，满足各种各样的紧急需求，包括预防、响应与恢复”。

2007 年 10 月 23 日，美国国土安全部（DHS）出版的《术语》（*Lexicon*）提出，应急管理是协调、整合所有对于建立、维持与提高一系列能力来说很有必要的活动，它们包括针对潜在或现实灾害或紧急事务而进行的准备、响应、恢复、减缓，不论导致灾害或紧急事务的原因是什么。

综合上述定义，我们可以看出：第一，应急管理的对象是各种突发事件，不管是自然、人为还是技术因素所导致的突发事件；第二，应急管理包括对突发事件的准备、响应、恢复与减缓行为；第三，应急管理的本质是协调与整合。

结合我国关于突发事件的界定，我们认为，所谓的应急管理，就是为了预防与应对自然灾害、事故灾难、公共卫生事件和社会安全事件，将政府、企业和第三部门的力量有效组合起来而进行的减缓、准备、响应与恢复活动。应急管理包括四个阶段，即减缓（mitigation）、准备（preparedness）、响应（response）、恢复（recovery），分别代表应急管理中的四种活动。

二、应急管理的生命周期

减缓、准备、响应与恢复是应急管理生命周期中的四个阶段或四种活动，它们构成一个首尾闭合的循环。这已经成为国际通行的应急生命周期理论。在我国，它为自然灾害管理人士所接受。按照惯例，安全生产的特点是重监管、轻应急，因为生产安全事故多被认为是应该注意但没有注意到的因素驱动所引发的意外事件。相对而言，安全生产领域的“应急”就是指应急响应与救援。在应急管理部成立的背景下，安全生产应该采纳全流程应急管理的理念，在继续保持安全监管优势的同时，不断完善安全生产的应急准备、响应和恢复能力。

所谓的“减缓”，是指减少影响人类生命、财产的自然或人为致灾因子以及降低脆弱性的行动，如实施建筑标准、推行灾害保险、管理土地的使用、颁布安全法规等。其目的主要是减少突发事件发生的可能性或限制突发事件的影响。例如，政府采取严格的法律措施，禁止在灾害易发地带构建房屋。可以说，减缓包括两个方面的含义：预防灾害及减少损失。

所谓的“准备”，是指发展应对各种突发事件的能力，如制定应急预案、建立预警系统、成立应急指挥中心、进行灾害救援培训与演练等，提高备灾水平。充分的应急准备有利于我们在突发事件发生后保护公众的生命和财产，有利于社会快速地恢复到正常状态下。准备活动的核心是事先必须制定周密、详尽、具体的应急预案，确定具有可操作性的程序，建立应急救援队伍，储备充足的应急资源，发展应急保障系统。

所谓的“响应”，是指采取行动以挽救生命、减少损失，如激活应急预案、启动应急系统、提供应急医疗援助、组织疏散与搜救等。其活动主要包括：确保受突发事件影响区域的安全，对受突发事件影响威胁的地区进行疏散，对突发事件现场进行搜索和救援，对伤者提供应急医疗救助，为被疏散者及其他社会公众提供应急避难场所。在应急响应阶段，我们必须同时兼顾三个目标：第一，最大限度地保障社会公众的生命、健康安全；第二，最大限度地减轻突发事件所造成的财产、经济损失；第三，严防次生灾害的发生。需要指出的是，应急响应活动未必发生于事后，事前的疏散也属于“响应”的范畴。

所谓的“恢复”，既指按照最低运行标准将重要生活支持系统复原的短期行为，也指推动社会生活恢复常态的长期活动，如清理废墟、控制污染、提供灾害失业救助、提供临时住房等。恢复开始于相应行动即将结束时。恢复的近期目标是恢复灾区的基础设施。基本的基础设施包括供水、排污、电力、燃料、电信和运输系统。其远景目标是使灾区的生活质量恢复到与灾前处于同一水平甚至高于灾前的水平。

应急管理四个阶段的主要活动如表 1－3 所示：

表 1－3　　应急管理四个阶段的主要活动

阶段	主要活动
减缓	建筑法规、建筑使用管理、立法、公众教育、公共信息、纳税奖惩、保险、土地使用管理
准备	应急响应计划、预警系统、疏散计划、应急沟通、互助协议、公众教育、公众信息、资源储备、训练项目、检验性演练、避难场所
响应	预案执行、紧急状态宣布、预警消息、公众信息、注册与跟踪、通知上级机构、激活协调中心、疏散、动员资源、损失评估、搜救、提供医疗支持、实施公共卫生措施、迅速提供救助
恢复	基本服务、咨询项目、临时住房、金融支持或帮助、分配恢复物资、恢复公众信息、长期医疗支持、满足公众诉求、恢复公共财产、经济影响研究、评估发展计划、开始重建任务

资料来源：Emergency management in Australia：concepts and principles. Commonwealth of Australia，2004.

通常，重大自然灾害造成的影响范围广、持续时间长、损失十分严重，需要中央政府统筹安排，调集各方面资源和力量予以协助。其涉及的工作内容和范畴超过了应急专业部门的能力。例如，2013 年 4 月 20 日，四川省雅安市芦山县发生 7.0 级地震，给当地人民生命财产造成重大损失。在党中央、国务院和中央军委领导下，广大军民团结奋战，夺取了抗震救灾斗争的胜利。当年 7

月6日和15日，国务院先后印发《芦山地震灾后恢复重建总体规划》和《关于支持芦山地震灾后恢复重建政策措施的意见》。到2016年6月底，灾后恢复重建目标基本如期完成。2014年8月3日，云南省昭通市鲁甸县发生6.5级地震。当年11月4日，国务院印发《鲁甸地震灾后恢复重建总体规划》和《关于支持鲁甸地震灾后恢复重建政策措施的意见》。

我们需要注意的是，以上四个阶段并非完全按照突发事件的演进顺序发展的。它们与事前、事中、事后并不完全吻合。例如，减缓可能发生于一起突发事件的恢复过程中，响应也可能发生于突发事件来临之前，恢复与响应的界限并非特别清晰，如基础设施的恢复在突发事件发生后要优先考虑。“在事前、事中和事后都持续进行着应急预防/减缓和准备，响应也绝不仅限于紧急事件爆发的时候，而恢复包括突发事件发生后的较长时间。”① 具体如表1-4所示。

表1-4　　应急管理生命周期四阶段的时间序列

<table>
<tr><th colspan="2">事前</th><th>事中</th><th>事后</th></tr>
<tr><td colspan="4">应急预防/减缓</td></tr>
<tr><td colspan="4">应急准备</td></tr>
<tr><td></td><td colspan="2">应急响应</td><td></td></tr>
<tr><td colspan="2"></td><td></td><td>应急恢复</td></tr>
</table>

以上四个阶段可以被看作一个闭合的流程，构成应急管理的一个生命周期。减缓既是这个生命周期的开始，也是这个生命周期的结束。在恢复阶段，人们可采取措施减少影响公共安全的风险。比如，在汶川地震恢复重建的过程中，我们提出新建房屋要符合一定的建筑标准，做到“小震不坏、中震可修、大震不倒”。在雅安芦山地震中，按照这一标准建设的县城房屋损失较小。准备的目标不仅仅是响应。准备阶段的活动及资源也指向预防、减缓与恢复。在传统意义上，准备资源的投入主要流向形成、保持响应能力，但“增强预防与减缓危机，并从中恢复的能力也需要获取一定的资源”②。

不仅如此，从四个阶段来看，减缓与恢复特别需要政府以及全社会的协作，

① Kyoo-Man Ha，Ji-Young Ahn. Application of the “spider-web approach” to Korean emergency management. Journal of homeland security and emergency management，2009，1 (6).

② Jessica A. Hubbard. Emergency management in higher education：current practices and conversations. The public entity risk institute，2008：46-47.

超越了应急管理专业部门的能力所及，与日常管理的重合度关联较大。应急响应属于非常态管理，而应急准备围绕应急响应展开，专业性较强。应急管理部的职能没有覆盖所有灾害事故风险的减缓，特别是没有将恢复作为主要职责。

不仅如此，应急管理的四个阶段都建立在对风险的识别、分析、评估、处置的基础之上。从这个意义上讲，西方有学者认为“应急管理就是风险应对”，这是可以理解的。同理，应急管理部将首要任务界定为防范化解重大安全风险。

三、应急管理的基本特征

现代应急管理突出整合性与协调性，不仅强调事后的响应与恢复，而且强调事前的预防；不仅强调单灾种应对，而且强调多灾种的综合应对；不仅要求突显政府的力量，而且要体现政府、企业与第三部门力量的组合。

突发事件要实现常态与非常态的结合。在常态下，我们要做好突发事件的预防与应急准备工作；在非常态下，我们要有效地进行处置、妥善地进行恢复。我国的突发事件应对遵循预防为主、预防与应急相结合的原则。因此，我们要本着未雨绸缪的原则，实现预防与应对、常态与非常态的整合。

突发事件的发生与演进是一个动态的过程。以上对突发事件的分类和分级是静态的。在实践中，从性质上看，突发事件有可能由一类突发事件引发另一类突发事件，如 2008 年南方低温雨雪冰冻灾害引发了关键性基础设施崩溃的技术灾难，自然灾害导致了事故灾难；从地理区域上看，突发事件可能扩散到一定的行政管辖区域之外，引起扩大升级。此外，随着突发事件信息的逐渐清晰，伤亡人数与损失程度有可能上升，最初所判定的响应级别有可能被修正。

我们在应急管理的过程中，一定要贯彻整合思想：第一，从应对对象来看，应急管理要应对多类突发事件，必须坚持协调应急、合作应急的思想，避免横向的碎片化；第二，从应对层次来看，要建立不同层级政府之间的合作机制，避免纵向的碎片化。

在我国，突发事件应急管埋体现的一个原则就是分类管理、分级负责，以明确不同类别、级别突发事件应对的责任主体。所谓的分类管理，就是要根据突发事件的类别确认主责部门。但是，现代社会的系统性风险日益增多，一类突发事件可能引发其他类别的突发事件。即使是同一类突发事件的处置，也需要多个部门的协调与配合。

突发事件分级的主要意义是规定我国各级人民政府对突发事件的管辖范围。

一般和较大的突发事件分别由县和市级人民政府领导，重大突发事件由省级人民政府领导，特别重大的突发事件由国务院统一领导。这是因为我国应急资源的配置特点是，政府的行政级别越高，所掌控的应急资源越丰富，处置突发事件的能力也就越强。

部门分割、条块分割是我国突发事件应急管理的一大诟病。我们对突发事件进行分类、分级，应当有助于划清责任主体，实现分类管理、分级负责。我国应急管理必须借鉴国外综合性应急管理的经验，加强整合性与协调性。但是，突发事件往往不会被局限于特定的行政区域，且突发事件所造成的影响和损失评估结果也被不断更新，从而响应级别不断扩大升级。不论是哪一级别突发事件，所对应层次行政主体的下级政府也必须参与。我国在应对突发事件的过程中贯彻“以属地为主”的原则。这就涉及上下级政府之间的协调。

如前所述，突发事件的分级与分类都有一定的局限，但它给我国应急管理构建了一个定位突发事件的“坐标系”。在新一轮国务院机构改革中，应急管理部致力于横向与纵向的分工与统筹。从横向上看，应急管理部谋求外部整合与内部融合。对外，界定好“防”与“救”、“统”与“分”的关系；对内，致力于职能融合，催生“化学反应”。从纵向上看，应急管理部对中央与地方的应急管理权责进行了划分：当一般灾害发生时，以属地政府应对为主，应急管理部代表中央统一响应支持；当特别重大灾害发生时，应急管理部作为指挥部，协助中央指定的负责同志组织应急处置，以保持政令畅通、指挥有效。中央与地方要完善分级响应机制：一方面，压实地方党委和政府应对突发事件的主体责任；另一方面，中央要给予地方必要的指导和支持，以实现上下联动。

我们认为，未来，我国突发事件可以分为三大类，即灾害事故、公共卫生事件和社会安全事件，这更符合现代社会安全风险的系统性与跨界性。同时，灾害事故可以分为两级，即特别重大和一般，这更符合现代突发事件演进的非线性特征。

第四节　综合性应急管理模式

综合性应急管理（comprehensive emergency management，CEM）是美国政府在应急管理过程中摸索出来的一套行之有效的系统性风险应对模式，体现出整合性与协调性的特征。2007 年，维恩·布兰查德编写出版的《应急管理与相关术语、定义、概念、缩略语、组织、项目、指导、执行命令与法律指南》收录了对于综合性应急管理的多种解释。其中的两个解释如下：

（1）综合性应急管理就是一种管理应急计划与活动的整合性方法，包括所有的四个应急阶段（减缓、准备、响应与恢复），包括各种类型的紧急事件与灾害，包括各个层次的政府与私人部门。

（2）综合性应急管理意味着在所有的应急活动阶段中，整合所有的行动者，应对所有类型的灾害。

可见，应急管理的综合性有三重含义，是一个"工"字形结构：第一，就应急管理的主体来说，它包括政府、军队、社会组织、企业和个人等，体现了全社会共同参与的原则；第二，就应急管理的客体来说，它包括自然风险、技术风险与人为风险，涵盖了自然灾害、事故灾难、公共卫生事件和社会安全事件四大类，体现了"全风险"的原则；第三，就应急管理的过程来说，它包括预防、处置和恢复重建等阶段，体现了"全阶段"的原则。简言之，综合性应急管理的特点就是全参与、全风险、全过程。

首先，应急管理所提供的是一种公共产品即公共安全，具有效用的不可分割性和受益的非排他性。应急管理是各国政府的一项重要职能。但是，成功的应急管理应该能够调动全社会的人力、物力和财力，构成一个应急管理的网络，实现全民共同参与，形成自救、互救与公救并存的局面。

美国学者指出："我们拥有一个由公共机构、非营利组织和私人企业组成的全国性网络，它可以在自然和技术灾害发生的事前、事中和事后提供各种服务。这个网络包括联邦应急管理署及其在各州和地方的相应机构、应急响应部门（如消防、应急医疗服务、搜救单位等）、美国红十字会及其他非营利组织、地区及地方的慈善机构和公民组织，可以提供从应急规划、废墟清理到心理咨询等各种服务的企业。……现役或预备役军队及国民警卫队能够提供医疗救护、临时住宅和食品，展开心理咨询。各级国民警卫队和执法部门帮助灾民进行疏散，维持治安。"① 美国的应急网络不仅体现了应急主体的多元参与性，也体现了多元合作性。

在政府再造的过程中，随着政府由"统治"向"治理"的转变，应急管理

① William L. Waugh Jr.. Terrorism, homeland security and the national emergency management network. Public organization review, 2003, 3 (4): 373-385.

逐渐改变了自上而下的“指挥-控制”模式，权力分散化、组织扁平化的特征更加突出。在美国，尽管联邦应急管理署位居美国应急管理体系的核心，但其主要职责是“为国家的风险减缓或响应行动进行协调、动员和指导”[①]。詹姆斯·李·维特改革最重要的举措就是打破各级政府和公私部门的界限，密切了与小企业局、运输部等联邦部门的合作关系，建立了许多由政府与企业组成的公私伙伴关系。

在美国，联邦应急管理署曾推出一个以社区为基础的全新灾害减缓计划，即“影响工程：建设抵御灾害的社区”。它要求建立包括各利益相关者在内的伙伴关系，识别并减少风险。商业部门首次被融入伙伴关系的范畴之内，体现了全民参与的思想。这个工程的目的是把风险及风险规避决策纳入社区日常决策中，促进社区经济的可持续发展，保护自然资源，确保公民的生活质量。这个计划受到了社区的欢迎，也得到了国会的认可，并取得了良好的减灾与防灾效果。在中国，我们在应急管理过程中，也不能忽视公私伙伴关系的建立。

其次，应急管理的对象不是单一风险，而是多种风险。应急管理所管理的对象包括自然灾害、事故灾难、公共卫生事件和社会安全事件四类。应急管理要建立以政府为核心和主导的应急管理网络，将政府、企业与第三部门的力量协调起来，形成一种强大的合力，应对不同类型的风险。

在经济全球化进程加速发展的今天，由于科学技术的突飞猛进和人类生活方式的急剧转变，影响公共安全的新矛盾、新问题日益增多，风险的不确定性增强。同时，由于人类社会联系得越发密切，各类风险的扩散性及相互渗透性提高。在各种突发、频发的自然、技术与人为风险面前，那种“撞击-反射”式、分部门、单灾种的灾害事故管理往往会顾此失彼，现出捉襟见肘、无能为力的窘态。因此，以综合性为根本特征的应急管理更符合经济全球化时代的风险特征。

最后，应急管理是一种“全阶段”管理。也就是说，无论应对何种风险，政府都要调动全社会的力量，经过减缓、准备、响应与恢复等阶段，完成突发事件的应对与管理。这四个阶段涵盖了应急管理者在事前、事中、事后的行为。其中，减缓是四个阶段的核心，因为应急管理的最高境界就是使风险消弭于无

---

① Saundra K. Schneider. Reinventing public administration: a case study of the federal emergency management agency. Public administration quarterly, 1998 (22): 40.

形之中。

2018 年 4 月 16 日，中国应急管理部挂牌成立。这是我国应急管理的再出发，必须是一个脱胎换骨、回炉重铸的过程，而绝不是新瓶装旧酒、换汤不换药。有人质疑：应急管理部的组建是不是对综合性应急管理模式的背离？我们的回答：不是。应急管理部是防范化解重特大安全风险的主责部门，是健全公共安全体系的牵头部门，是优化整合应急资源与力量的组织部门，是构建中国特色应急管理体制的支撑部门。从这个定位看，应急管理部的主要职责依旧是统筹协调。当然，如何实现权责匹配，这是深化改革必须完成的一个任务。

从应急实践上看，应急管理部在灾害事故发生后牵头协调多方力量共同参与应急救援，体现了全主体参与的原则；应急工作涵盖事前安全风险的防范化解与应急准备、事中的指挥调度与协同应对、事后的总结评估和持续改进，符合全过程管理的原则。除了灾害事故，应急管理部在其他灾种处置救援中也将发挥重要作用。例如，当重大恐怖袭击发生后，应急管理部将调派应急救援力量对现场进行搜救。

应急管理部作为中国应急管理事业的“领头羊”，与至少 23 个部门建立了外部协调联络机制。对于防救分开的自然灾害，应急管理部与自然资源、水利、林草等相关部门做了职责上的切割与衔接。不仅如此，应急管理部可以依据“三定”方案，负责国家总体应急预案体系建设并对其他突发事件的应急预案工作、应急保障体系进行指导。此外，国家减灾委、国务院安委会等五大应急协调机构被整合进应急管理部，这也有助于应急管理部发挥重要的协调作用。应急管理的根本特征在于综合性，因此其功能和作用是不可替代的。为此，我们必须赋予应急管理部与其综合协调职能一致的权力。从这个意义上说，应急管理体制的改革依然有继续深化的必要。

第五节　应急管理的原则

应急管理的使命有两个：第一，将突发事件消灭于萌芽状态，即有效地预防，充分地准备；第二，突发事件发生后，实现影响的最小化，即快速地处置，妥善地恢复。在新时代，应急管理部要担负起做党和人民“守夜人”的责任，有效维护公共安全与社会稳定。

应急管理部的“三定”方案将职能转变表述为：“应急管理部应加强、优化、统筹国家应急能力建设，构建统一领导、权责一致、权威高效的国家应急能力体系，推动形成统一指挥、专常兼备、反应灵敏、上下联动、平战结合的中国特色应急管理体制。一是坚持以防为主、防抗救结合，坚持常态减灾和非常态救灾相统一，努力实现从注重灾后救助向注重灾前预防转变，从应对单一灾种向综合减灾转变，从减少灾害损失向减轻灾害风险转变，提高国家应急管理水平和防灾减灾救灾能力，防范化解重特大安全风险。二是坚持以人为本，把确保人民群众生命安全放在首位，确保受灾群众基本生活，加强应急预案演练，增强全民防灾减灾意识，提升公众知识普及和自救互救技能，切实减少人员伤亡和财产损失。三是树立安全发展理念，坚持生命至上、安全第一，完善安全生产责任，坚决遏制重特大安全事故。”

作为国务院组成部门，应急管理部是在党领导下的应急专业机构。以人为本、安全发展是习近平新时代中国特色社会主义思想中人民至上理念在应急管理领域的具体体现。人民至上就是要以人民为中心，一切为了人民，一切依靠人民。在此基础上，我们认为，应急管理要遵循以下原则：

(1) 预防为主，防救结合。突发事件应急管理要以预防为第一要务，实现预防与救援相结合，因为任何成功的救援也难以完全消除突发事件的全部影响。《突发事件应对法》第五条规定：“突发事件应对工作实行预防为主、预防与应急相结合的原则。”新的应急管理部组建后，始终强调防范化解重大安全风险。在防灾减灾救灾方面，按照“两个坚持，三个转变”的原则，不断强化自然灾害防治能力；在安全生产方面，强调隐患排查治理和安全风险防控。

(2) 以人为本，生命第一。突发事件应急管理要突显以人为核心的理念，将人的生命安全置于至高无上的地位，要先救人、后救物，因为人的生命高于一切，是不可复制的。我国新时代应急管理坚持“两个至上”，在突发事件应对中强调争取做到“少伤人，不死人”，这是我国应急管理的基本价值遵循。

(3) 安全发展，防范风险。风险具有高度的弥散性与跨界性，分布于经济社会发展的全过程、各环节。发展的始终要贯彻安全的理念，牢牢守住安全的底线和红线，从而最大限度降低风险。在新时代，应急管理要着力防范化解可能迟滞中华民族伟大复兴的系统性风险。

(4) 依靠科学，快速反应。突发事件应急管理要以科学理念为指导、以科学技术为支撑，采用科学的方法，做出快速的响应，进行高效的处置。特别是，应急管理要有效利用大数据、云计算、物联网、人工智能等先进技术，以信息化推动应急管理现代化。

(5) 社会动员，全民参与。突发事件应急管理要发挥政府的主导作用，有效地动员企业及社会蕴藏的人力、物力和财力，形成应对突发事件的合力。同时，增强全民的公共安全和风险防范意识，提高全社会的避险救助能力，构筑应急管理的人民防线。

(6) 军民结合，平战结合。在新时期，军队担负的战略任务包括：应对各种突发事件和军事威胁，有效维护国家领土、领空、领海主权和安全；坚决捍卫祖国统一；维护新型领域安全和利益；维护海外利益安全；保持战略威慑，组织核反击行动；参加地区和国际安全合作，维护地区和世界和平；加强反渗透、反分裂、反恐怖斗争，维护国家政治安全和社会稳定；担负抢险救灾、维护权益、安保警戒和支援国家经济社会建设等任务。突发事件应急管理要发挥中国人民解放军、中国人民武装警察部队和民兵预备役的骨干和突击作用，使其平时训练、急时应急、战时应战。

(7) 安全效益与经济效益兼顾。在应急管理中，我们要以较小的经济成本，实现最大的公共安全效益。因为应急资金来自纳税人，“不惜一切代价”的说法是值得商榷的。有效的应急管理既要避免响应不足，也要防止响应过度。

(8) 信息公开，引导舆论。在应急管理中，我们要满足社会公众的知情权，做到信息透明、公开。但是，涉及国家机密、商业机密和个人隐私的信息除外。不仅如此，我们在应急管理中还要积极地对社会公众的舆情进行监控，了解社会公众的所思、所想、所愿。同时，对舆情进行有效的引导。

(9) 国际交流，协调合作。在经济全球化时代，人类面对重大灾害事故的挑战，已经形成一个安全共同体、命运共同体。作为一个负责任、有担当的大国，中国注重加强防灾减灾和安全生产领域的国际交流，与国际社会加强协调合作，共同处置跨界风险。2018 年 10 月，国务委员王勇在杭州第九届中国国际安全生产论坛开幕式上指出：“中国政府将始终坚持安全第一、预防为主、综合治理的方针，持之以恒抓好安全生产工作，并愿与国际社会一道，健全合作交流机制，开展联合科技攻关，共同完善安全生产国际规则和标准体系，携手提升安全发展水平。”

从组建之日起，应急管理部一直在按照科学的原则运行。例如，探索建立完善防范救援救灾一体化的运行机制，体现了以防为主、防救结合的原则。应急管理部“根据灾情预判，提前在重点地区、重点部位、重点工程预置救援力量，一旦有事，第一时间应急救援，最大程度减少灾害损失。比如，台风‘温比亚’‘山竹’，应急管理部根据气象预报，提前把消防队伍和地方救援队伍进行部署安排，同时应急管理部和国家减灾委员会提前派出工作组现场督促指导地方做好台风防范工作，协调地方排查风险隐患。灾害发生之后，应急管理部又积极配合地方指导抢险救援，灾后把工作组就地变成救灾工作组，调查灾情，帮助地方高效地做好救灾工作，安置受灾群众”。

在我国，应急管理是一项具有高度政治性的工作。新成立的应急管理部内设政治部，作为部党委的办事机构。这是继政法机关、海关总署之后又一个设立政治部的中央国家机关，也是国务院机构改革中中央唯一批准设立政治部的部门。新时代应急管理事业必须提高政治站位，坚持总体国家安全观，统筹发展与安全，按照守正创新的精神，推进中国应急管理体系和能力现代化建设进程。

第六节　我国应急管理：现状与问题

2019 年 11 月 29 日，习近平总书记在中央政治局第十九次集体学习时指出，应急管理是国家治理体系和治理能力的重要组成部分。从世界各国来看，政府存在的首要意义就是确保社会公众的生命、健康与财产安全。突发事件应急管理提供的产品是公共安全，具有受益的非排他性和效用的不可分割性。政府在应急管理中发挥着不可替代的作用，是政府履行社会管理和公共服务职能的具体体现。中华人民共和国成立后，中国共产党高度重视应急管理工作，因为它最能彰显为民族谋复兴、为人民谋福祉的初心使命。

一、我国应急管理发展历程

我国应急管理经历了三个阶段的迭代：2003 年之前是单灾种的 1.0 时代；2003 年到 2018 年前是 2.0 时代，构建了以综合性为特征的现代应急管理体系；2018 年，新的应急管理部组建后，我国应急管理进入 3.0 时代。

中华民族历经磨难，但从来没有被困难压垮过。中华人民共和国成立以来，我国应急管理事业取得了长足的发展与进步，成功地战胜了一次又一次重大危机，无可辩驳地彰显了我国制度的优越性。与此同时，我国不断查漏洞、补短板、强弱项，逐渐完善应急管理体系。特别是进入 21 世纪后，为了适应高度复杂性、高度不确定性风险应对的需求，我国开始构建以综合性为特征的现代应急管理体系，标志着应急管理从单灾种应对向多灾种应对的转型。

在“非典”疫情发生后，我国应急管理的核心被表述为“一案三制”。所谓的“一案”，就是指应急预案；所谓的“三制”，就是指应急管理的体制、机制和法制。经过不懈努力，在应急预案建设方面，我国形成了“横向到边，纵向到底”的预案体系；在体制方面，从国务院到县级人民政府都内设了应急管理办公室（简称应急办）；在机制方面，完善了各种制度化、程序化的应急管理方法和措施；在法制方面，我国颁布实施了《突发事件应对法》。客观地讲，“一案三制”对我国现代应急管理的顺利起步功不可没。

里程碑一：2003 年是中国应急管理的起步之年。4 月 13 日，在全国非典型肺炎防治工作会议上，温家宝总理提出“沉着应对，措施果断；依靠科学，有效防治；加强合作，完善机制”的工作总要求。4 月 14 日，温家宝主持国务院常务会议，提出建设突发公共卫生事件反应机制，要做到“中央统一指挥，地方分级负责；依法规范管理，保证快速反应；完善检测体系，提高预警能力；改善基础条件，保障持续运行”。

7 月 28 日，在全国防治“非典”工作会议上，党中央、国务院第一次明确提出，政府管理除了常态管理，要高度重视非常态管理。是年 11 月，国务院成立了应急预案工作小组，重点推动突发公共事件应急预案编制工作和应急体制、机制、法制建设工作。

里程碑二：2004 年是中国的应急预案编制之年。3 月 25 日，国务院办公厅在郑州市召开“部分省（市）及大城市制订完善应急预案工作座谈会”，确定把围绕“一案三制”开展应急管理体系建设，制定突发公共事件应急预案，建立健全突发公共事件的体制、机制和法制，提高政府处置突发公共事件能力，作为当年政府工作的重要内容。4 月 6 日和 5 月 22 日，国务院办公厅分别印发了《国务院有关部门和单位制定和修订突发公共事件应急预案框架指南》和《省（区、市）人民政府突发公共事件总体应急预案框架指南》。

里程碑三：2005 年是全面推进“一案三制”工作之年。1 月 26 日，国务院常务会议审议并原则通过《国家突发公共事件总体应急预案》；4 月 17 日，国务院以国发〔2005〕11 号文件正式下发《国家突发公共事件总体应急预案》。

3 月 23 日，中央军委召开军队处置突发事件应急指挥机制会议；6 月 7 日，国务院、中央军委公布《军队参加抢险救灾条例》，从 7 月 1 日起实施。

7 月 22 日，国务院在京召开首次全国应急管理工作会议，会议要求各地成立应急管理机构。这次会议标志着我国应急管理工作进入了一个新的历史阶段。会议指出，加强应急管理工作要遵循以下原则：健全体制、明确责任；居安思危、预防为主；强化法制、依靠科技；协同应对、快速反应；加强基层、全民参与。这次会议标志着我国应急管理工作进入了一个新的历史阶段。

12 月，国务院成立应急管理机构，即国务院应急管理办公室（国务院总值班室），履行应急值守、信息汇总和综合协调的职能。

里程碑四：2006 年是全面加强应急能力建设之年。3 月，十届全国人大四次会议审议通过的《中华人民共和国国民经济和社会发展第十一个五年规划纲要》将公共安全建设列为专节。应急管理工作首次被列入国家经济社会发展规划。

5 月，国务院第 138 次常务会议原则通过了《突发事件应对法（草案)》。7 月，国务院出台了《关于全面加强应急管理工作的意见》，提出了加强“一案三制”工作的具体措施。

7 月 7—8 日召开的第二次全国应急管理工作会议特别要求：在“十一五”期间，建成覆盖各地区、各行业、各单位的应急预案体系；健全分类管理、分级负责、条块结合、属地为主的应急管理体制；构建统一指挥、反应灵敏、协调有序、运转高效的应急管理机制；完善应急管理法律法规，建设突发公共事件预警预报信息系统和专业化、社会化相结合的应急管理保障体系，形成政府主导、部门协调、军地结合、全社会共同参与的应急管理工作格局。

9 月，国家安监总局、国务院国资委在南京扬子石化公司召开了中央企业应急管理和预案编制工作现场会，推动应急管理“进企业”工作。

12 月 31 日，国务院应急管理专家组成立。

里程碑五：2007 年是基层应急管理工作之年。2007 年 5 月，全国基层应急管理工作座谈会在浙江诸暨召开。座谈会指出，要建立起“横向到边，纵向到底”的应急预案体系；建立健全基层应急管理组织体系，将应急管理工作纳入干部政绩考核体系；建设“政府统筹协调、群众广泛参与、防范严密到位、处置快捷高效”的基层应急管理工作体制；深入开展科普宣教和应急演练活动；建立专兼结合的基层综合应急队伍；尽快制定完善相关法规政策。

8 月 30 日，《突发事件应对法》发布并于 11 月 1 日正式实施。这标志着应急管理工作在规范化、制度化和法制化的道路上迈出了重大步伐。

里程碑六：2008 年是中国应急管理的大考之年。2008 年对于中国来说是一个不同寻常之年。年初，我们遭遇了南方低温雨雪冰冻灾害；5 月，我们又经历了汶川地震；8 月，我们还成功地举办了北京奥运会，实现了“平安奥运”的目标。中国应急管理经历了严峻的挑战。6 月 8 日，国务院颁布了《汶川地震灾后恢复重建条例》。10 月 8 日，在全国抗震救灾总结表彰大会上，胡锦涛总结了汶川地震抗震救灾的三个历史之最，称其是中国历史上救援速度最快、动员范围最广、投入力量最大的抗震救灾斗争，最大限度地挽救了受灾群众的生命，最大限度地减低了灾害造成的损失。他还提出要弘扬“万众一心、众志成城，不畏艰险、百折不挠，以人为本、尊重科学”的伟大抗震救灾精神。

…………

经过上述发展历程，以“一案三制”为核心的 2.0 版应急管理体系至此已经基本定型。但是，这一应急体系在发挥作用的同时，也暴露出一系列弊端，如应急协调乏力等，为后来的进一步转型升级埋下了伏笔。

自党的十八大以来，以习近平同志为核心的党中央高度重视应急管理，提出了新思想、新理念、新方法，中共中央、国务院印发了《关于推进安全生产领域改革发展的意见》《关于推进防灾减灾救灾体制机制改革的意见》《关于推进城市安全发展的意见》等重要文件，大力推动我国应急管理从 2.0 版升级为 3.0 版。2018 年，在新一轮国务院机构改革中，国家将安监、应急、消防、救灾、地质灾害防治、水旱灾害防治、草原防火、森林防火、震灾应急救援等职责跨部门整合在一起，组建应急管理部，涉及国家安监总局、国务院办公厅、公安部、民政部、国土资源部、水利部、农业部、国家林业局、中国地震局等。而且，此次改革将国家防汛抗旱总指挥部、国家减灾委员会、国务院抗震救灾指挥部、国家森林草原防灭火指挥部的职责一并加以整合。自此，我国应急管理事业迈入新的历史发展阶段。我国将常发的主要自然灾害与事故灾难应急职能加以统筹考量，这种应急体制改革思路有利于提升应对复杂性突发事件的能力，适应了国家治理体系和治理能力现代化的要求。

二、我国应急管理的主要问题

第一，从总体来看，由于我国现有行政体制的特点，突发事件应急管理过程中的部门分割、条块分割问题还没有得到彻底解决，资源整合能力与快速反应能力有待进一步提高。这导致了一系列的消极后果：应急信息共享不足、沟通不畅，影响了应急决策与处置的效率；应急机构水平参差不齐，彼此间的合作、协同程度低；应急救援物资的储备缺少统筹安排，既不利于集中使用、统一调配，又造成了重复储备的现象，突发事件应急管理保障机制有待进一步完善。组建新的应急管理部，只是搭建了大国特色应急管理体系构建的“四梁八柱”，如何进一步发挥应急管理部的综合优势、力量优势，使其与其他部门的专业优势相衔接，还需要进一步深化改革。

第二，我国突发事件的应对存在着“重救轻防”倾向，需要进一步突出“风险管理”和“综合减灾”的理念。这主要表现在以下方面：缺少突发事件的综合性风险指标评价体系，预测预警机制尚不健全；应急演练的频度与力度不够，应急预案的可操作性和有效性尚且需要检验；各级财政应急准备金制度还需要进一步完善，应急工作经费的保障力度不够；等等。这与防范化解重大风险的要求还存在一定的差距。

第三，我国政治动员能力强、社会动员能力弱，尚未建立起一个能够有效组合政府、企业和第三部门力量应对突发事件的社会动员机制，没有形成网络状的应急管理体系，需要进一步构建共治、共建、共享的新格局。

第四，我国突发事件的应对合作性还需要加强。主要表现在以下方面：应急管理部与媒体的合作需要规范化，信息披露与发布制度尚不健全，这不利于传播权威信息、控制谣言和流言、稳定公众情绪、避免过度的社会恐慌；应急决策部门与专家尤其是社会科学专家缺少长期、稳定的合作关系，导致“外脑”作用受到限制，应急决策的科学性、可行性减弱；应急的军民合作潜力需要深入开发，特别是军事技术在应对恐怖袭击等突发事件中的应用价值极大；相邻省市的应急区域合作尚未全面、有效展开，缺少实质性效果；应急管理的国际合作有待加强，中国在参与国际非传统安全合作的同时，应注重借助国际资源为我所用，提高突发事件应急管理的效能。

为了构建统一指挥、专常兼备、反应灵敏、上下联动的中国特色应急管理体制，我国应在巩固、深化改革成果的基础上，借鉴国外综合性应急管理的理念，增强整合性，强化各部门之间的协调联动，形成一个全社会共同参与、各要素无缝对接的应急网络，加强应急管理的系统性。同时，我们需要深化应急管理的各项建设，加强应急管理的薄弱环节，如应急管理的保障体系建设。此外，我们需要实现应急管理的转型升级，从政府主导型向全民参与型、从重救轻防型向预防为主型、从结果导向型向风险导向型、从各自为战型向综合协调型转变。

第二章
突发事件的风险减缓

第一节　风险管理与风险社会

第二节　减缓的意义与工具

第三节　减缓的主要措施

在国际安全科学领域，有一条“海恩法则”：每一起严重事故的背后，必然有 29 次轻微事故和 300 起未遂先兆，而这些征兆的背后又有 1 000 个事故隐患。这个诞生于 1931 年的事故致因论今天也许并不适用，但它蕴含的关口前移、敬细以远大的思想值得学习。“非典”以来，我国的应急管理实现从被动应付到主动应对、从结果导向到原因导向的发展，大力推行风险管理的理念，不断地将应急管理的关口前移。这就要求我们未雨绸缪，进行风险减缓与突发事件预防。

从总体上看，应急管理的四个阶段大抵可以看作对突发事件的四道“防线”：减缓的目的在于减少突发事件发生的可能性；准备的目的在于为有效应对可能发生的突发事件创造良好的条件；响应的目的在于采取适当的行动，最大限度地减少突发事件所导致的损失；恢复的目的在于尽快地消除突发事件的影响，使社会、经济恢复到常态。

与其他三个阶段相比，减缓的功能有着自身不同寻常的特点：第一，减缓的使命是削减风险，是一项长期的任务和事业；第二，减缓的实施需要专业应急管理以外的多个部门配合与实施。因此，国外一些职业应急管理者拒绝将减缓纳入自己的职责范围，其主要原因是单凭专业应急管理部门无法完成减缓任务。换言之，减缓需要超越专业应急管理部门的“大应急管理理念”，必须实现全社会的共同参与。应急管理是全政府、全社会的事情。

第一节　风险管理与风险社会

当风险演进到一定的程度，超出某个社会系统的承受能力时，突发事件就会发生。但是，如果我们能够有效地控制风险、削减风险、转移风险，就能够避免突发事件的发生。在风险社会中，风险表现出不同寻常的特点。我们必须把握这些特点，实施有效的减缓措施。

一、风险的基本概念

尽管“风险”是一个常见的词汇，但人们对它并没有统一的界定。其定义主要包括以下几种：风险是遭受致灾因子损害的可能性；风险就是致灾因子的结果；风险是与威胁或致灾因子相关的损失的可能性与严重性；风险是威胁、脆弱性和结果的总和；风险是威胁、脆弱性、结果及发生可能性的产儿；风险是危险在特定时期内出现的可能性；风险是暴露的致灾因子所导致负面影响的可能性与严重性。

但是，风险作为应急管理领域的一个基础性概念，又必须获得较为一致的共识，否则，对话和交流就没有基础。人们比较认可的关于风险的表述有两种：第一，风险是致灾因子与脆弱性共同作用的结果，用公式来表示，就是

风险＝致灾因子×脆弱性

第二，风险是事件发生的可能性与影响程度共同作用的结果，用公式来表示，就是

风险＝可能性×严重性

我们认为，这两个公式从不同的角度揭示了风险的实质：前者便于人们认识风险形成的机理，后者则便于人们对风险进行定量评估。二者之间只是关注的角度不同，并没有本质的冲突。削减致灾因子会减小风险发生的可能性，降低脆弱性会减小风险的严重性。例如，我们动用高技术手段进行驱云消雨作业，无疑限制了导致城市洪灾的致灾因子，也降低了城市洪灾风险的可能性。同时，一个城市出现如罕见的局地强降雨等危险要素，这并不必然意味着该城市所面临的风险巨大。如果该城市有着完善的排水系统，防洪与泄洪能力强，但脆弱性较低，则该城市面临的风险严重性不会很大。要理解风险，我们首先要理解致灾因子和脆弱性的含义。

1. 致灾因子

根据《联合国国际减灾战略减轻灾害风险术语（2009 年版)》，致灾因子是指一种危险的现象、物质、人的活动或局面，它们可能造成人员伤亡，或对健康产生影响，造成财产损失，生计或服务设施丧失，社会和经济被搞乱，或环境被破坏。通俗地讲，致灾因子就是一个自然、技术或社会现象。它对人们及其周围的环境构成了威胁。因此，有人又将致灾因子称为危险源或风险源。致灾因子类似中国“灾”的概念。“灾害”是因灾而为害。如果有灾而无害，则构不成灾害。

不同的国家或部门对致灾因子有不同的分类。西方国家根据诱致风险的因素，将致灾因子分为以下四类：(1) 自然致灾因子。它们存在于自然环境之中，并对人类构成威胁，包括洪水、地震、飓风、海啸、龙卷风、山火、滑坡、干

旱、雷暴、雪崩等。(2) 技术致灾因子。它们主要产生于技术背景或工业背景之下，如事故、危险程序、基础设施崩溃或人类的某些活动，如核辐射、工业污染、有害物质泄漏、工厂爆炸、交通事故等。(3) 生物致灾因子。它们主要起源于有机体或通过生物媒介传递，包括暴露的微病原体、毒素和生物活性物质。生物致灾因子可能导致传染病暴发、动植物疫情等。(4) 人为致灾因子。它们主要来源于人的故意行为，包括恐怖袭击、破坏、动乱等。

我国将突发事件分为四大类，根据大致如下，但并非一一照应。例如，同样是生物致灾因子，如作用于或可能作用于人，则被界定为公共卫生事件，由卫生部门主管；如仅作用于动植物，则属于自然灾害，由林业或农业部门主管。但是，这种划分有着重大的缺陷，因为许多突发事件需要调查评估才能确定致灾因子。例如，化工厂爆炸是生产安全事故还是恐怖袭击，这需要事后调查才能得出结论，关键是尽快控制事态的发展，将损失和影响降到最低。

应急管理者和社会公众应学习衡量和描述致灾因子，前提是必须抓住其基本特征。这关系着人们是否能够对可能发生的突发事件做出迅速、有效的响应。例如，火灾报警时要提供发生的具体地点、现场基本情况、有无危化品泄漏、有无人员被困等信息。消防部门要根据致灾因子描述情况，调派消防队伍与装备。

致灾因子的以下特征十分重要。第一，致灾因子发生作用的速度。这决定着人们是否有足够的时间发出警报。地震发生突然，可瞬间导致人员伤亡和财产损失，应对起来极为困难。第二，致灾因子发生作用的可预见性。相比之下，无先兆的突发比有先兆的突发更令人措手不及。第三，致灾因子的强度。在很大程度上，它取决于所释放的能量或者有害物质的数量。例如，里氏 3 级以下的地震是无感地震，3 级以上为有感地震。第四，致灾因子影响的范围，即所涉及地理区域大小以及人员、财产的数量。第五，致灾因子影响持续的时间。第六，引发灾害的可能性。

此外，重大风险通常表现为多种致灾因子的复杂互动。例如，东日本大地震导致海啸和核泄漏。面对现代社会风险的日趋复杂化，应急管理研究者根据致灾因子之间的关系，将其分为三类：(1) 原生致灾因子 (primary hazard)，即最初与脆弱性互动而引发灾害的致灾因子，如东日本大地震；(2) 连带致灾因子 (associated hazard)，即与原生致灾因子同时发生的致灾因子，如地震引发的海啸；(3) 二次致灾因子 (secondary hazard)，即由原生致灾因子而引起的致灾因子，如地震、海啸导致福岛核电站泄漏。致灾因子的比较如表 2-1 所示。

表 2-1　　致灾因子的比较

原生致灾因子	连带致灾因子	二次致灾因子
火山喷发	地震	山火、火灾、洪水、泥石流
地震	滑坡	建筑坍塌、火灾、化学品泄漏或爆炸、海啸
飓风	龙卷风和洪水	建筑坍塌
闪电	雷暴	城市、乡村火灾
洪水	飓风、龙卷风和其他天气事件	建筑坍塌、传染病
冰雪	交通事故	因取暖而发生的火灾及雪崩
龙卷风	飓风、冰雹和其他天气事件	建筑坍塌
山火	雷暴、闪电	植被损失而导致的滑坡

资料来源：David A. McEntire. Disaster response and recovery：strategies and tactics for resilience. John Wiley &Sons Inc.，2007：360.

致灾因子是导致灾害的必要条件，但并非充分条件。也就是说，灾害的发生一定要有致灾因子，但致灾因子发挥作用却不一定导致灾害。从这个意义上说，地震和地震灾害不同。2001 年 11 月 14 日，我国昆仑山口西发生里氏 8.1 级强震，形成了长达 462 千米的地表破裂带。但是，此次地震发生于人烟稀少的青藏高原，没有造成人员伤亡和财产损失，没有形成地震灾害。

2. 脆弱性

脆弱性主要是指人或事物相对于致灾因子的易损性。脆弱性包括物理脆弱性、社会脆弱性、经济脆弱性和环境脆弱性。

物理脆弱性主要衡量在既有物理空间环境中人与物相对于致灾因子的易损性。例如，位于行洪区的建筑、道路与居民相对于洪灾致灾因子的脆弱性就比较强。

社会脆弱性指由个人、社会、政治、文化等因素所决定的相对于某一致灾因子的易损性。例如，随着老龄化进程的加快，老年人的防灾能力成为社会的一个重大问题。

经济脆弱性指一个国家、城市、社区的财政状况所决定的其相对于致灾因子的易损性。例如，海地是世界上最为贫穷的国家之一。相对于 2010 年 1 月 12 日发生的强震而言，其经济脆弱性强。

环境脆弱性指由一个地区环境状况所决定的该地区相对于致灾因子的易损性。例如，一个地区如果乱砍滥伐森林、环境受到极大的破坏，其环境脆弱性就比较强。

风险取决于致灾因子与脆弱性的共同作用。如果风险超越了社会系统的承受力，灾害就会发生。相对于致灾因子，脆弱性是一个人更可认知、更有作为的领域。我们或许不能预判致灾因子何时发生作用，也不能限制致灾因子的发生，但是，我们可以降低致灾因子所作用的社会系统的脆弱性。1966 年，河北邢台地震发生后，我国防震减灾事业的发展方向一度是预测地震的发生，以期规避风险。但是，地震短临预报是一个国际性的难题，短期内难以被攻克。而对建筑物进行抗震加固改造以防御震灾、降低脆弱性，是一个更有作为的领域，因为人们逐渐认识到“杀人的不是地震，而是地震导致的房屋垮塌”。多年来，世界上许多国家都在倡导综合性防灾、减灾政策，其主要目的就在于同时降低物理、社会、经济与环境的脆弱性，提高全社会抵御和应对突发事件风险的能力。

当然，研究风险的形成还必须关注暴露性（exposure）和社会系统的应对能力（coping capacity)。暴露性通常被称为承灾体的暴露性，它是指“人员、财产、系统或其他事物处于危险地区，并因此可能遭受潜在损失”①。暴露性可以通过一个地区的人口或资产类型来测量，结合暴露在某种致灾因子下的脆弱性，可以定量评估所关注地区某种灾害的风险。应对能力是指“个人、组织和系统利用现有技能和资源应对和管理不利局面、突发事件或灾害的能力”②。提升应对能力的方式是保持充分的风险意识，做好资源保障，提升管理水平。

二、风险管理

风险管理是一个过程，其目的是应对可能对社会公众的生命、健康与财产安全造成影响的风险。同时，风险管理也是一个系统的方法，包括确立风险背景、识别风险、评估风险、处置风险等步骤。

风险管理的第一步是确立风险背景（context)。风险管理是要受特定的政策、实践和关系的制约。通过确立风险背景，相关部门形成一种共识，确定必

---

① 吕娟，刘学峰．减轻干旱灾害风险框架与实践：旨在促进《兵库行动纲领》的实施．武汉：长江出版社，2012：84.

② 同①85.

须管理的风险及其基本参数，明确工作任务，建立风险管理的基本框架及风险评估的标准，主要内容包括：(1) 明确工作任务就是要划定将应对风险的范围，即哪些风险需要应对。(2) 建立风险管理的基本框架：利益相关者有哪些？可以执行的法律及政策有哪些？可以借助的管理制度安排是什么？与哪些政治、社会及文化环境相关？(3) 确定风险评估的标准。例如，就城市的生命线系统而言，水、电、气、热、交通、通信等基本服务中断的最长时数就是其风险容忍的边界。

风险管理的第二步是识别风险。识别风险的主要功能在于认识和描述风险的性质，即可能发生什么？何时将会发生？发生在哪里？为什么会发生？

首先，在识别风险的过程中，我们要借助以往的科学研究数据或突发事件的记录，对致灾因子或风险源进行描述。描述的内容包括强度（风险有多大）、可能性（事件发生的频率）、程度（事件影响的范围）、时间（发生、持续时段）、措施（可采取何种手段应对）。

其次，在识别风险的过程中，我们也要对可能处于风险之中的事物进行描述。它主要包括暴露于风险源之下的人口、建筑、民用工程设施、经济活动、公共服务和基础设施等。一般而言，它们可以进行如下分类（见表 2-2）：

表 2-2　　处于风险中的事物

分类	内容
社会基础设施	基本服务、社会设施、社会网络
个人福利	生活、健康、心理、财产、收入
商业经济	第一、第二、第三产业
环境	自然资源、历史遗产

最后，我们还要在以上两个步骤的基础上，建立一个风险关系矩阵，对风险关系进行识别。它描述的是特定的风险源作用于可能受影响因素之后所产生的结果。以上三个方面共同构成了风险陈述的内容。

风险管理的第三步是评估风险。在对突发事件进行风险评估时，我们要遵循以下基本原则，以保证风险评估的有效进行：

(1) 客观性原则。在对突发事件进行风险评估的过程中，要坚持实事求是的原则，坚持科学的态度，采用科学的方法，遵循科学规范的程序。同时，我们也不能盲从权威或出于部门利益的考虑而故意放大或缩小风险。

(2) 系统性原则。现代社会是一个复杂的大系统，突发事件种类众多，并且相互关联性很强，经常有牵一发而动全身的效果。比如，地震会引发火灾，洪涝后易发生疫病，等等。同时，在进行风险评估时，应该全面系统地收集信息，综合考虑各种因素，在此基础上开展评估。因此，在进行风险评估时，必须从系统的角度出发，尽可能全面、充分地考虑各种风险的相关性、叠加性。

(3) 规范化原则。突发事件风险评估的规范化是指进行突发事件风险评估所使用的方法和程序等应有一个统一规范的基本准则，其中包括评估程序、评估方法、评估指标体系等方面的内容。规范化有利于信息交流沟通，有利于不同风险、不同地区的比较对照。

(4) 动态性原则。动态性原则，就是指有可能诱发突发事件的危险要素是处于不断运动变化之中的，评估得出的结论具有一定的时效性。因此，我们必须持续地进行监测，动态性地进行评估，不断发现新的风险，及时采取应对措施。

在实践中，应急管理及相关部门通过先进的监测技术装备，对危险要素进行持续的跟踪，不断地获取、处理数据，为进行风险评估奠定坚实的基础。我们认为，在风险评估的过程中，HVC (hazards, vulnerability, capacity) 评估法比较科学，即将可能导致突发事件的危险要素、社会的脆弱性和社会的承受能力综合起来加以考量（见表 2-3），具体做法是：先对可能导致突发事件的危险要素和社会的脆弱性进行评估，并根据风险矩阵，得出突发事件风险总体水平；再对社会的承受能力进行评估，将突发事件风险与社会能力进行比较。

表 2-3　　突发事件风险 HVC 评估内容

项目	评估内容
危险要素	类型、征兆、频度（可能性）及持续时间等
社会的脆弱性	影响程度、地理位置、人的防范能力、发生的原因、公众意识等
社会的承受能力	城市可利用的资源、响应能力等

对突发事件风险的危险要素与社会的脆弱性进行评估，其重点内容包括两个方面：一是对可能性（见表 2-4）进行评估，二是对风险幅度（见表 2-5）进行评估。

表 2-4　突发事件风险的可能性

因素	分值	描述
几乎确定	5	发生概率几乎为100%，一年或几年发生一次
很可能	4	发生概率为75%以上，近年来经常发生，频率较高
可能	3	发生概率为40%～74%，在1～2年内会发生，偶尔会遇到
不确定	2	发生概率为10%～39%，近年未发生过，但5年以后有可能发生
可能性小	1	发生概率小于10%，几乎不会发生，或者在极端条件下才可能发生

表 2-5　突发事件风险的幅度

幅度	分值	描述
特别重大	5	社会运行完全中断
重大	4	社会运行受到严重影响，可能会使社会运行中断
较大	3	社会运行受到较为严重的影响，但不会造成社会运行中断
一般	2	社会运行的效率受到一定的影响，但不会对社会运行体系造成威胁
较小	1	社会运行受到的影响可以忽略不计，风险可以用常规手段加以排除

在此基础上，我们可以使用风险矩阵（见表 2-6）来判断突发事件的风险总体水平。

表 2-6　突发事件风险矩阵表

幅度 \ 可能性	分值	可能性小	不确定	可能	很可能	几乎确定
		1	2	3	4	5
特别重大	5	5（低）	10（中）	15（高）	20（高）	25（高）
重大	4	4（低）	8（中）	12（高）	16（高）	20（高）
较大	3	3（低）	6（中）	9（中）	12（高）	15（高）
一般	2	2（低）	4（低）	6（中）	8（中）	10（高）
较小	1	1（低）	2（低）	3（低）	4（中）	5（高）

最后，我们需要对突发事件风险的应对能力进行评估，并将评估的结果与突发事件风险水平进行比较。突发事件风险的应对能力评估是一个值得深入探讨的问题。我们认为，可以从以下维度进行初步的考查：控制能力、制度能力、技术能力与公众能力（见表 2-7）。

表 2-7　**突发事件风险应对能力指标**

项目	主要指标
控制能力	经济、社会发展水平，可调度的人力、物力、医疗资源，城市恢复潜力，基础设施情况，等等
制度能力	相关法律、规章，城市预防措施，响应计划，有关城市组织机构建设，部门合作、整体协调及联动情况，等等
技术能力	技术水平，信息共享情况，装备、设备的配置，等等
公众能力	风险意识，承受心理，基本技能，人口密度，等等

结合社会对突发事件风险应对能力及风险评估的标准，我们将风险进行排序，并划分为三个等级：第一个等级，可接受风险（acceptable risk），基本不会对社会造成安全威胁，需要预测预警系统持续监测；第二个等级，可容忍风险（tolerable risk），社会受到一定程度的扰动，但可以依靠自身的能力加以修补和矫正；第三个等级，不可容忍风险（intolerable risk），社会受到严重影响，需要采取特别手段，进行紧急处置。在这种情况下，预警系统就要做出决策，发出警报。

风险管理的第四步就是处置风险，也就是根据风险评估的结果进行处置，包括制定、演练、实施或修改应急预案。可以说，风险管理是有效应急规划的基础。如果应急规划不以风险管理为前提，势必会缺少针对性和实用性。同时，风险管理应该是一个动态的持续过程，应急预案也必须不断变化。

当然，风险管理并非万能的。在有效减轻风险的措施实施之后，人们依旧可能会面临未能处置的风险，即残余风险（residual risk）。为此，社会系统必须保持足够的应急响应能力和灾后恢复能力。

三、风险社会的基本特征

20 世纪 80 年代，德国著名的社会学家乌尔里希·贝克（Ulrich Beck）提出了“风险社会”理论。后来，英国著名的社会学家安东尼·吉登斯（Anthony Giddens）又丰富和完善了这一理论。所谓的风险社会，就是指 20 世纪 50 年代以来的后工业社会。在后工业社会里，各种自然与人为的事故与灾难频繁发生，自然灾害、核事故、传染病、恐怖主义袭击等使世界各国面临着公共危机高发、多发、频发的局面。在经济全球化背景下，风险也被全球化，呈现出全球扩散的特点。

第一，风险具有延展性与全球性。在后现代社会里，风险的影响和后果具有延展性，会超越民族国家的地理疆界。贝克认为，在风险社会里，“占据中心舞台的是现代化的风险和后果，它们表现为对于植物、动物和人类生命的不可抗拒的威胁。不像 19 世纪和 20 世纪上半期与工厂相联系的或职业性的危险，它们不再局限于特定的地域或团体，而是呈现出一种全球化的趋势，这种全球化跨越了生产和再生产，跨越了国家界线。在这种意义上，危险成为超国界的存在，成为带有一种新型的社会和政治动力的非阶级化的全球性危险”①。一国内发生的危机可以蔓延出国境，造成国际影响。同时，国际上发生的危机也可能扩散到一国境内。因此，公共危机管理应该具备一种宽广的国际视野，密切与其他国家的合作，特别要注重防范系统性、复杂性的风险。

第二，风险具有不可感知性。作为工业化的产物，现代风险不仅有着全球化的趋势，还有着不可感知的特征。“在今天，文明的风险一般是不被感知的，并且只出现在物理和化学的方程式中（比如事物中的毒素或核威胁)。”② 现代风险往往具有高度的不可预测性及不确定性，这对人类在风险问题上的预测、预警能力及处置、干预能力提出挑战。

人类的理性是有限的，思维也存在着各种盲区。随着科学技术的快速发展，人们所面对的风险更加具有不可感知性和不确定性，许多甚至表现出防不胜防的特征。一些公共危机的发生概率虽小，但损害结果很大。因而，人类要在强化防范意识的同时，增强综合性地应对各种公共危机的能力。

第三，风险具有人为性。作为一个社会学家，贝克提出“风险社会”理论，为的是对人类文明进程和现代化进行反思，其中所谓的“风险”侧重的是“人为的风险”。他说：“自然和传统领域不再具备控制人的力量，而是处于人的行动和人的决定的支配之下。夸张地说，风险概念是个指明自然终结和传统终结的概念；或者换句话说，在自然和传统失去它们的无限效力并依赖于人的决定的地方，才谈得上风险。”③ 在人化的环境中，自然灾害的过程可能是自然的，但其成因或后果却是社会的。

第四，风险具有平等性。风险使承受者平等地分摊风险的结果，打破了社会阶层的划分，体现了一定的民主性。贝克形象地说：“贫困是等级制的，化学烟雾是民主的。随着现代化风险的扩张——自然、健康、营养等的危机——社

---

①② 贝克. 风险社会. 南京：译林出版社，1992：7.

③ 贝克，威廉姆斯. 关于风险社会的对话//薛晓源，周战超. 全球化与风险社会. 北京：社会科学文献出版社，2005：3-4.

会分化和界限相对化了。……客观地说，风险在其范围内以及它所影响的那些人中间，表现为平等的影响。……在这种意义上，风险社会确实不是阶级社会，其风险地位或者冲突不能理解为阶级地位或冲突。"[①] 在经济全球化时代，世界各国之间的经济社会联系越发密切，在应对公共危机方面，必须同舟共济、彼此合作、共担风险。

在当今的世界体系中，在全球风险面前，整个人类成为一个命运共同体，处于中心的发达国家不断地向处于边缘的发展中国家释放风险。这也会给发达国家造成反伤自身的"回镖效应"。但是，由于经济发展水平的差异，外围国家的脆弱性较强、抗灾能力弱，受公共危机的影响也就更大。因此，人类需要将"减灾"（disaster reduction）与"扶贫"（poverty reduction）结合起来。毫无疑问，发达国家不仅应该放弃不公正、不合理的国际政治经济旧秩序，而且应该对发展中国家履行不附加任何政治条件的发展援助义务。

乌列尔·罗森塔尔（Uriel Rosenthal）将当今世界特征描述为：不可预测的（unexpected）、不可规划的（unscheduled）、前所未有的（unprecedented）、不可控制的（unmanageable）[②]。在经济全球化时代，风险也被全球化了，并对人类的生存构成了前所未有的威胁。比如，随着经济全球化进程提速，人口跨境流动增多，传染病的全球扩散性特征更加明显。此外，由于各国之间的经济、社会交往的日益频繁以及科学技术的日新月异，人类面临的系统性、复杂性风险增多，极端事件不断发生，对各国政府的公共危机应对能力提出挑战。

第二节　减缓的意义与工具

人们经常说，我国风险应对形势严峻，有着高风险的城市和不设防的农村。其实，严谨的描述应该是，城市主要面临密集型风险（intensive risk）的挑战，农村面临广布型风险（extensive risk）的挑战。在城市，人口和经济活动大量聚集并暴露于高度旨在环境下，脆弱性强，风险是密集型的。在城市边缘和农

---

① 贝克，威廉姆斯. 关于风险社会的对话//薛晓源，周战超. 全球化与风险社会. 北京：社会科学文献出版社，2005：38.

② Uriel Rosenthal. Coping with crisis：the management of disasters，riots and terrorism. Charles C. Thomas Publisher，1989：5.

村，相对分散的人口反复、持续地暴露于低度或中度旨在环境下，因贫困等也十分脆弱，风险主要是广布型的。无论哪一种风险，减缓都是非常必要的。减缓就是通过削减风险而降低突发事件发生的可能性。减缓是一项长期的投入，但收益较高。人们采取特定的减缓措施，可以有效地预防突发事件，避免社会公众的生命、健康与财产遭受重大的损失。

一、减缓的定义

在汉语中，预防的意思为“预先防备”。而防备，有防止与准备的意思。防止，就是指减缓，即采取有效的控制行动，避免突发事件的发生或减轻突发事件的影响。因此，减缓是突发事件预防的重要环节。但是，减缓与准备不同：准备要为应急响应与恢复创造条件，而减缓则通过灾前行动来降低灾害发生的可能性。

美国联邦应急管理署认为，减缓是“旨在减轻重大灾害或紧急事件影响的活动或最大限度减轻未来灾害的负面影响的活动”。2004 年，美国国土安全部在《国家响应计划》中也采用了这一定义。学者戴尼斯说：“减缓的社会目的是减少灾害的发生，削减某些人口的脆弱性，在全社会范围内更为均衡地分担灾害成本。”

加拿大的《国家灾害减缓战略》提出，减缓为应急管理奠定了重要的基础。灾害预防或减缓措施是指在突发事件或灾害发生之前采取积极主动的措施，消除或削减致灾因子的影响与风险。减缓措施可以是结构性的（如兴建防洪坝），也可以是非结构性的（如土地使用分区和建筑法规）。减缓活动应该包括对风险环境的检测与评估，打造综合性的工具对风险减缓投资进行排序。

“减缓”是指减少影响人类生命、财产的自然或人为风险，其目的主要是减少突发事件发生的可能性或限制突发事件的影响。减缓措施可分为两种：结构性减缓与非结构性减缓。前者主要是“硬措施”，涉及减轻突发事件影响的物理设施，如兴建防洪堤坝、排水系统等；后者则主要是“软措施”，涉及减轻突发事件影响的制度建设，如土地利用规划、保险政策、建筑安全法规等。

美国联邦应急管理署认为，有效的减缓战略可以获得以下收益：挽救生命，减少伤亡；预防或减少财产损失；减少经济损失；实现社会扰动与压力的最小化；实现农业损失的最小化；维持关键设施的正常运行；保护基础设施不受损；确保公众精神健康；减小政府和官员的法律责任；使政府行为取得积极的政治结果[①]。

突发事件的风险是由致灾因子与脆弱性两个因素共同决定的。其中，致灾因子是可能造成损失、对社会正常运行产生扰动的事件，如热带气旋、滑坡等。脆弱性是衡量社会在致灾因子产生作用的条件下是否会遭受危害的指标。如果风险大于社会承受能力，则突发事件发生。由此，我们可以看出，减缓要想降低风险，其途径有两个：削减致灾因子或降低脆弱性。

从致灾因子的角度来讲，减缓的行动可以分为四类：第一类，作用于致灾因子。例如，在黄河冬季可能发生凌汛的情况下，我们经常炸开下游结冰区域。第二类，使致灾因子改向。例如，我们加固海堤，减少脆弱性区域受台风的影响。第三类，与致灾因子互动。例如，我们可以推行建筑法规，执行建筑物的抗震标准，提高承受地震影响的能力。第四类，规避致灾因子。例如，我们可以将易遭受洪灾地带的社会公众移民到更加安全的地带。

具体而言，世界各国经常采用以下主要减缓措施：第一，开展公共安全教育，减少突发事件所造成的生命、财产损失；第二，执行与公共安全有关的法律、法规，降低脆弱性，如推行建筑标准、进行土地使用管理等；第三，进行建筑物的结构性改造，减少生命、财产损失和环境影响。

二、减缓的意义与障碍

在突发事件应急管理中，减缓起到非常重要的作用。首先，减缓可以降低突发事件的发生概率。许多突发事件的发生是由于人们没有重视灾害的减缓。譬如，随着城市化进程的发展，人们把房子建筑在地质结构脆弱、灾害易发的地带，居民遭遇滑坡、地震或泥石流的可能性加大。又如，随着城市规模的扩张，居民区延伸到对人体健康有严重损害的化学工厂附近。

其次，降低突发事件的影响与损失。事前的减缓措施比事后的应急救援手段及恢复行动更能降低突发事件的影响与损失。同样强度的灾害作用在不同的国家或地区，其产生的影响是不同的。这与该国或地区是否重视减缓有着不可分割的联系。联合国前秘书长安南说过，减灾是人类社会控制灾害的最经济、最实用、最人道、最有效的方法。而减缓就是减灾的重要内容。根据加拿大

---

① Thomas E. Drabek，Gerard J. Homtmer. Emergency management：principles and practice for local government. ICMA，1991：13.

《国家灾害减缓战略》数据，澳大利亚、美国和英国在洪水预防方面的收益/成本比分别为 3∶1、4∶1 和 5∶1。

最后，减缓可促进人类的可持续发展。1987 年，布伦特兰夫人提出了可持续发展的理念，“既要满足现代人的需要，也不损害后代人的需要”。减缓措施有利于我们与自然之间形成合作共生的关系，有利于人类的可持续发展。在我国现代化、城市化快速发展的进程中，生态环境问题越发突出，成为自然灾害不断发生的重要原因之一。加强突发事件的减缓，有助于我们落实科学发展观，走可持续发展的道路，加强环境治理保护，建设资源节约型和环境友好型社会，促进人与自然的和谐。

尽管减缓具有毋庸置疑的意义，但是，减缓措施的实施在实践中却阻力重重。减缓是一项需要计算长期收益的活动，短期内很难见到效果。在短期行为的支配下，减缓往往受到忽视。不仅如此，减缓会占用大量的经济资源，甚至短期内对经济发展具有阻滞的作用。在我国，有些地方政府甚至将突发事件减缓与经济发展对立起来，认为“安全不生产，稳定不发展”。

从突发事件本身而言，它具有很强的不确定性。而且，不同层级的政府对突发事件的发生频率有着不同的认识。在国家层面，突发事件是频发的，甚至出现常态化的趋势。但是，就某一地方而言，突发事件却是偶发的。因而，国家安全发展的理念与地方经济发展的冲动有时是矛盾的，政府安全发展的要求与企业经济发展的追求有时是冲突的。

减缓的收益是隐性的。如果政府不将减缓作为应急绩效评估的重要内容之一，那么，人们就很难发现减缓给经济、社会发展带来的利好。也就是说，人们很难判断减缓是一个地方没有发生造成群死群伤的突发事件的原因。

在我国应急管理中，存在着“重救轻防”的倾向。人们愿意轰轰烈烈地救灾，而不愿意默默无闻地防灾。在现有的应急绩效考评制度下，有效防灾不能增加政绩，救灾不力受到惩罚，救灾得力受到嘉奖。对于官员来说，最优选择是救灾得力，次优才是有效地防灾。因此，我们应该在应急绩效评估中加大突发事件减缓的权重，考核相关部门是否采取了有效的减缓措施。

需要说明的是，应急管理部虽然以防范化解重大安全风险为首要任务，但这并不意味着风险减缓是应急管理部唱“独角戏”，因为风险防控是全政府、全社会共同的责任。应急管理部的主要作用是综合与抓总，侧重于风险的综合监测与评估、综合防灾减灾规划的制定等。在救援环节，应急管理部承担主责，但相关部门要积极作为，争取将灾害事故影响消除在初起或萌芽状态。同时，相关部门要主动配合，如在应对水旱灾害时气象部门要提供天气预报服务、水利部门要提供水文资料和专家技术支持等。

三、减缓的工具

从美国的经验来看，减缓的主要步骤包括三个：（1）识别致灾因子，包括致灾因子的特征、位置，发生的可能性，对人、财产及环境的潜在影响，确定减少结构性与非结构性损失的行动；（2）分析灾害发生风险以及人、财产和环境的脆弱性；（3）制定、维持、发展减缓战略，包括技术与政治、计划与预算、管制与教育等各个方面。减缓一般要借助以下工具进行：

第一，致灾因子识别与绘图。这是减缓的基本工具。例如，在美国，联邦应急管理署的国家洪水保险项目提供非常详细的洪水致灾因子分布图。现代科学技术日新月异，如地理信息系统（GIS）可以在这个方面大有作为。

第二，设计、建筑法规与标准。为了进行有效的减缓，我们必须在设计与建筑中严格遵守设计标准与建筑法规，执行其中有关公共安全的条款。2009 年 5 月 1 日，我国开始实施新的《防震减灾法》，其中第七十六条规定："县级以上人民政府建设、交通、铁路、水利、电力、地震等有关部门应当按照职责分工，加强对工程建设强制性标准、抗震设防要求执行情况和地震安全性评价工作的监督检查。"

第三，土地使用规划。在土地使用方面，政府在制定规划时，要充分考虑到公共安全的需求。我国《城乡规划法》第四条第一款要求："制定和实施城乡规划，应当遵循城乡统筹、合理布局、节约土地、集约发展和先规划后建设的原则，改善生态环境，促进资源、能源节约和综合利用，保护耕地等自然资源和历史文化遗产，保持地方特色、民族特色和传统风貌，防止污染和其他公害，并符合区域人口发展、国防建设、防灾减灾和公共卫生、公共安全的需要。"

第四，经济刺激。它主要是指利用经济杠杆来调动人们进行减缓的积极性。例如，"加州伯克利发行了 10 多种不同的证券，支持公共建筑、学校和私人住宅进行抗震改造"①。

---

① Gorge D. Haddow，Jane A. Bullock，Damon P. Coppola. Introduction to emergency management. Elsevier Inc.，2006：61.

第五，保险。保险可以成为减缓的一种重要机制。通过保险，风险可以分散和转移。不仅如此，在经济利润的驱动下，保险公司有着巨大的动力宣传减缓知识、监督减缓行动。避免客户因突发事件而蒙受巨大损失，这是保险公司最大的愿望。

第六，结构控制。结构控制就是指采取结构性的减缓措施，降低突发事件发生的可能性。例如，在大江大河沿岸兴建堤坝，防止洪灾发生。有时，结构性控制会导致自然生态平衡被打破，具有一定的负面影响。

第三节　减缓的主要措施

目前，我国公共安全形势不容乐观，有高风险的城市、不设防的农村。由于风险是由致灾因子和脆弱性共同决定的，为了做好突发事件的预防，我们一方面要实施减缓工程，降低社会系统的脆弱性。另一方面，我们要着眼未来可能发生的突发事件，提高全社会的恢复力。降低脆弱性、提高恢复力是做好突发事件预防的两种有效有段。这两种途径在实施措施上有很强的关联性，但侧重点不尽相同：前者主要是为了防止突发事件发生，减少灾害对社会公众造成威胁的概率；后者主要是为了在突发事件发生后提高从灾损中恢复的速度。此外，公共安全教育对于突发事件的减缓也具有潜移默化但十分关键的作用。

一、实施减缓工程

一般来说，减缓工程包括以下几个方面的内容[①]：(1) 制订致灾因子减缓计划。政府组织减缓团队，并与社会各方的利益相关者合作，识别风险，采取行动，应对风险。(2) 对发展进行管理。政府根据土地使用规划及发展安排，不在危险地带修建建筑，并将危险地带的人口转移到安全地带。(3) 保护建筑物及公共设施。新建的建筑及设施必须符合防灾标准及法规，在役建筑应参照防灾标准及法规进行改造。(4) 保护自然。保护湿地、沙丘、森林，保留开阔地带，限制在危险地带进行开发。(5) 控制风险。采用技术手段，控制风险。(6) 限制公共支出。政府不支持在高风险地区兴建道路、桥梁、污水处理设施

---

① William L. Waugh Jr.，Kathleen Tierney. Emergency management：principles and practice for local government. ICMA，2007：110-111.

等。(7) 风险沟通与公众教育。建筑施工单位要进行安全教育、掌握减缓技术，居民要知道疏散计划和避难场所。

其中，制订、实施减缓计划是非常重要的内容，主要步骤如下：组织相关资源—评估风险—制订计划—实施计划。组织资源就是使减缓计划得到相关方面的支持与参与。进行风险评估，就是要识别风险要素及脆弱性，估计突发事件可能造成的损失。制订减缓计划的标准包括目标清晰、公众参与、问题明确、基于实施、结合政策、便于实施等。在实施计划的过程中，评估是一个必不可少的环节。而且，减缓计划应该根据评估的结果及所反映的问题及时进行修改。

2018 年 10 月 10 日，在中央财经委员会第三次会议上，习近平总书记对提升我国自然灾害防治能力提出“九个坚持”与“九个实施”。其中，“九个坚持”包括以下内容：(1) 坚持以人民为中心的发展思想；(2) 坚持以防为主、防抗救相结合；(3) 坚持常态救灾和非常态救灾相统一，强化综合减灾、统筹抵御各种自然灾害；(4) 坚持党的领导，形成各方齐抓共管、协同配合的自然事故防治格局；(5) 坚持以人为本，切实保护人民群众生命财产安全；(6) 坚持生态优先，建立人与自然和谐相处的关系；(7) 坚持预防为主，努力把自然灾害风险和损失降至最低；(8) 坚持改革创新，推进自然灾害防治体系和防治能力现代化；(9) 坚持国际合作，协力推动自然灾害防治。这些是新时代我国提升自然灾害防治能力的原则。

“九个实施”包括以下内容：(1) 实施灾害风险调查和重点隐患排查工程，掌握风险隐患底数；(2) 实施重点生态功能区生态修复工程，恢复森林、草原、河湖、湿地、荒漠、海洋生态系统功能；(3) 实施海岸带保护修复工程，建设生态海堤，提升抵御台风、风暴潮等海洋灾害能力；(4) 实施地震易发区房屋设施加固工程，提高抗震防灾能力；(5) 实施防汛抗旱水利提升工程，完善防洪抗旱工程体系；(6) 实施地质灾害综合治理和避险移民搬迁工程，落实好“十三五”地质灾害避险搬迁任务；(7) 实施应急救援中心建设工程，建设若干区域性应急救援中心；(8) 实施自然灾害监测预警信息化工程，提高多灾种和灾害链综合监测、风险早期识别和预报预警能力；(9) 实施自然灾害防治技术装备现代化工程，加大关键技术攻关力度，提高我国救援队伍专业化技术装备水平。这些都是新时代我国提升自然灾害防治能力的路径。

我们认为，这是自然灾害风险减缓的“大手笔”。目前，应急管理部牵头正在开展全国自然灾害综合风险普查，以摸清风险的底数，这是一项利国利民之举。

二、降低社会脆弱性

为了确保社会公众的安全，我们必须减少社会公众所面临的各种风险。一是要尽可能排查、消除致灾因子，即可能给社会公众的生命、健康与财产造成损失的条件，包括物理的致灾因子、人的致灾因子、信息的致灾因子。上述九大工程中灾害风险调查和重点隐患排查工程，就体现了这一点。在城市中，脆弱性主要与以下因素有关：经济、社会的集中程度；城市系统的复杂性和相互关联性；城市的地理位置；城市的环境保护情况；城市的结构性缺陷，如建筑问题；政治和制度缺陷；等等。在乡村中，脆弱性相对较强，表现在以下方面：农村经济、社会发展滞后，社会公众的防灾、减灾意识薄弱，建筑、设施的抗灾毁能力低。在中央财经委员会第三次会议上，习近平总书记提出要坚持生态优先，实施地质灾害综合治理和避险移民搬迁工程、重点生态功能区生态修复工程、海岸带保护修复工程、地震易发区房屋设施加固工程、防汛抗旱水利提升工程等，这都是降低脆弱性的重要措施。

有效防止自然灾害需要在以下两个方面开展减缓工作：一是规避风险，要对致灾因子进行监督、分析、控制；二是寻求安全，降低社会系统的脆弱性。后者比前者更能凸显人的作为。如果我们能够降低脆弱性，就能够避免许多突发事件带来的不必要的损失。在新时代，我国社会相对于灾害事故的脆弱性主要体现在三个方面：

第一，农村防灾能力薄弱，一些地方处于不设防状态。灾害事故与贫困成为相互缠绕的互锁问题，因灾致贫、返贫现象突出。在雅安芦山地震中，受损最为严重的偏远村寨道路交通不畅，外部救援力量难以短时间内到达现场。而当地青壮年外出务工人数较多，留下来的都是妇女、儿童和老人，防灾意识薄弱，自救、互救能力较低。

党的十八大以来，我国统筹推进经济建设、政治建设、社会建设、文化建设和生态文明建设，生态环境得到极大保护与修复，降低了自然致灾因子的脆弱性。由于“美丽乡村”建设和“精准扶贫”政策的实施，农村的生活环境、农民的生存条件都得到了极大的改善，降低了经济的脆弱性，实现了减灾与扶贫的有机整合。今后，在乡村振兴行动中，防灾减灾依旧是一个不可或缺的内容。

第二，城市越发精致化、复杂化，相对于灾害事故越发脆弱。一场小雪就可以使整个城市的交通瘫痪，许多特大城市出现“逢雨看海”现象。2018 年 1 月，中央办公厅、国务院办公厅联合下发《关于推进城市安全发展的意见》，其中的许多措施，体现出降低脆弱性的思想。例如，“居民生活区、商业区、经济技术开发区、工业园区、港区以及其他功能区的空间布局要以安全为前提”；“完善城市高层建筑、大型综合体、综合交通枢纽、隧道桥梁、管线管廊、道路交通、轨道交通、燃气工程、排水防涝、垃圾填埋场、渣土受纳场、电力设施及电梯、大型游乐设施等的技术标准，提高安全和应急设施的标准要求”；“加快推进城镇人口密集区不符合安全和卫生防护距离要求的危险化学品生产、储存企业就地改造达标、搬迁进入规范化工园区或依法关闭退出”；等等。

第三，老龄化带来社会人口的脆弱性。从 1999 年开始，我国已经步入老龄化社会，而且人口老龄化的发展速度非常快。2017 年，我国 60 岁及以上的老人已经超过 2.4 亿，成为世界第一个老龄人口超过 2 亿的国家。老年人身体机能衰退、行动不便，对各种风险的反应相对迟钝，是各类突发事件的脆弱性人群。2018 年 8 月 25 日，哈尔滨市松北区北龙汤泉休闲酒店有限公司发生重大火灾事故，导致 20 人死亡、23 人受伤，死者全为来自北京的老年团客人。不仅如此，在各种公共卫生突发事件中，患有各种慢病的老人，更是各种传染病疫情中的易感人群。可见，我国进入老龄化社会的事实使应急管理面临前所未有的新挑战。

三、提高社会韧性

韧性（resilience）一词来自拉丁语“resilio”，意思是“弹回”，也被翻译为“弹性”。这一概念起源于工程学、生物学和精神病学，主要指人、物及生态系统承受突发震荡的能力。在社会与组织中，“韧性”意味着“抵制扰动的能力”。韧性是脆弱性的对立面，强调的是一个系统应对致灾因子的能力。

阿伦·威尔达夫斯基（Aaron Wildavsky）最早将“韧性”的概念应用于社会科学领域。他提倡韧性理论，反对预期（anticipation）理论，认为预期理论描述的是一种中心控制模式，试图在损害发生之前对潜在的威胁进行预防。问题是，预期的有效性不是无限度的，它以充分的信息为前提。当人们确知威胁和问题时，预期是有效的，决策者可以事先配置资源应对特定的威胁。但是，在不确定性的动态情境中，预期的有效性就会大打折扣。

2003年“非典”事件发生后，我国应急管理学者提出要预防为主、关口前移，加强风险管理能力。这对改变我国“头痛医头，脚痛医脚”的弊端是有所助益的。但是，风险管理的前提是风险预测，而风险预测的基础是预期，因而风险管理实际上也存在着局限性。加之我国经济社会发展中面临越来越多的难以预见的风险，提高韧性以对风险吸收、适应并提升恢复力，显得格外重要。

今天，人类面临的不确定性极强的灾害越来越多。蓬莱19-3油田溢油事故就是一个生动的例证。它挑战着人类的预期能力，令传统的预防与准备战略捉襟见肘。“常规的决策与官僚组织在设计上存在缺憾，不能管理以不能预见、通常也是不能检测方式快速出现的威胁。社会中的非政府成员，如企业、学校和公众，对诸如此类的突发事件准备程度更低。实际上，在享有高经济福利的现代社会中，其成员是最少有准备的（所谓的脆弱性悖论）。”①

在这种情形下，西方灾害管理学者积极倡导“韧性”的构建。“如果我们承认诸如全球化、日益增强的相互依赖和复杂性、潜在威胁技术的扩散、新形式的恐怖主义、气候变化等主要趋势对现代社会提出了不可想象的新挑战，那么这只是朝着认识、接受现代预防与准备方法的内在缺陷迈进了一小步。如果我们不能预测或预见我们面临的迫在眉睫的威胁，那么预防与准备就会变得困难重重。韧性是我们解答这一问题的希望所在。”② 韧性可以赋予灾害管理者更大的灵活性和适应性。

维尔达斯基主张在不同的情形下采取不同的战略，要求实现“预期”与“韧性”之间的平衡。预期战略在风险可以预测的情况下可发挥最大效益。相反，当威胁不可预测、不知何种措施有效时，人们就需要采取韧性战略。如果风险不可预测但可采取有效预防措施，就采取混合战略，突出韧性；如果风险可以预测但不知采取何种有效措施，就采取混合战略，突出预期。

在灾害管理过程中，如果灾害周期性发生、有一定的规律可循，我们就要立足为应对做好充分的准备。与此同时，我们也必须注重韧性建设，以应对不可预测的灾害。在今天，我们构建韧性特别要调动全社会的积极参与，增强全社会防灾减灾的能力。这样，一旦灾害发生，我们就能够限制其影响范围，并迅速地从中恢复过来。在经济社会发展中，人们通过实现人与自然、人与社会、

---

①② Louise K. Comfort, Arjen Boin, Chris C. Demchak. Designing resilience: preparing for extreme events. Pittsburgh: University of Pittsburgh Press, 2010.

人与人之间的关系和谐，减少引发突发事件的致灾因子。比如，恢复重建要注意保护湿地、林地、草原等。绿水青山就是金山银山。绿色发展也是安全发展。人类经济社会发展要推行与自然合作而非征服自然的理念。在灾害易发区，避免开展重建工程，如不要在行洪河道上建设房屋或基础设施，从源头上杜绝突发事件发生的危险。对于不能规避、不得不建在灾害易发区的建筑或基础设施，我们要实行更加严格的设计与建筑安全标准，严把建筑施工的质量关，增强其抗毁损的能力，并采取严密的防护性措施。此外，我们还要增强应急响应能力，完善应急救援体系，在突发事件发生后有效应对，尽可能减轻灾害的影响。当然，这必须建立良好的应急保障体系，确保灾后恢复重建的人力、物力、财力等资源充裕。

在新时代，风险减缓特别是综合风险减缓得到了前所未有的重视。2016 年 10 月，习近平总书记在主持召开中央全面深化改革领导小组第二十八次会议时指出，推进防灾减灾救灾体制机制改革，必须牢固树立灾害风险管理和综合减灾理念，坚持以防为主、防抗救相结合，坚持常态减灾和非常态救灾相统一，努力实现从注重灾后救助向注重灾前预防转变，从减少灾害损失向减轻灾害风险转变，从应对单一灾种向综合减灾转变。同年 12 月，中共中央、国务院印发《关于推进防灾减灾救灾体制机制改革的意见》，强调“牢固树立灾害风险管理理念，转变重救灾轻减灾思想，将防灾减灾救灾纳入各级国民经济和社会发展总体规划，作为国家公共安全体系建设的重要内容”。这是新时代、新思想的集中表达。

第三章
突发事件的准备

在应急管理过程中，应急准备活动主要包括应急规划、应急保障体系建设等内容。应急准备虽然重要，但经常受到人们的忽视。美国学者德拉贝克认为，应急准备有以下特征："准备是一个持续性的过程；准备可减少紧急状态下的不确定性；准备是一项教育活动；准备建立在知识的基础上；准备会引发适当的行动；抵制准备应被视为假定的前提。"①

应急规划（emergency planning）既是应急准备活动的重要组成部分，也是应急准备活动的基础。通观各国，消防、警察、军队、应急等部门都是突发事件处置与应对的生力军。应急管理部门在其中的重要职能有两个：一是协调，二是应急规划。所谓的应急规划，是一个持续性的动态过程，主要指对应急预案的制定、演练、修改活动。相比之下，应急预案则是静态的。由于突发事件是动态演进的，我们更应该强调应急规划，而不是应急预案。此外，应急预案的实施必须要有应急保障体系作为支撑。否则，再好的预案也只能是纸上谈兵。

第一节　应急规划的作用与流程

应急规划虽然是应急准备的重要基础，但绝非应急准备的全部。应急规划是一个过程，而应急预案是这个过程输出的产品。我们应该更加注重"过程"，而不是它的产出。不仅如此，如果应急预案缺少实用性和针对性，它甚至可以对应急管理者产生麻醉效应，使其误以为做好了应急准备。因此，我们必须正确认识应急规划的作用，按照应急规划的流程，认真完成其中的各个步骤。

一、应急规划的作用

我们认为，应急管理就是相关利益主体为了预防与应对突发事件而彼此合作、形成合力的过程。在应急管理过程中，相关利益主体，包括政府、企业、社会组织、个人按照既定的承诺，按照角色期待行动，提供资源，相互配合，共同努力。应急规划是相关利益主体做出承诺、分担责任与角色的活动，而应急预案则是其承诺的记录。从这个意义上说，应急预案是应急规划的输出与结果。应急规划可以理解为制定、管理、修正预案的动态过程。

① Jessica A. Hubbard. Integrating emergency management studies into higher education：ideas，programs，and strategies. Public entity risk institute，2010：16.

应急准备就是要努力协调与调度区域内与区域外的资源，减少或降低脆弱性的过程。实现对于突发事件的有备无患，需要我们理解自身的脆弱性及所面临的外部威胁，组织团队制定预案。其中，应急规划是应急准备的一项重要内容。

应急预案又称应急计划，是针对可能的重大事故（件）或灾害，为保证迅速、有序、有效地开展应急与救援行动、降低事故损失而预先制定的有关计划或方案。它是在辨识和评估潜在的重大危险、事故类型、发生的可能性及发生过程、事故后果及影响严重程度的基础上，对应急机构职责、人员、技术、装备、设施(备)、物资、救援行动及其指挥与协调等方面预先做出的具体安排①。

编制应急预案的目的是，根据宪法、《突发事件应对法》及相关的法律、法规，在现有的应急管理体制下，明确突发事件预防与处置的具体措施，使突发事件的应对规范化、制度化。编制应急预案具有以下主要意义：

第一，明确应急管理相关利益主体的责任范围和角色期待与分工，保证应急管理工作有条不紊地进行。我们提倡突发事件应急管理的社会动员，主张应急管理主体多元化。如果没有预案，各相关利益主体就可能发生角色冲突或推诿扯皮，贻误战机。

第二，有助于我们辨识潜在风险，避免或防止突发事件扩大或升级，从而最大限度地减少突发事件给社会公众的生命、健康和财产造成的损失。

第三，有助于将突发事件处置与响应的步骤与措施“格式化”，提高应对效率。

第四，有利于培养全社会居安思危的忧患意识，营造预防为主的安全文化氛围。当然，其前提是让社会公众参与预案的制定或向社会公众广泛宣传预案。

我们说，应急预案建设是突发事件应急准备的一项重要内容。但是，我们不能将其等同于应急管理工作的全部，也不能过分夸大应急预案的作用。相对于应急管理工作整体而言，应急预案建设并不能“毕其功于一役”。更为重要的是，突发事件千差万别、瞬息万变，有些突发事件不确定性极强，预案设想可能与实际情况相去甚远。从这个意义上说，应急预案不是万能的，并非可包治百病的“灵丹妙药”。

可是，没有预案也是万万不能的。如果没有应急预案，可能引发突发事件的风险就不能被有效识别出来，应急准备工作就可能不充分，社会公众的生命、

① 刘铁民．应急体系建设和应急预案编制．北京：企业管理出版社，2004：3.

健康和财产就会遭受不必要的损失。

二、应急规划的流程

我国《国家突发公共事件总体应急预案》规定的工作原则为：以人为本，减少危害；居安思危，预防为主；统一领导，分级负责；依法规范，加强管理；快速反应，协同应对；依靠科技，提高素质。

美国有学者认为，应急规划应该遵循以下原则：第一，以知识为基础，确知威胁及人可能做出的反应；第二，鼓励应急管理者采取正确的行动；第三，强调灵活性，满足不断变化的应急需求；第四，促进组织之间的协调与合作；第五，将各种应急计划整合起来，综合性地应对各种风险；第六，包括培训内容①。还有人提出应急规划的八项原则：第一，预测对于规划过程的积极或消极抵制，制定战略，管理这些障碍；第二，涉及社区所面对的所有危险要素；第三，包括所有的响应组织，争取它们的参与、承诺及明确的认可；第四，将影响发生前的规划建立在对威胁及灾害中人的一般行为的确知，争取联邦或州的外援；第五，确定最为适当的应急响应行动的类型，但鼓励以持续性应急评估为基础的临机决断；第六，将应急响应与灾害恢复联系起来；第七，在所有层次上培训与评估应急响应组织；第八，认识到应急规划是一个持续不断的过程②。

应急规划流程是制定应急预案或评估应急预案的一系列步骤。经过应急规划的流程，我们应该能够确定预案制定的目的，界定利益相关者的角色与责任，安排应急控制与协调事宜，增强公共安全教育与意识，起到沟通、预警与传递信息的作用，形成简明扼要的计划。具体而言，应急规划的步骤包括以下六个方面：

（1）指定或建立应急规划委员会。该委员会应由相关部门的权威人士组成，确定预案编制的目的，并在风险管理的基础上，制定应急预案。

（2）进行应急管理风险研究。其主要作用如下：建立风险管理的框架，确定问题的性质、范围与社会可接受风险的水平；识别风险，描述危险源的性质与范畴及社会环境；分析风险，确定社会及环境的脆弱性；评估风险，将风险

---

① Ronald W. Perry，Michael K. Lindell. Preparedness for emergency response：guidelines for the emergency planning process. Disasters，2003，27（4）：336-350.

② William L. Waugh Jr.，Kathleen Tierney. Emergency management：principles and practice for local government. ICMA，2007：115-116.

进行排序，确定风险是否可以接收；处置风险，确定减轻风险的措施。

(3) 确定相关利益主体的责任与角色。在应急管理过程中，多部门之间要形成协调联动的态势。理顺控制与协调关系至关重要。这要求预案中要体现相关主体的责任与角色。对于一个组织而言，其在一场突发事件的应急管理中可能会扮演以下两种角色中的一种：承担主要责任，起主导作用；承担次要责任，起辅助作用。确定相关利益主体的责任与角色的方式也有两种：一是列出相关组织，描述其角色；二是列出突发事件情况，并确定承担主要责任和次要责任的组织。

(4) 确定所需资源与服务。应急资源与服务主要取决于突发事件的性质，很难在事件发生前做出精确的预测。而且，资源与服务分布于多个组织之中。但是，对那些发生概率和频度高的突发事件进行准备是有必要的，主要内容包括如下方面：确定资源与服务的类型；确定可调度资源与服务的来源；分析重点资源与服务的缺口；指定具体部门提供资源与服务，与它们签订协议，并进行财政支持；经常性地监督资源与服务采购协议的执行；应急评估要涉及资源管理问题。

(5) 确立应急管理安排和制度。其主要内容涉及公共教育、机构间的沟通、应急指挥中心的管理、准备与发布预警信息、疏散管理、财政管理、响应管理、恢复管理（见表3-1）。

表3-1　　应急管理的安排与制度

主要内容	目的
公共教育	确保社会公众知晓已确认风险的特征及其影响，并指导公众如何进行准备和采取正确的行动。特殊群体要得到特别的关注。信息发布的方法应该多样，包括报纸、广播电视、互联网、小册子、公共集会、借助社区网络逐户告知等
机构间的沟通	建立有效的全服务沟通制度：覆盖组织内部与组织之间；依托现有体系；组织体系之间兼容；为控制与协调预留特定的无线电频率；建立备份系统，防止主系统出现故障；设立备份电源；实现激活与运行的简单化
应急指挥中心的管理	应急指挥中心是运行控制与资源协调的部门，是应急响应与恢复的核心，应按照一定的运行与管理运作
准备与发布预警信息	公众预警的目的是促使公众采取适当的响应行动，避免受到威胁或使受到的威胁最小化。公共信息系统应及时发布突发事件的信息，阐明采取何种措施以避免人员伤亡及财产损失，说明消极响应的后果，向应急决策者提供有关公众遵从情况的反馈。此外，预警信息要引述可信权威的观点，尽量简明扼要，重复重要信息，等等

续表

主要内容	目的
疏散管理	疏散阶段包括决定疏散、预警、撤离、避难、返回。疏散管理要确定集合地点、疏散中心、往返路线、组织及辅助部门、登记团队、运输安排与协调组织、疏散中心运行组织等
财政管理	按照有关要求，进行财政管理
响应管理	激活应急指挥中心和沟通系统，收集、处理与发布信息，向支持性组织发出警报，准备、发布预警及其他公共信息，激活联络协议，协调部署资源，请求外部援助或向外部提供援助
恢复管理	满足最为迫切的应急需求，对受影响者进行心理咨询，提供个人支持，建立与管理应急财政救助计划，修复或新建受损公共设施，调查评估财产损失，管理环境恢复项目

资料来源：澳大利亚政府应急管理网站。

（6）形成预案文件。预案的使用者包括两类：一是需要一般了解预案者，二是需要实施预案者。所有的预案都应该能向预案使用者说明风险的概况，阐释相关部门的责任及其相互关系。预案要清晰地阐明预案编制的目的，描述预案相关的制度安排。主预案还可以有附件，附带特殊功能预案及特定风险预案。实用的预案应该是开放的，可随时修订与补充；附有发放记录和补充总结。应急预案的结构如表 3－2 所示。

表 3－2　　应急预案结构表

部分	内容
标题页	
目录	
介绍	授权、目的、范围、评估安排
风险登记	提供重大风险及一般风险处理的信息
预案的激活	说明激活预案的具体事件及手段
管理结构	指挥、控制与协调，沟通，每个组织的响应、恢复责任，每种突发事件的响应与恢复责任
响应与恢复的管理系统	警报、指挥中心管理、信息管理、财政管理、公共教育、公共信息、资源管理
功能性计划	主要涉及沟通、运输等转型功能的预案
特殊威胁计划	主要涉及如何应对主预案中未纳入的威胁
附件	发布历史与修改清单、发放清单、术语、规划委员会组成、地理详情、地图、组织图标、通讯录、重要资源清单、标准运行程序

资料来源：澳大利亚政府应急管理网站。

在应急规划的每一个步骤，沟通与协商都非常重要。这包括与利益相关者进行对话。这是一种双向互动的过程，而不是预案制定者向其单向度地进行信息输送。因此，在应急规划的起始阶段，应急规划者必须为利益相关者制订一个沟通计划。

应急预案要经常性地得到监督与评估。所谓的监督，就是指应急部门要对预案涉及的人员、联系方式、资源及环境的变化进行跟踪；所谓的评估，就是指应急部门要随着情况的变化经常地对预案进行查验与更新。应急预案在运行、演练之后，需要接受评估。当危险源、社会或环境发生重大的变化时，预案也需要接受评估。应急规划是一个持续的过程。预案应该是一个活文件，要经常评估与更新。如果预案被修改或补充，相关预案使用单位要被告知。

在澳大利亚，应急预案评估有一系列的标准，包括预案是否符合规范应急措施的法律；应急计划是否规定了相关部门的责任与角色，是否确定了专人负责预案的维护与修订；预案是否提及组织之间的互助；预案是否与上级预案一致；预案是否考虑到特殊群体的需求；等等。

三、"预案综合征"

应急管理工作可看作是应急管理者与突发事件之间的博弈，它需要有更多的临机决断，表现出较强的创新能力。一方面，没有预案就没有行动指南，我们必须加强应急预案的建设；另一方面，完全照搬预案也很难奏效，应对突发事件还需要赋予应急管理者一定的临机决断权力。如果一个应急管理组织在突发事件来临时仅靠临机决断，那意味着它没有做好应急准备；如果它完全照搬预案，那说明它没有丝毫的创新能力。如何在遵照预案与发挥创新能力之间形成一种动态的平衡，这是我们成功应对突发事件的关键所在。

我们提出要客观认识应急预案的作用，除了要剔除将预案作用"神化"的观念，还要澄清一种模糊的认识，即应急预案只是为了有效地处置突发事件。其实，预案也可以发挥预防突发事件的作用。例如，吸纳社会公众参与预案的制定或向社会公众宣传预案的内容，可以起到公共安全教育的作用。

在应急规划过程中，我们要防止"预案综合征"。所谓的"预案综合征"，就是指将应急预案作为应急准备工作的全部。实际上，应急预案只是应急准备中的一部分。而且，如果应急预案不进行演练与培训、缺少必要的资源支持，其作用与意义将非常有限。许多预案在突发事件发生后不能发挥任何作用，其主要原因之一就是缺少人、财、物等资源的支撑。

根据美国学者的观点，认识应急规划，我们应注意以下几点：规划是一个持续的过程；规划包括试图在棘手情境下减少未知因素的努力；规划的目的是激发适当的行动；规划应当建立在未来将会发生什么的基础上；规划必须以知识为基础；规划应该以原则为核心；规划是教育活动的一部分。

据此，我们可以这样认识应急规划：应急规划是一个不断校正与完善的过程，不能一蹴而就；应急规划有助于减少突发事件的不确定性，使得决策更加科学、合理；应急规划要具有可操作性，是正确行动的蓝图，纸上谈兵无任何意义；应急规划应该以风险评估为基础，以对风险未来走势的正确研判为前提；应急规划是有科技含量的，对工作技能要求比较高；应急规划可以发挥对社会公众进行公共安全教育的作用，有助于培养公众居安思危的意识、形成公共安全文化。

第二节 应急规划的重要问题

在应急准备中，应急疏散是应急管理者重点考虑的问题。同时，应急演练是检验应急预案的重要方式。为此，应急管理者必须重视应急疏散和应急演练两个环节。

一、应急疏散准备

应急疏散的目的是减缓突发事件对社会的影响。在应急疏散过程中，可能受突发事件影响的社会公众会被转移到更加安全的地方。2018 年 10 月，西藏自治区昌都市江达县波罗乡境内发生严重山体垮塌，阻断金沙江干流，形成堰塞湖。处于下游的四川省甘孜藏族州白玉、巴塘、得荣 3 县的 10 367 名涉险人员被疏散到安全地带。甘孜州政府采取集中安置、分散安置、投亲靠友等形式妥善安置所有涉险群众，组织民兵巡逻做好安保，组织乡镇干部提供疏散群众的食物和饮用水，有效保障了所有安置群众有饭吃、有衣穿、有避寒和休息场所。可见，为了在紧急状态下实现灾时安全、有序的应急疏散，我们必须事先制定应急疏散预案，做好应急疏散的准备。

尽管疏散是应急活动的重要内容之一，但并非所有的突发事件都需要应急疏散。对于某些类型的突发事件而言，就地避难是更胜一筹的选择。人们可以紧闭窗门，关闭空调系统，通过广播电视接收信息，关注突发事件的事态发展。人们在寻求安全的过程中也将面临各种风险。因此，在应急疏散问题上，我们必须注意疏散安全，做出正确的选择：是否疏散？何时疏散？疏散的最佳路径是什么？

一般而言，应急疏散可以分为两类：即时疏散（immediate evacuation）和预警疏散（pre-warned evacuation）。前者主要是指突发事件偶发性非常强，情势特别紧迫，有关部门来不及发出警报，受影响地区的公众没有时间进行准备，必须马上进行疏散。比如，地震或有害气体泄漏发生后，社会公众必须进行即时疏散。后者主要是指突发事件具有一定的先兆，有关部门已经发出预警信息，社会公众据此进行疏散。比如，在洪水发生后，社会公众根据预警信息进行疏散。

一般来说，应急疏散包括以下五个阶段：第一，决定进行疏散；第二，发出警报；第三，撤离；第四，进入避难场所；第五，返回住所。

有效的应急疏散必须具备以下条件：（1）确定决定疏散的法定权威机构；（2）确定应急疏散的管理体系；（3）明确有关各方的角色与责任；（4）制定适当、灵活的疏散预案；（5）具备有效的警报与信息系统；（6）确保公众具备转移能力；（7）获得、维系灾区的信任与合作；（8）从始至终提供物质保障；（9）对疏散预案进行演练。

风险评估是风险管理战略的起始点。制订应急疏散计划首先必须进行风险评估，考察风险源及其影响，确定人们可能采取的减缓行动。这是应急疏散计划制订的前提。在风险评估的基础，应急疏散计划制订委员会召开会议。该委员会应该具有广泛的代表性，与疏散相关的部门均应有代表成为其成员。

应急疏散计划制订委员会确定将要完成的事项。首先，要根据不同类型的突发事件，对疏散过程的各个阶段进行检验，确定一旦疏散决定做出后所要完成的任务。在此过程中，要预估突发事件的性质和程度、演进的速度、疏散人口的数量及类别、疏散的次序、可获取的资源等。特别是，还要考虑被疏散者的各种需求，并确保其安全。其次，应急疏散预案要确定谁来完成上述任务。人们需要根据相关法律或规定，确定那些起到控制和辅助作用的机构具体扮演何种角色、承担何种职责。角色和责任必须在应急疏散计划中得到清晰的界定。

资源问题是应急疏散预案必须着力加以分析和解决的一个问题。相关机构应该分析资源需求、现有资源数量以及资源缺口。疏散计划需要确认所有的资源需求，制定获取资源的详细措施。另外，疏散计划要确定疏散应如何进行管理。疏散管理包括应急疏散计划制订委员会检验现有的应急管理架构和安排，以确保疏散行动得以实施。疏散计划制订后，应发送给所有可能参与应急疏散的组织。检验疏散计划是一个不可缺少的环节。如果全面演习因成本、不便及给社区带来的风险不可行，有关各方也要以适当的方式检验、预测预案所存在的问题。最后，进行计划评估，根据风险评估结果，不断更新。疏散规划是一个持续性的过程。

二、应急预案的演练

在突发事件处置过程中，应急管理实践是对应急预案的最佳检验。但是，突发事件的发生并非经常性的，而且，实战成本过高且具有不可逆性。因此，应急预案更多地要通过演练来进行检验。

一般而言，如果相当长的一段时间内没有应急活动，一个组织的应急计划需要进行演练。当应急预案进行重大修改之后，应急演练也十分必要。应急演练有以下益处：监察预案的有效性，发现应急规划及响应中存在的问题；磨合应急相关部门，增强彼此的信任与默契；向社会公众宣传预案，进行公共安全教育，提高公共安全意识；检验有关部门的应急行动程序，提高应急行动技能；检验多部门联动的能力，评估彼此之间协调的有效性。

应急演练的过程可以分为六个阶段：需求确定、分析、设计、实施、总结、改进。

第一，所有的演练都源于需求，包括检验、评估应急规划、程序或体系。应急演练的动因也可能是评估应急组织的绩效或者检验应急技术、装备的性能。演练管理者必须尽早与其他管理人员及利益相关者商讨，以获取更多的支持。

第二，在应急演练需求确定之后，有关部门要对需求进行分析，并据此确定演练的目标及预期的结果。演练的目的与动机确定后，应急管理部门应考虑的因素包括场景（演练的故事情节）、时间、规模、地点、参演人员与机构、费用、装备、参演部门的备勤情况、天气情况、后勤保障、法律规范等。

第三，所谓的“设计”，就是要决定应急演练的类型与规模，并制订、编写演练计划。设计的内容包括确定适当的演练方式，确定演练场景，选择、任命导演人员，确定演练控制需求，决定协调制度，确定管理及后勤需求，等等。

第四，在实施阶段，参演人员要根据演练计划的规定，阶段地完成演练的各项任务。在演习开始之前，应急管理部门要向参演人员简要、准确地通报演练的目的及预期结果、安全问题及制度安排、沟通程序与政策、突发情况的处理、事后总结的地点等。导演在确认沟通系统良好、参演人员就位后，宣布演习开始。在演练过程中，导演按照计划控制演习过程。当然，导演也可以根据实际需要，临时改变演习进程，确保预期目标得以实现。在演练任务完成后，导演宣布演习结束。

第五，演练结束后，在总结阶段，参演人员应聚集在一起，讨论演练的过程，向演练管理部门提出问题和建议。这是一个演练评估的过程，内容包括分析演练过程、查找差距、解决问题、提出改善性建议等。在此基础上，导演或导演指定人员完成演练报告。

第六，演练管理人员根据参演人员的建议，采取相应的措施，矫正演练所暴露出来的问题。这包括修正应急预案，也包括未来举行新的演练，检验改进的结果。

演练的规模和复杂程度决定了演练规划制定人员及参演人员的数量。为了使演练真实、有序，演练要有指定的管理者或管理团队。其主要责任是确定演练的目标及预期结果，确定演练的范围，进行演练规划，准备演练文件，任命导演人员，监督演练的过程，促进或监督演练总结，编写演练报告，落实演练结果。

应急预案的编制在突发事件的管理中起到十分重要的作用，但并不等于有了应急预案就一劳永逸。因为突发公共事件应急预案是突发公共事件发生后应对和恢复的全部行动蓝图，需要不折不扣地贯彻实行，所以不允许任何重大的纰漏和失误，否则可能造成重大的损失。应急预案要彻底有效地执行，就需要经历多次预案演练，查缺补漏，完善方案，提高各级领导干部、管理人员、应急救援人员的指挥水平和专业技能。

从形式上看，应急演练可以分为讨论演练、功能演练、实地演练。在实践中，应急管理部门选择哪一种演练方式，主要取决于演练管理团队的技能或经验、培训需求、地点、参演者、时间、资源等因素。顾名思义，讨论演练就是指有关人员围绕特定的场景展开讨论。这种方式可以为有关人员深入探讨问题提供一个平台。讨论演练对达成共识、密切应急人员之间的关系、评估演练的有效性、形成应急管理的创新思想都具有重要的意义。这种演练方式成本低廉，参加人数较少，更加具有探索性。它不需要演练环境，只需要一间会议室和一块黑板。

功能演练，又称桌面演练，或称为“无军队的战术演练”。在假定外部发生突发事件的情况下，相关人员按照特定的角色履行自己的责任。在此过程中，导演向参演者提供有关信息。这种演练可以培养参演者的协同性，但是准备与管理起来复杂。一般来说，功能演练特别适用于检验应急程序与决策技能，评估指挥中心与应急救援队伍及其他指挥中心的互动性。

实地演练就是在模拟突发事件现场中部署人员。它对评估现场人员的能力、组织间的联动与协调、应急预案的激活等有巨大的作用。实地演练的优点是现场真实感较强，缺点是成本相对较高。

综上所述，应急演练涉及的重要问题如表 3-3 所示。

表 3-3　　应急演练涉及的重要问题

问题	事务
理念	确定需求，指定演练管理团队，明确目标，争取社会支持，制订演练计划，等等
时间	演练起始时间，持续的时段，白天或夜间，等等
地点	演练在哪里举行，占据多大空间，等等
规模	多少人及机构参加演练及管理，等等
人员	谁参加演练，谁控制演练进程，等等
机构	哪些机构参与，是否需要支持机构，组织限制是什么，等等
费用	准备预算
装备	如特殊效果装备等
备勤状态	确保所有参演单位处于备勤状态，有能力处置演练期间发生的突发事件等
天气状况	制定预备方案，以防天气状况不佳
管理	提供管理支持，提供公共信息，考虑保险问题，等等
后勤	食宿、交通、卫生间、消费品等
法律	法律要求
设计	确定演练类型、场景，选择导演人员，等等
伤亡模拟	确定伤亡人数、伤者类型、道具、材料等
文件	导演须知、手机使用政策、媒体发布消息、会议记录等
演练实施	沟通监察，跟踪演练进程，等等
演练结束	损失控制监察，进行简短总结，等等
评估	详细评估演练
后续	根据演练结果，对应急管理进行改进

在新时代，“打仗硬碰硬，训练必须实打实。……仗怎么打兵就怎么练，打

仗需要什么就苦练什么……坚决纠正练为看、演为看和以牺牲战斗力为代价消极保安全等不良现象，切实在实战化训练中增强实战化能力”[①]。应急管理应该向解放军学习真打实备的精神。练为战，不为看。一些地方将演练变成“演戏”，特别是给领导的“汇报演出”，根本起不到预期的作用，还劳师动众、靡费钱财。因此，完善应急演练制度应该从难从严从实战出发，端正演练态度，贴近现实设计复杂情境，避免程式化、简单化与理想化，将演练作为查找问题、提升能力的“磨刀石”。此外，应急演练还应该增加随机性，不打招呼，不提供蓝本，锻炼应急处置队伍的临机决策能力。

三、应急预案工作的转型

在应急管理中，协调至关重要。它既是一种行动，也是一种结果。应急协调应从应急预案开始。应急管理部内设救援协调和预案管理局，其职能之一是统筹应急预案体系建设，组织编制国家总体应急预案和安全生产类、自然灾害类专项预案以及各类预案的衔接协调，并承担预案演练的组织实施和指导工作。未来，应急管理部应该针对我国应急预案工作的顽瘴痼疾，精准发力，发挥统筹协调的重要作用。

自 2003 年以来，我国对突发事件应急预案给予了高度的重视，认为它是应急管理体系建设的“龙头”和各级政府应急管理工作的抓手。我国各级各类应急预案已经基本形成一个“横向到边，纵向到底”的框架。这个框架主要由六大类预案组成：突发事件总体应急预案、专项应急预案、部门应急预案、地方应急预案、企事业单位应急预案、重大活动应急预案。

到 2007 年底，“全国一共制定各级各类应急预案 130 多万件，基本覆盖了常见的各类突发事件。所有的省级政府、97.9%的市级政府、92.8%的县级政府都已经编制了总体应急预案”[②]。但是，我国突发事件应急预案的建设尚存在一些问题，表现出“预案综合征”的某些症状：

一是应急预案的针对性不强。2004 年 4 月 6 日和 5 月 22 日，国务院办公厅分别印发了《国务院有关部门和单位制定和修订突发公共事件应急预案框架指南》和《省（区、市）人民政府突发公共事件总体应急预案框架指南》。应该

① 中共中央宣传部. 习近平总书记系列重要讲话读本（2016 年版）. 北京：学习出版社，2016：254.

② 华建敏. 我国应急管理工作的几个问题. 人民日报，2007-12-27.

说，在我国应急管理刚刚起步、许多地方和部门不了解应急预案为何物的情况下，这两个文件成为预案编制的“模板”，为我国快速形成一个预案体系做出了贡献。但是，由此也形成了我国应急预案千篇一律的弊端。我们认为，各部门、各地方应根据本地的风险评估结果，有的放矢地制定或修订应急预案。

二是应急预案的具体性不强。许多地方和部门制定的应急预案照搬上级预案的原则性的语言太多，而具体实操的内容太少。预案层次越高，原则性与总括性就越强，这样可以发挥对下级的普遍指导作用，如国家总体应急预案。预案层次越低或涉及突发事件越专业，应急预案就越具体，需要落实“什么事”“谁来做”“怎么做”等问题。这里说的“谁”，是指职位，而不是具体的个人。一般而言，预案中的责任划分应以岗位为基础，并规定权力行使顺序。

三是应急预案的实操性不强。许多地方和部门制定应急预案后，就将其束之高阁，既没有经过演练，也没有经过实战检验。这样的预案只能做“壁上观”，而不能做“万里行”，其实操性势必得不到保障。应急预案要经常经过桌面推演和实战演练两种方式进行检验，进而查找问题，修改完善。但是，“演习”不是“演戏”。我们在进行预案演练时，必须增加逼真性，要以实践检验预案，而不是按预案剪裁实践。此外，应急预案还应该是动态的和开放的。根据演练或实战检验的结果，我们要定期或不定期地修改预案，不断增强应急预案的可操作性。

四是应急预案的兼容性不强。一个部门或地方制定应急预案必须照顾上下左右的关系，这样应急预案才能形成一个完整、统一的体系。特别是许多突发事件在处置过程中容易形成次生、衍生灾害，这使得应急预案的兼容性必须得到高度的重视。因此，我国的应急预案并没有形成一个完整的体系，而只是形成了一个框架。作为体系，其最为显著的特征就是组成部分之间具有协同性，可以发挥“1＋1＞2”的效应。通常，应急准备需要组织间的应急规划以利于跨部门的协调联动。一个部门不仅要知道自身的职责，也需要了解自身在实现整体目标中的作用。

五是应急预案的公众参与度不强。社会公众是突发事件的重要承灾主体，也是应急管理的重要参与力量。政府在制定应急预案时应征询社会公众代表的意见，发挥群策群力的优势，使公众知晓自身在应急管理中的角色期待。这样，在突发事件来临时，公众就能够知道何事可为与何事不可为、做什么与不做什么，从而服从政府的统一指挥和调度。目前，我国应急预案制定的过程中，社会公众的参与度低，而且一些预案对于社会公众是保密的。

此外，各级政府必须明确应急预案不是“应付预案”，更不是“免责条款”。我们要以对社会公众高度负责的精神，认真落实好应急预案的制定工作，使应急预案真正成为我们应对突发事件的有力武器和得心应手的工具。

多年来的应急实践证明，我国应急管理在应对常规突发事件方面已经生成了较强的能力。在迈向后工业社会的今天，复杂、不确定的安全风险经常会瓦解应急预案制定的基础：既往的经验和未来的研判。在新型风险不断出现的背景下，既往的经验可能不起作用，甚至是事与愿违的；对未来形势的研判也会因为风险的高度不确定而失效。为了能够打赢“大仗”“硬仗”，应急管理部门必须借鉴国外情景规划理论与实践，实现应急预案工作的转型。

2003 年，美国政府颁布《国土安全第 8 号总统令》，通过了《国家应急规划情景》，设定了简易装置爆炸物袭击、核与辐射攻击、生化攻击、自然灾害、网络攻击、流感等 15 种情景。情景规划主要由六个步骤组成：

（1）界定范围（definition of scope）。它是指界定情景规划的范围，有时也被称为“准备”。界定范围是分析战略界定阶段的基础，其活动主要包括确定时间框架、范围和团队。

（2）认知分析（perception analysis）。这个阶段的任务是确定主要利益相关者。其主要目的是分析情景构建所涉及的管理者的认知，确定其“思维模式”，并使其与其他的思维模式交锋。这样，管理者就能够知晓外部利益相关者的利益和期待，对自己的观点进行调整。

（3）趋势与不确定性分析（trend and uncertainty analysis）。主要包括两个部分：确定基本趋势、确定重要的不确定性。它是影响应急管理的主要驱动因素，一般按照不确定性和潜在的影响程度，对相关内容进行排序。

（4）情景构建（scenario building）。前面程序中发现的不确定性被转化为明确的情景，它们可以描述未来的不同状态。其他驱动力也是需要考量的重要因素，它们能够产生有关未来的具体叙事。人们必须思考潜在的发展，并将现在与未来的某一场景联系起来。情景构建拓宽了参与者的认知，为战略界定奠定了坚实的基础。

（5）战略界定（strategy definition）。根据已经提出的情景，提出战略选择，这会使战略更加具有应用价值。人们可以灵活地采取行动，即根据未来发生的情况选择不同的战略。

（6）监督（monitoring）。这个步骤是指对环境进行持续的监测，并重复上述过程。

总之，应急预案工作必须从高度复杂与不确定的现实出发，而不是一厢情愿地剪裁事实。这符合“底线思维”的要求，即将事情设想得足够复杂，从而表现出戒惧之心和忧患意识。

四、预案工作的完善

在现代社会中，人们为了应对各种灾害事故，往往需要事先制定灾害事故应急预案。大多数预案以致灾因子为导向，违反了全致灾因子的原则。这种倾向突出了致灾因子的差异性，而忽略了不同致灾因子作用、影响的共同性。一般来说，某一地区或部门的灾害事故应急预案制定的依据是灾害事故发生的频率，如果某一类型或某些类型灾害事故发生的频率较高，则人们据此制定致灾因子导向型的应急预案。但是，现代灾害事故具有极强的关联性与耦合性，致灾因子导向型的应急预案存在着先天的不足。我们在制定灾害事故应急预案时必须注意以下问题：

第一，应急预案制定的基础是确知威胁及人们可能采取的响应行动。对威胁的确知来自详细的致灾因子评估和脆弱性分析。在此基础上，应急管理者必须查找、弥补应对的资源缺口与技能差距。同时，社会公众在灾害事故发生后可能采取的响应行为方式是应急预案制定的参考依据。应急管理者不能够以想当然的态度，陷入思维定式的误区。否则，应急资源的配置及信息的传递就可能被误导。

第二，应急预案应该鼓励灾害事故管理者采取适当的行动。在应急预案制定过程中，人们经常强调详细性，以有利于快速响应。实际上，当灾害事故发生后，灾害事故管理者获取有效的信息比立即采取行动更为重要。预案制定的一个重要目的就是要使灾害事故管理者采取正确的行动，避免冲动性的反应。如果快速反应基于不完整的信息或错误的判断，则可能导致响应过程中的保护性措施不足，造成不必要的伤亡。在灾害事故响应中，正确与速度同样重要，有时正确比速度更加重要。

第三，在应急预案制定过程中，灵活性是我们必须考虑的一个关键要素。“人们必须知道，所有的灾害都会产生动态变化的环境。谁都不可能覆盖每一个与未来灾害事件相关的紧急情况。因此，规划过程必须强调响应的灵活性，目的是让参与响应行动者适应不断变化的灾害需求，包括灾害自身产生的需求（agent-generated demands）和响应产生的需求（response-generated demands）。”[①] 通常，应急预案过于详细意味着太多的空想成分。同时，这也会限制灾害事故响应者的创造性空间，使响应活动缺少必要的灵活性。

第四，灾害事故应急预案必须适时修订。在某种意义上，应急预案制定的前提是对未来紧急情况进行情境设计，而人们不可能对未来所有的紧急情况都做出充分的设想和估计。另外，现实的情况是瞬息万变的，过于详细的应急预案很快就会因时过境迁而失去价值。

为了弥补这个缺陷，应急管理者必须经常性地修改应急预案。我们认为，应急预案必须动态修订。但过于频繁的修订则会分散灾害事故管理人员的精力，影响灾害事故应对的效率。此外，过于详细的预案项目繁多、程序烦琐，这给响应人员界定应急行动的先后顺序造成困难，容易造成主次不分的弊端。还有，如果预案篇幅庞大、内容复杂，则不利于灾害事故管理人员明晰自身在响应行动中的角色定位。

“事业越前进、越发展，新情况新问题就会越多，面临的风险和挑战就会越多，面对的不可预料的事情就会越多。”[②] 在灾害事故管理中，一个小概率事件发生后，人们一般会对其进行反思，并制定此类灾害事故的预案。然而，下一次人们遇到的灾害事故可能又不同于此次。可以预测，这种行为逻辑的结果必然是对于不确定性极强的现代灾害事故而言的，预案永远具有亡羊补牢的意义，而不能发挥未雨绸缪的作用。我们在应对现代灾害事故的过程中，固然不能抛弃预案，但也不能完全依赖预案。

第三节　应急救援队伍的建设与管理

面对重大风险，综合性日益成为现代应急管理最具根本性的特征。从世界主要国家的经验来看，应急管理发展的总体特点有三：一是由单灾种应对向多灾种综合应对转变，尤其突出系统性风险的应对；二是由单纯注重响应向预防、

---

① Ronald W. Perry，Michael K. Lindell. Preparedness for emergency response：guidelines for the emergency planning process. Disasters，2003，27 (4)：336-350.

② 中共中央宣传部. 习近平总书记系列重要讲话读本（2016 年版）. 北京：学习出版社，2016：43.

处置与恢复重建并重的全过程管理转变，特别重视风险管理；三是由单纯依靠政府应急向政府发挥主导作用，整合企业、第三部门力量协同应急转变。与此相应，应急救援队伍的建设也逐渐体现出综合性的特点。

应急管理现代化，首先要求人的现代化。人是应急管理中的能动因素，组织合理、素质精良的应急管理队伍和应急救援队伍是有效处置各级各类突发事件的必备条件。他们是应急管理体系的重要组成部分。建立高效的应急救援队伍是做好突发事件应急准备、提高突发事件应对能力的一项重要举措。

一、国家综合性消防救援队伍组建的背景

在应急管理体制改革之前，我国应急救援主要依靠三支队伍：一是公安、防汛抗旱、抗震救灾、森林消防、海上搜救、铁路事故救援、矿山救护、核应急、医疗救护、动物疫情处置等专业队伍，他们是我国应急救援的基本力量；二是企事业单位专兼职队伍、应急志愿者，他们是应急救援的辅助力量；三是中国人民解放军、中国人民武装警察部队和民兵预备役，他们是应急救援的突击力量。

应急管理部组建后，20万公安消防与武警森林部队集体转制，转隶应急管理部，组建国家综合性消防救援队伍。其组建指导思想是："全面贯彻党的十九大和十九届二中、三中全会精神，以习近平新时代中国特色社会主义思想为指导，坚持党对国家综合性消防救援队伍的绝对领导，坚持队伍建设正规化、专业化、职业化方向，按照构建统一领导、权责一致、权威高效的国家应急能力体系要求，创新体制机制，优化统筹力量，加强队伍管理，强化政策保障，着力建设一支政治过硬、本领高强、作风优良、纪律严明的中国特色综合性消防救援队伍，全面提高防灾减灾救灾和保障安全生产等方面能力，有效维护人民群众生命财产安全和社会稳定。"

2018年11月9日，习近平在人民大会堂向国家综合性消防救援队伍授旗并致训词。他强调，组建国家综合性消防救援队伍，是党中央适应国家治理体系和治理能力现代化做出的战略决策，是立足我国国情和灾害事故特点、构建新时代国家应急救援体系的重要举措，对提高防灾减灾救灾能力、维护社会公共安全、保护人民生命财产安全具有重大意义。国家综合性消防救援队伍要对党忠诚、纪律严明、赴汤蹈火、竭诚为民，在人民群众最需要的时候冲锋在前，救民于水火，助民于危难，给人民以力量，为维护人民群众生命财产安全而英

勇奋斗。

按照世界主要国家的惯例，消防力量是社会应急救援体系的重要组成部分。长期以来，我国消防力量在突发事件救援与处置的过程中扮演着关键性的角色，有效地维护了公共安全。2009 年 5 月 1 日起实施的《消防法》明确了消防力量在社会应急救援方面的职能。这为我国消防力量参与社会应急救援提供了强有力的法律依据。但是，消防力量参与社会应急救援的潜力还有待于进一步挖掘，制约消防组织社会应急救援能力发挥的问题还需要加以解决。

现代社会的复杂性与系统性决定了其脆弱性。今天，我们要特别注重对综合性风险的防范。各种突发事件往往具有扩散性和复杂性，次生、衍生灾害事故的防范与应对不可忽视。比如，地震可能引起的火灾所造成的人员伤亡与财产损失也许比原生灾害事故还要大。这就要求消防力量与其他部门密切合作，积极参与社会应急救援，以提高协同应急、合成应急的能力。

消防力量参与社会应急救援，有利于我们打破部门分割、各自为战的禁锢，推动我国应急管理实现从单灾种应对到多灾种综合应对的演进和发展。此外，消防力量参与社会应急救援还可以改变我国应急救援队伍单队单能的局面，大大提高消防组织的资源配置效率。这是因为火灾仅仅是突发事件中的一种。

在 1998 年《消防法》的基础上，2009 年《消防法》将“加强应急救援工作”添加为立法的目的之一。第三十五条提出，各级人民政府应当加强消防组织建设，增强火灾预防、扑救和应急救援能力。第三十七条又具体规定，国家综合性消防救援队、专职消防队按照国家规定承担重大灾害事故和其他以抢救人员生命为主的应急救援工作。第三十八条规定，国家综合性消防救援队、专职消防队应当充分发挥火灾扑救和应急救援专业力量的骨干作用；按照国家规定，组织实施专业技能训练，配备并维护保养装备器材，提高火灾扑救和应急救援能力。在新一轮应急体制改革中，组建国家综合性消防救援队伍是基于多年来消防参与社会救援经验的积累与总结，有助于提升国家治理体系和治理能力的现代化。

二、国家综合性消防救援队伍组建的意义

长期以来，受现有行政体制影响，我国专业救援队伍单队单能，彼此之间分部门、分灾种建设，协调联动欠缺。这说明，我国的应急救援队伍必须进行整合。此次，组建国家综合性消防救援队伍恰逢其时，这是因为：

一是符合现代灾害事故的特点。灾害事故往往具有连带性和叠加性，各种风险常常发生耦合。单灾种导向的专业应急救援力量分散于多个部门，缺乏协同，不能有效地应对复合型突发事件。不仅如此，应急救援力量的分灾种、分部门建设造成了应急救援人力资源配置的不均衡，不能实现一队多能，导致了巨大的人力、装备及资金的浪费。

二是形成应急救援的合力。救援力量缺乏整体合力，就不能产生“1＋1＞2”的协同效应。职能单一的应急救援力量彼此在人事管理上互不隶属，遇险求助不便，联动响应乏力，不能实现协同应急、合成应急。不仅如此，受本位主义的驱使，各个应急救援队伍容易片面地追求自身利益的最大化和责任的最小化，相互推诿、扯皮现象很难杜绝。

三是降低救援成本。在社会主义市场经济条件下，应急救援队伍建设要体现成本-效益的原则。救援队伍分灾种、分部门建设要重复配置装备，不能实现统筹协调。同时，在应急处置过程中，应急管理部门临时组织、抽调的应急救援力量之间因职责不明、机制不顺等产生了巨大的救援成本。

应急管理部成立之后，对标主力军与国家队的定位，推动国家综合性消防救援队伍的组建和升级转型。从“橄榄绿”到“火焰蓝”的转变，标志着消防救援力量从单灾种向全灾种、大应急的华丽转身。

三、国家综合性消防救援队伍的管理

国家综合性消防救援队伍的前身是公安消防和武警森林部队，具有高度严整的组织结构，统一指挥、统一制度、统一编制、统一纪律、统一训练，身体与心理素质好，快速反应能力、应急机动能力很强。此外，他们具备先进的技术、装备，如各类执勤车辆、消防船（艇）、消防机器人以及大量的生命探测、搜救、侦检、防化、洗消、堵漏、起重等救生、抢险器材和消防员防护装备。特别是，消防特勤还可在核生化等特种救援及反恐怖应急响应中一展身手。还有，他们在全国呈现出网络化分布的态势。各省、自治区、直辖市建有总队，各市、地、州、盟建有支队，各县、市、区、旗基本建有大队。纪律部队的性质，决定了他们24小时备勤，养兵千日，用兵千日，可及时接警、快速出警、高效处警。

2018年3月13日，国务委员王勇在机构改革说明中指出：“公安消防部队、武警森林部队转制后，与安全生产等应急救援队伍一并作为综合性常备应急骨干力量，由应急管理部管理，实行专门管理和政策保障，制定符合其自身特点的职务职级序列和管理办法，提高职业荣誉感，保持有生力量和战斗力。”从 20 世纪初中国建立消防制度以来，消防员的身份都是非军即警，因为灭火救援行动要求消防队伍保持高度的纪律性与组织性。在新一轮消防改革中，公安消防和武警森林部队集体转隶应急管理部。非军非警的性质能保持既往的战斗力吗？可见，消防体制改革的难度之大前所未有。

2018 年 10 月 9 日，公安消防部队转交应急管理部仪式举行。同年 10 月，中共中央办公厅、国务院办公厅印发《组建国家综合性消防救援队伍框架方案》，包括一个总体方案和职务职级序列设置、人员招录使用和退出管理、职业保障三个子方案。这个文件明确，组建国家综合性消防救援队伍，要坚持党的绝对领导，坚持从国情出发，坚持战斗力标准，坚持稳妥有序推进，有序做好消防救援队伍新旧体制衔接工作，保持队伍整体稳定；建立健全专门管理和保障办法，经过 3 年的试行磨合，形成一套与有关法律法规相衔接、比较成熟定型的政策制度；有效优化整合应急救援力量和资源，提高消防救援队伍正规化、专业化、职业化水平，充分发挥应急救援主力军和国家队的作用，为经济社会发展提供安全稳定的良好环境。

组建国家综合性消防救援队伍共有六个方面的主要任务：

一是建立统一高效的领导指挥体系。省、市、县级分别设消防救援总队、支队、大队，城市和乡镇根据需要按标准设立消防救援站；森林消防总队以下单位保持原建制。根据需要，组建承担跨区域应急救援任务的专业机动力量。国家综合性消防救援队伍由应急管理部管理，实行统一领导、分级指挥。

二是建立专门的衔级职级序列。国家综合性消防救援队伍人员分管理指挥人员、专业技术人员、消防员三类进行管理；制定消防救援衔条例，实行衔级和职级合并设置。

三是建立规范顺畅的人员招录、使用和退出管理机制。根据消防救援职业特点，实行专门的人员招录、使用和退出管理办法，保持消防救援人员相对年轻和流动顺畅，并坚持在实战中培养指挥员，确保队伍活力和战斗力。

四是建立严格的队伍管理办法。坚持把支部建在队伍上，继续实行党委统一的集体领导下的首长分工负责制和政治委员、政治机关制，坚持从严管理，严格规范执勤、训练、工作、生活秩序，保持队伍严明的纪律作风。

五是建立尊崇消防救援职业的荣誉体系。设置专门的“中国消防救援队”

队旗、队徽、队训、队服，建立符合职业特点的表彰奖励制度，消防救援人员继续享受国家和社会给予的各项优待，以政治上的特殊关怀激励广大消防救援人员许党报国、献身使命。

六是建立符合消防救援职业特点的保障机制。按照消防救援工作中央与地方财政事权和支出责任划分意见，调整完善财政保障机制；保持转制后消防救援人员现有待遇水平，实行与其职务职级序列相衔接、符合其职业特点的工资待遇政策；整合消防、安全生产等科研资源，研发消防救援新战法新技术新装备；组建专门的消防救援学院。

2018 年 10 月 26 日，十三届全国人大常委会第六次会议表决通过《中华人民共和国消防救援衔条例》。这是继军衔、警衔、关衔、外交衔之后，我国设立的一种新衔级，是专门为国家综合性消防救援队伍设立，表明消防救援人员身份、区分消防救援人员等级的称号和标志，是国家给予消防救援人员的荣誉和相应待遇的依据。消防救援衔授予对象为纳入国家行政编制、由国务院应急管理部统一领导管理的综合性消防救援队伍在职人员。消防救援衔按照管理指挥人员、专业技术人员和消防员分别设置，实行一职对一衔。在衔级称谓上，管理指挥人员、专业技术人员主要突出“指挥”特点，称为总监、指挥长、指挥员；消防员主要体现“消防”特点，称为消防长、消防士、预备消防士。其中，管理指挥人员设总监、副总监、助理总监，高级、一级、二级、三级指挥长，一级、二级、三级、四级指挥员，共三等十一级；专业技术人员设置专业技术高级指挥长和一级、二级、三级指挥长，专业技术一级、二级、三级、四级指挥员，共二等八级；消防员设一级、二级、三级消防长，一级、二级、三级、四级消防士，预备消防士，共三等八级。

2018 年 11 月 9 日，国家综合性消防救援队伍更换新的制式服装。新制服主要采用深火焰蓝色。帽徽总体是盾牌造型象征守护，帽徽上的国徽寓意着消防救援队伍依法履行国家赋予的职责和使命，雄鹰翅膀寓意消防救援迅速灵敏，胸徽上的雷达波寓意着精准定位准确到达，紧握手腕代表救援，地球代表全域搜救国际合作。

2018 年 12 月 23 日，人力资源和社会保障部、应急管理部印发《国家综合性消防救援队伍消防员招录办法（试行）》，对消防员招录条件与范围、招录程序、纪律与监督等做了规定。

2018 年 12 月 29 日，武警警种学院更名为中国消防救援学院，下设消防指挥、消防工程、飞行器控制与信息工程、思想政治教育等四个专业。

2019 年 1 月 24 日，应急管理部发布《国家综合性消防救援队伍面向社会招录消防员的公告》，首次正式面向社会公开招录消防员 18 665 名，其中消防救援队伍招录 11 880 名，森林消防队伍招录 6 785 名。

目前，国家综合性消防救援队伍实行统一领导、分级指挥的体制，按照纪律部队标准来建设和管理，仍然保持 24 小时驻勤备战。未来，应急管理部将“着力建设特色鲜明的教育管理模式，实战牵引的执勤训练模式，正向激励的人才培养模式，并且要大力加强应急救援的关键力量建设”，力争走出一条符合我国国情、具有消防救援职业特点的新路子。

四、应急救援队伍体系建设的未来

2019 年 1 月，在国务院新闻办公室举行的新闻发布会上，应急管理部领导介绍说，2018 年 4 月应急管理部成立以来，“组建国家综合性消防救援队伍，组建 27 支专业救援队、一批跨区域机动救援力量和 7 支国际救援队，着力打造应急救援‘尖刀’和‘拳头’力量。国家综合性消防救援队伍坚决贯彻习近平总书记重要训词精神，主动对标应急救援主力军和国家队定位，适应从‘单一灾种’向‘全灾种’应对全面转型的需要，一手抓改革转制，一手抓转型升级，坚持在实践中锻炼队伍、提升能力，共出动 1 270 万人次、219 万车次，营救疏散群众 67.6 万人，抢救保护财产价值 313 亿元”。但是，我们应该看到，我国应急救援队伍建设仍然任重道远。我们认为，从应急救援队伍体系建设的整体来看，未来还需要遵循以下原则：

第一，综合应急。我国建立国家综合性消防救援队伍后，应继续推动部门性专业救援队伍的专业化、技术化，并促进国家队与各专业队的协调与合作，以提升应对复杂性灾害事故的能力。

第二，分工合作。我国应打造具有特色专长的专业救援队，突出其各自在专业领域里的优势，尤其是要发展航空救援、水上救援、山地救援能力。在灾害事故的处置过程中，专业处置、综合救援的原则必须遵守，特别是在专业性、技术性较强的灾害事故现场。

第三，央地合作。我国应依托政府合同制消防员队伍和地方矿山救护队、危化企业的救援队等力量，组建应急救援的地方队，与国家队相互补充。另外，国家与地方就国家综合性消防救援队伍的调动、使用权限问题应尽快制定明确的规定。随着地方应急管理改革的深入，消防与应急管理部门的关系界定不清会带来严重的协调问题。

第四，军民结合。2015 年 8 月 12 日，天津滨海新区瑞海公司危险品仓库发生火灾爆炸事故。事故发生后，北京军区某防化团 214 名官兵组成的国家核生化救援队赶赴核心现场救援。未来，应急管理部门要结合新时代、新军改、新任务的特点，探讨如何发挥军队、武装警察、民兵预备役部队在抢险救灾、处突维稳中的作用，推动应急管理领域的深度军民融合。

第五，社会参与。我国在以下单位建立了专职消防队：大型核设施单位、大型发电厂、民用机场、主要港口；生产、储存易燃易爆危险品的大型企业；储备可燃的重要物资的大型仓库、基地；其他火灾危险性较大、距离公安消防队较远的大型企业；距离公安消防队较远、被列为全国重点文物保护单位的古建筑群的管理单位。对于这些消防队，国家队应给予技术上的指导与扶持。此外，我国还应鼓励以志愿者为主体的社会应急救援队伍的发展，使其成为政府救援的有效补充。

目前，我国消防人员占全国总人口的比例较低，是发展中国家平均水平的 1/3，是发达国家和地区的 1/9。未来，我国将形成以国家综合性消防救援队伍为主力军和国家队，以军队和武警部队为突击力量，以专业救援队伍为协同力量，以社会救援力量为辅助和补充，多种力量相互配合形成合力的应急救援力量体系。

第四节　应急保障

在应急准备的过程中，应急保障体系建设至关重要，因为如果应急保障体系缺失，一旦突发事件发生，应急救援队伍就不能有效地进行应急处置。一般而言，应急保障体系包括应急法律、应急资金、应急物资、避难场所、应急装备与设备、应急文化等方面。

一、应急法律

党的十八大以后，我国拉开全面依法治国的序幕，法治国家、法治政府、法治社会建设进入快车道。依法应急是依法治国的一项基本内容。应急管理体制发生重大变革后，许多法律法规已经不再适合我国应急管理的实际，应该尽快予以修订。只有建立强有力的应急法律体系，才能使应急行为有法可依、有法必依、执法必严、违法必究。

长期以来，我国的应急法律法规多是调整某个单一灾种的部门法，如《消防法》《防震减灾法》等。这种局面不能适应现代应急管理对多灾种进行综合性应对的要求。2007 年，我国站在国家安全与公共安全的高度，出台了《突发事件应对法》，这部法律的出台标志着我国应急管理法治化进程取得了巨大的进步。至此，我国拥有应对四大类突发事件的单行法律和行政法规 60 多部，一些地方还出台了地方性法规和政府规章。

应急管理部成立后，制定出台了《消防救援衔条例》《消防救援衔标志样式和佩带办法》《生产安全事故应急条例》等，修订了《自然灾害救助条例》《地震安全性评价管理条例》等法律文件。我国应尽快根据实际情况，修订《突发事件应对法》《安全生产法》等法律，制定新的《应急管理法》和《自然灾害防治法》。其中，《应急管理法》主要调整的是应急管理的业务，即应对灾害事故。《自然灾害防治法》主要针对应急管理整合多个自然灾害应对职能的实际，着眼于对自然灾害的综合防范与应对。这些法律的制定要体现一个原则：既规定行政部门在紧急状态下可以行使行政紧急权，又维护公众自由，防止政府滥用行政紧急权，力求在二者之间形成一种平衡。

2015 年 7 月 1 日，我国颁布实施了体现总体国家安全观的新的《国家安全法》。应急管理直接维护的是公共安全。公共安全一头连着百姓民生，一头连着国家安全。从这个意义上说，应急管理间接服务于国家安全。我国应急管理法律体系应包括以下层次：(1)《宪法》；(2)《国家安全法》；(3)《突发事件应对法》，主要调整各类突发事件应对；(4)《应急管理法》，主要调整灾害事故应对；(5)《自然灾害防治法》《安全生产法》《防震减灾法》《消防法》等，主要调整单一灾种的专业应对和应急救援行动。

二、应急资金

当突发事件发生时，政府有义务向灾区下拨应急救灾资金。政府的财政拨款是应急财政保障的基础。《中华人民共和国预算法》规定，各级一般公共预算应当按照本级一般公共预算支出额的 1%～3%设置预备费，用于当年预算执行中的自然灾害等突发事件处理增加的开支及其他难以预见的开支。

2020 年，国务院办公厅印发了《应急救援领域中央与地方财政事权和支出责任划分改革方案》，目的是健全充分发挥中央和地方两个积极性体制机制，优化政府间事权和财权划分，建立权责清晰、财力协调、区域均衡的中央和地方财政关系，形成稳定的各级政府事权、支出责任和财力相适应的制度，充分发挥我国应急管理体系特色和优势，积极推进我国应急管理体系和能力现代化。

高效的应急管理必须实施应急社会动员。也就是说，国家在充分发挥政府应急主导作用的同时，应将社会和企业的力量整合起来，形成一股应对突发事件的强大合力。这是一个调动全社会所蕴藏的人力、物力和财力以服务于抗灾救灾大局的过程，可降低应急管理的成本，提高应急管理的效率。

从总体上看，我国是一个政府主导型的社会。一方面，政府全能性色彩过于浓重，体现出包打天下的“父爱主义”；另一方面，市场与社会力量参与应急管理的冲动尚且微弱，习惯于在抗灾救灾中过分依赖政府。突发事件的发生具有很强的突发性和紧急性。应急决策者要在巨大的时间与心理压力之下，调集大量的人力、物力和财力。这时，仅靠政府的力量，就难免会出现捉襟见肘的尴尬局面，因而必须实施社会动员。

总之，我国应急财政资金的来源主要由三个部分组成：财政拨款，社会捐助，政策保险和商业保险。“我国应对突发事件的资金主要来自政府财政拨款，少量来自社会捐助，而在应对突发事件中可以起到重要作用的保险还没有发挥其应有的作用。”① 为了体现应急管理的社会动员原则，我们必须实现应急资金筹措渠道的多元化。具体体现在以下两个方面：

一是借助市场化手段。市场化手段主要指发展应急产业，特别是保险业的发展。2007 年《突发事件应对法》颁布、实施后，我国提出要大力发展应急产业。我们认为，大力发展灾害保险事业、以市场机制分担突发事件的风险，是应急产业化的重要内容之一。纵观西方发达国家，其巨灾应对非常注重利用市场化手段筹措救灾资金。美国早在 1968 年就颁布了《国家洪水保险法案》(National Insurance Act of 1968)。1998 年，美国、加拿大发生“冰暴”灾难，两国的保险机构分别受理了 80 万和 14 万件理赔事宜，金额高达 13 亿美元。相比之下，2008 年初，我国南方大部分地区遭受特大低温、雨雪和冰冻灾害，尽管保险部门积极理赔，但理赔金额尚且不到全部灾害损失的 1%。

大力发展保险业不仅可以降低政府的应急财政负担，而且还能够提高我

---

① 苗兴壮．超越无常：突发事件应急静态系统建构．北京：人民出版社，2006：172.

国应急管理的财政保障水平。另外，随着灾害投保者人数增加，保险业会自发地投入风险管理之中，也会自觉地成为公共安全知识与技能的推广宣传员。

目前，我国社会公众的灾害保险意识还比较薄弱，保险企业开发出来的灾害保险品种不多，尚没有专门针对地震、洪水等巨灾的保险法。从另外一个角度看，我国的保险业在灾害管理中的作用空间还很大。不仅如此，发行福利彩票、提供小额贷款等也可成为以市场化手段筹措救灾资金的有效渠道。

二是企业和社会的捐助也是我国救灾资金筹措的重要方式。改革开放 40 多年来，我国经济取得了令世人瞩目的成就，社会中蕴藏着大量可用于抗灾救灾的资金和财富。通过社会动员，我们就可以将社会中的抗灾救灾潜力转化为抗灾救灾的实力。例如，在汶川地震发生之后，企业积极承担社会责任，向灾区捐献了大批的救灾资金。社会公众也慷慨解囊，为抗震救灾做出了巨大的贡献。仅 2008 年 5 月 18 日央视举行的《爱的奉献：2008 抗震救灾大型募捐活动》在 4 个小时内就募集救灾善款高达人民币 15 亿多。

企业和社会的捐助不仅可以大大减轻政府的财政负担、提高国家应对突发事件的能力，而且还能激发社会公众众志成城、和衷共济、迎难而上、敢于胜利的信心和士气，提高了社会的和谐程度，产生了良好的社会效益。我国为规范救灾捐赠活动，加强救灾捐赠款物的管理，保护捐赠人、救灾捐赠受益人和灾区受益人的合法权益，在《中华人民共和国公益事业捐赠法》和《国家自然灾害救助应急预案》的基础上，制定了《救灾捐赠管理办法》，并于 2008 年 4 月 28 日开始实施。这个文件为我们今后更好地利用企业和社会捐助筹措救灾资金奠定了坚实的基础。

此外，在经济全球化时代，巨灾的应对不仅是各国政府的责任，也是国际社会共同面临的问题。人类需要建立良好的巨灾应对合作机制，其目的是确保人类的生存安全。特别是在全球气候变化影响加剧、特大自然灾害频发的今天，世界各国必须同舟共济。因此，我国应急资金的筹措不仅要实现政府、市场与社会三种力量的组合，而且要接纳国际社会以人道主义为宗旨的、不附加任何政治条件的救灾捐款，以便于及时、高效地应对和处置灾害。

三、应急物资

应急物资是确保应急管理的重要物质基础。1998 年，张北地震后，民政部会同财政部，在沈阳、天津、郑州、武汉、长沙、广州、成都、西安通过代储的方式，建立了 8 个中央级救灾物资储备仓库，开了我国应急物资储备的先河。

在新一轮机构改革中，我国成立了国家粮食和物资储备局。在应急管理部“三定”方案中，特别提出与国家粮食和物资储备局的关系：应急管理部提出中央物资的储备需求和动用决策，组织编制储备规划、品种目录和标准，会同国家粮食和物资储备局等部门确定年度购置计划，根据需要下达动用指令。国家粮食和物资储备局负责收储、轮换和日常管理，根据应急管理部的动用指令组织调出。

应急物资的储备可分为实物储备、资金储备、能力储备和社会储备等四种形式。我们在提高应急物资保障能力的过程中，要多种形式并用。一般来说，以实物形态储存的物资都是专用性强、生产周期长、不易腐烂变质的物资；以资金或生产能力形式储存的物资都是生产周期比较短、平时储存又不经济的物资；社会储存的物资多为平灾通用型的物资。

（1）实物储备。原来，我国物资储备基本按照分部门、分灾种储备，例如民政部门和红十字会都有自己的备灾仓库，未能实现统一调度。各储备单位彼此之间信息不能共享，更不能相互调剂。在南方暴风雪期间，某省舍近求远地调集大量麻袋。孰料，省内的备灾仓库就有麻袋，只不过属于国家储备。如果彼此之间信息可共享，应急效率无疑会大大提高。现在，中央物资集中储备，如地方根据救灾情况向应急管理部提出物资需求，应急管理部就可以给国家粮食和物资储备局下达动用指令，就近从国家物资储备库调运物资。

（2）资金储备与生产能力储备。应急管理部设立充足的应急物资储备金，摸清有关应急物资生产的能力，必要时可与相关应急物资生产厂家签订协议，确保物资需求增加时可通过厂家扩大生产能力、应急管理部统一采购的方式，保障应急物资供应。

（3）社会储备。政府应本着“不求所有，但求所用”的原则，与商家签订储备协议，保障紧急状态下应急物资的供应。至于商家因储存造成的经济损失，政府应予以一定的补偿。此外，我们要动员社会公众准备应急包，其中包括手电筒、哨子、救生索、必备药品及一些五金工具等，以备不时之需。

新冠肺炎疫情发生之初，我国医用口罩、防护服、护目镜、呼吸机等一度短缺。习近平总书记在 2020 年 2 月 14 日中央全面深化改革委员会第十二次会议上强调，要“健全统一的应急物资保障体系，把应急物资保障作为国家应急管理体系建设的重要内容，按照集中管理、统一调拨、平时服务、灾时应急、采储结合、节约高效的原则，尽快健全相关工作机制和应急预案。要优化重要应急物资产能保障和区域布局，做到关键时刻调得出、用得上。对短期可能出现的物资供应短缺，建立集中生产调度制度，统一组织原材料供应、安排定点生产、规范治疗标准，确保应急物资保障有序有力。要健全国家储备体系，科学调整储备的品类、规模、结构，提升储备效能。要建立国家统一的应急物资采购供应体系，对应急救援物资实行集中管理、统一调拨、统一配送，推动应急物资供应保障网更加高效安全可控”。

四、避难场所

自 2003 年 10 月北京建成全国第一个应急避难场所——元大都城垣遗址公园。此后，全国其他城市也陆续建立一些应急避难场所。应急避难场所可新建，也可指定。城乡建设还可统筹规划，使娱乐设施与应急避难场所建设齐头并进、同步进行。例如，北京市昌平区将应急避难场所建设纳入永安公园的规划和建设内容。

在国外，学校、医院和教堂常常在灾害来临时被指定为应急避难场所。应急避难场所应有明显、统一的标识，方便社会公众识别。此外，在紧急状态下，政府也可以临时指定一些建筑为应急避难场所。不过，事后政府应支付一定的征用补偿。应急避难场所应具有以下三个特点：

第一，安全。应急避难场所应该设在远离危险源的地方，可避免社会公众遭受二次伤害。1923 年 9 月 1 日，日本发生关东大地震，社会公众到一小学校避难，不料学校发生火灾，许多人不幸遇难。

第二，方便。应急避难场所应做到设施齐全，方便社会公众生活。比如，北京市昌平区已经建成了亢山广场地震应急避难场所。它是北京市郊区区县首个地震应急避难场所，内设应急指挥、应急供电、应急供水、应急篷宿、应急医疗、应急仓库、应急厕所等完备的设施，可以满足全区各类突发事件应急避难、紧急疏散的需求。

第三，就近。应急避难场所的建设要考虑周围社会公众的数量，方便其避难，一般以步行 5～10 分钟到达为宜。

应急避难所要发挥作用，就离不开应急避难活动。根据国内外的实践，应急避难经常存在以下主要问题：缺少充足的医疗资源；志愿者没有经过培训，不了解应急避难的政策与程序；物资发放不均衡，志愿者配备不平均；应急避难政策无持续性，经常变动；缺少避难所使用记录；灾民可能不遵守避难所规则，不服从工作人员指挥；避难所内个人或群体之间易发生冲突①。应急管理者必须认真思考这些问题，为解决这些问题做好充分的准备。

五、应急装备与设备

应急管理离不开应急装备与设备。应急管理部门要借助军民融合的东风，推动应急产业的发展，开发具有自主知识产权的先进应急技术和装备。同时，形成有效的装备动员体制，在紧急情况下征用分散在社会上的装备为救灾所用。

重大灾害事故发生后，由于陆路交通受阻、拥堵或其他条件约束，救援队伍难以快速抵达现场。2008 年汶川地震中，我国使用米-26 重型直升机将 20 吨重的救援装备吊上唐家山堰塞湖坝顶。这说明，航空救援可以超越各种局限，发挥独特的作用。未来，我国应形成强大的航空救援体系和能力：一是实现森林消防直升机救援队伍的多样化，二是加大救灾直升机特别是重型直升机保有量，三是协调军队开放低空域。

应急管理部成立后，注重以应急管理信息化推进应急管理现代化，编制印发了《应急管理信息化发展战略规划框架（2018—2022 年)》和 2019 年地方应急管理信息化实施指南、建设任务书系列标准规范等重要文件，取得巨大的成效。应急设备特别是应急通信设备是应急管理者的“千里眼”和“顺风耳”。突发事件是不断演变的，这就需要应急管理者进行动态决策，不断地根据事件的发展发出各种指令，进行应急资源调配。通信就起着信息桥梁的作用，是决定应急决策是否及时和准确的关键因素。应急管理部应健全应急通信保障体系，完善公用通信网，建立有线与无线相结合、基础电信网络与机动通信系统相配套的应急通信系统，确保突发事件应对工作的通信畅通。首先，通信设备一定要兼容。在推动应急管理信息化的进程中，一定要注意顶层设计，及时出台相应的标准。其次，高中低档设备相搭配。在某些情形下，越是先进的、技术含量高的设备，可能受到的限制就越多。因此，发展应急通信，我们要依靠科技，但不依赖科技。

目前，应急管理部应加快应急指挥平台建设，实现全国应急管理部门视频、

---

① David A. McEntire. Disaster response and recovery：strategies and tactics for resilience. John Wiley & Sons Inc.，2007：132.

图像、数据的互联共享。同时，要发挥信息技术的集成作用，把应急队伍、物资、重大危险源等分布情况整合到一张图上，以方便应急决策。未来，应急管理信息化、智慧化是一个难以逆转的趋势。我国应加大应急信息化建设的力度，利用大数据、云计算、人工智能等先进技术，为应急管理事业的腾飞插上翅膀。

六、应急文化

"安全文化"与"应急文化"是同一硬币的正反面。这里的"安全"既包括"硬安全"(safety)，也包括"软安全"(security)。长期以来，我国安全生产领域使用的"安全文化"一词，主要是指"硬安全"，即物理安全，而非"软安全"，即社会安全。在我国组建应急管理部的背景下，"安全文化"指称的范畴应该得以扩展，既包括"硬安全"，也包括"软安全"。

"安全"和"文化"都是内涵丰富、外延宽广的术语。广泛地说，文化是人类在生产、生活过程中所创造的一切物质文明与精神文明的成果。因此，人们经常在"文化"前面加上不同的定语，如酒文化、茶文化等。但是，研究安全文化需要一个清晰的界定。安全文化有不同的层次：一是内隐层次，表现为安全的价值与观念；二是中间层次，表现为安全的规则与制度；三是外显层次，表现为安全的行为或器物。每一个层次的安全文化都对应急管理的效能产生重要的影响。例如，"9・11"事件后，美国将以自然灾害应对为主旨的联邦应急管理署并入以反恐为主要目的的国土安全部。自然灾害管理要求全社会共同参与，联邦应急管理署的组织文化具有开放性与包容性；反恐的要求则强调保密，具有很强的封闭性与排他性。这造成联邦应急管理署进入国土安全部后"水土不服"，响应效率降低。2005 年发生的"卡特里娜"飓风灾害，因救援不力，被称为"天灾版的 9・11"。这警示我国应急管理改革一定要注重组织文化的融合与构建。

在应急管理中，文化一向是一个十分重要的研究课题。从来源上看，西方的应急管理主要有两大渊源：一是源于美国的灾害管理，其研究者主要是聚焦自然灾害的社会学家，以特拉华大学的灾害研究中心为代表。他们将灾害文化(disaster culture) 作为灾害社会学领域的一个重要话题。二是源于欧洲的危机管理，其研究者主要是聚焦自然灾害、工业事故、骚乱、恐怖主义等诸多问题的公共管理学家，以荷兰莱顿大学的危机管理中心为代表。他们虽然没有提出"危机文化"之类的概念，但强调对危机的感知。基于此，应急政策既具有事实维度，也具有价值维度。这与“安全”的概念暗合，因为安全既是一种客观状态，也是一种主观认知，即客观上没危险、主观上没威胁。由此，我们认为，“安全文化”与“应急文化”是从积极与消极两个角度对同一事物的描述。

安全文化与经济社会发展的环境密切相关，不同国家有不同的安全文化。以日本为例，它是一个“天灾”与“地灾”频繁发生、资源短缺的国家，公众有着根深蒂固的危机意识且彼此之间互助传统悠久、社会资本发育。因此，当遭遇重大危机时，日本公众的疏散秩序也能够做到处变不惊、井然有序。

作为社会文化的重要组成部分，重大灾难的发生也会影响社会文化，进而重新塑造安全文化。1755 年，葡萄牙首都里斯本发生强震，导致数万人死亡。这场地震不仅催生了地震科学，而且动摇了人们对神祇护佑的信仰，让理性之光发出耀眼的光芒。随着欧洲现代文明的发育，人们开始将自身的安全寄托于科学的安全逃生行为。

从整个人类社会的发展来说，农业社会的风险是简单、确定的。但由于科学不彰，人们将灾害或灾难归咎于宿命或天，通过祈福与禳灾以减灾、抗灾。在西方，灾害被称为“上帝的行为”(act of God)。在工业社会，风险是低度复杂、低度不确定的。随着科学技术的进步，人类对理性的力量信心满满，试图将一切拉到理性法庭进行审判。灾害事故被称为“自然的行为”(act of nature)，“人定胜天”的口号成为人类盲目乐观情绪的写照。但是，如恩格斯所言，不要过分陶醉于我们人类对大自然的胜利。对于这样的胜利，后来大自然都更加疯狂地报复了我们。

工业的发展不仅粉碎了人们田园牧歌式的梦想，而且创造出一个又一个危险源。对此，人们出于对理性和预判的信心，绞尽脑汁，发明了各类基于控制的安全制度。铁路的发展与扩张带来前所未有的交通事故，催化了安全管理制度的诞生。

20 世纪 50 年代，国际宇航界提出“本质安全”的概念，强调系统本身的安全性。即便在出现失灵与故障的情形下，系统也能安全运行。在核电行业，人们提出“纵深防御”的理念，防线从 3 道逐渐升为 5 道。但是，美国三里岛核电站事故和苏联切尔诺贝利核电站事故让世界万分惶恐，因为灾难发生在安全防线看似固若金汤的核电领域。于是，安全文化建设成为应急管理的重要内容。

人类进入后工业社会后，面临的风险是高度复杂与不确定的。德国著名的社会学家贝克将后工业社会称作“风险社会”。在后工业社会，风险具有反身性。换言之，风险是附着在人类社会发展过程中的一个伴生物，具有人为性。或许，今天的灾害事故可以被称为“人类的行为”（act of humanity）。现代社会的发展创造了惊人的速度与能量，既造福于人类，也为害于人类，如高速列车相撞事故、化工厂爆炸等突发事件时有发生。全球化、城市化、信息化进程耦合在一起，让世界成为一个相互依赖的复杂系统，极其容易发生级联型危机，产生“蝴蝶效应”。为此，安全的主体不再是企业，也包括个人、家庭、社区、社会、国家、世界。弘扬安全文化，必须树立总体安全观，因为今天的人类既可能遭受自然的报复，也可能遭遇技术的报复。

今天，中国正在从工业社会向后工业社会迈进，受到工业社会与后工业社会风险的双重挑战。而且，人类的科学技术正在发生蛙跳式变革，对社会将产生颠覆性影响。随之而来的，可能是不可预测的迭代性风险。大数据、云计算、人工智能、区块链、无人机、3D打印技术等考验着人类的风险治理智慧，让“有备无患”等安全理念不再有效。因此，弘扬安全文化，必须具备前瞻性、创新性思维，做到与时俱进、推陈出新。

应急管理能力的提升不能仅仅停留在“术”的层面，而必须推动对“道”的探索。长期以来，我国应急管理偏重对应急技术、技能、技巧的开发，忽视了对应急制度和文化的深度创新。其实，制度比技术更重要，而支撑应急制度的正是应急文化。在新时代，应急管理必须将“技术—制度—文化”这个被扭曲的排序颠倒过来，以先进的应急文化为引领，构建科学的应急制度，开发合理的应急技术。当然，这需要以应急管理基础理论研究为前提。换句话说，弘扬安全文化，必须加强理论探索和创新。

在应急文化建设的过程中，我们要坚持不忘本来、吸收外来、面向未来的原则。中华民族五千年辉煌文明史积累了丰富而宝贵的防灾减灾经验，我们需要加以继承。习近平总书记在论述传统文化时说：“不忘本来才能开辟未来，善于继承才能更好创新。”同时，对于国外先进的应急文化或安全文化，我们也要学习、借鉴，而不能妄自尊大。此外，今天的安全风险呈现出许多不同于以往的新质和特征，必须面向未来、开拓创新。

对于应急管理部门而言，理论探索与创新的道路“既阻且长”。但是，没有理论探索与创新，中国应急管理势必会行而不远，难以承担提高公众安全感、护航民族复兴的神圣使命。以衣带渐宽、自甘寂寞的精神进行深度研究，这是中国学者推动应急管理重塑应有的担当。

公共安全教育是应急管理的一项重要工作，是培育安全文化必不可少的环节。《突发事件应对法》第二十九规定，居委会、村委会、企事业单位应开展应急知识的宣传普及活动；新闻媒体应无偿开展突发事件预防与应急、自救与互救知识的公益宣传。第三十条规定，各级各类学校应当把应急知识教育纳入教学内容等等。

社会公众能否采取及时、有效的避险逃生行动，能否做到临危不惧、临危不乱，这在很大程度上取决于他们对于风险的认知程度，取决于他们是否具有足够的自救、互救的意识和技能。因此，开展公共安全教育对于突发事件的减缓来说是不可缺少的。这主要表现在以下方面：

一是增强忧患意识。公共安全教育可以向社会公众传授有关突发事件的知识，增强防范突发事件的意识。一个人如果缺少与应急有关的知识和意识，就会“盲人骑瞎马，夜半临深池”，处于险境而不自知。2004 年印度洋大海啸中，孟加拉国海边的渔民对海啸无丝毫防范意识。当海啸把大量的鱼虾卷到岸上时，他们争先恐后地前去捡拾，结果被海水无情地吞没。相反，在泰国海滩上，一个来此度假的英国小姑娘凭借在小学地理课本上学到的知识，看到海水倒抽后判断：海啸来了。她向周围的人传递了这一消息，结果挽救了整个海滩上的社会公众。

二是提升风险认知能力。人是受意识支配的动物，如果不能对风险有正确的认知，就不会采取相应的避险行动。2008 年 5 月 2 日，缅甸遭受“纳尔吉斯”强热带风暴的袭击。风暴沿着伊洛瓦底江地区一路推进，至少造成 14.6 万人伤亡，经济损失超过 100 亿美元。世界气象组织称，在风暴发生之前的一周已经发出风暴预警。有人说，风暴发生的当天，缅甸主要报纸的头条就是风暴来临的警报。但是，风暴造成如此严重的损失，可能是缅甸社会公众没有收到警报，更可能是社会公众对风暴的后果缺少足够的认知。

在我国农村，基层应急管理干部在动员社会公众避险疏散时常常遇到阻力。这也从一个层面说明了平时我们的公共安全教育没有到位。如果我们平时注重对公众的公共安全教育，突发事件来临时我们的应急管理工作就能得到社会公众的理解和支持。

三是提高自救与互救技能。公共安全教育可以培养社会公众紧急状态下自救与互救的技能。2004 年 6 月 9 日，北京市朝阳区京民大厦西配楼发生火灾，造成 12 人死亡，35 人受伤。起火的原因是两支施工队违法交叉施工。事后，调查人员发现，西配楼有逃生楼梯，消防栓水压很大，但无人使用；楼梯间有防火门，但未关闭。起火后，少数人撕碎床单结绳，但打结方式不正确，导致坠楼受伤。这说明了公共安全技能培训是何等重要。

四是增强公众批判力。突发事件发生期间，各种流言蜚语很容易滋生。我们说，谣言止于智者。所谓的智者，无非是接受过良好公共安全教育、具有一定判别是非能力的社会公众。如果社会公众缺少公共安全教育，他们就很容易为谣言或流言所蛊惑，甚至采取非理性的响应过度的行为。响应不足与响应过度同样是应该避免的。

五是塑造公众良好的心理素质。突发事件发生后，人最需要镇定、信心和勇气。镇定、信心和勇气不是与生俱来的，而是与公共安全教育分不开的。只有接受了适当的公共安全教育，社会公众才能做好应对突发事件的心理准备，关键时刻才能急中生智，而不是人急无智、恐慌不堪。

此外，公共安全教育还能够提高公众的应急响应效率。在紧急状态下，人们几乎没有时间进行理性的思考，所采取的正确行为基本上是近似于本能的格式化行为。公共安全教育就能使人迅速做出正确的格式化行为。由于突发事件日趋常态化，我们必须开展行之有效的公共安全教育，塑造“人人重视公共安全”的良好文化氛围，增强社会公众防灾、减灾的意识、技能，引导社会公众在巨灾面前遵守秩序、相互合作、文明礼让、关爱弱者。从根本上说，公共安全教育是一个思想意识问题。我们的公共安全教育必须坚持日常化与制度化，需要持之以恒、坚持不懈，进而把公共安全意识内化为我们民族的一种素质。公共安全教育必须从娃娃抓起，以期实现“教育一个孩子，挽救一个家庭，影响整个社会”。公共安全教育虽然是一项“软措施”，但却能对减缓发挥硬作用。

第四章
突发事件的应急响应

尽管人们采取有效的减缓措施、进行精心的准备，但这并不能完全避免突发事件的发生。当突发事件发生后，我们要在时间、资源、资金、能力有限的情况下，根据突发事件的性质、特点和危害程度，对突发事件进行有效的响应，以降低社会公众生命、健康与财产所遭受损失的程度。在应急管理的四个功能中，应急响应的复杂程度最高，因为它处于时间和信息有限、高度紧张的情境之中。

第一节　应急响应的活动与功能

对于应急响应，人们通常存在一个误解：只有在突发事件发生后才进行响应。事实上，当可以预警的突发事件即将发生时，应急管理部门采取补充性减缓措施或疏散公众，也属于应急响应的范畴。因此，响应不仅仅是事后的反应。

一、基于预警的应急响应活动

根据美国 2008 年 1 月发布的《国家应急反应框架》，应急响应就是指“立即采取行动以挽救生命、保护财产与环境、满足人的基本需要。响应还包括实施应急预案及支持短期恢复的活动”。

响应行动是在突发事件的事态趋于稳定前所采取的一系列紧急处置措施，其具体功能有三个：保护公众，减轻原生灾害的损失，最大限度地减轻二次灾害的损失。应急响应不仅要解决迫在眉睫的问题，如开展急救、搜索与救援，提供应急避难场所，而且还包括为解决这些问题而进行的协调与支持行动。此外，关键基础设施的快速恢复也属于应急响应的范畴，如打通交通干线，恢复供电与通信，等等。

人们需要注意的是，应急响应并非开始于突发事件发生之后。当突发事件即将来临、呈现不可避免之势时，应急响应就应该开始。此时，应急管理者一般可以采取以下主要措施：(1) 预警与疏散。应急部门应向可能受到突发事件影响区域内的社会公众发出警报，督促其进行最后的准备活动或采取正确的避灾行动，包括按照一定的路线安全地疏散到应急避难场所。(2) 预置资源和装备到受灾害影响的区域。例如，在灾害发生之前，将救灾装备、医疗设施、药品、食品、衣服等运输到应急现场。(3) 补充性减缓或准备措施。例如，在洪峰来临之前，加固堤坝。

二、基于处置的应急响应活动

当突发事件发生后，应急管理部门必须迅速采取处置措施。在此过程中，响应活动包括：

（1）搜索与救援。搜救可分为农村搜救、城市搜救、水上搜救及空中搜救，主要目的是寻找被困者，并将其转移到远离危险的地带。包括以下具体活动：寻找失踪者；确定被困者位置；制定、实施搜救战略，将被困者安全解救出来；提供初步的急救处理；将被困者转移到安全地带，并进一步治疗。

（2）医疗急救。在伤者众多、医疗资源有限的情况下，应急响应者应对伤者进行检伤分类，分轻重缓急，予以救治。

（3）进行疏散。疏散要求预先指定集结地点，使人们沿着安全的疏散路线，到达安全的避难场所。

（4）开展灾害事故评估。包括灾情评估和需求评估。应急管理者在响应阶段必须经常进行损失评估，以便协调装备及物资，并将其送达最需要的地方。此外，应急响应者需要对恢复阶段进行前瞻，根据损失评估，确定恢复阶段的资金、政策需求。

（5）处置危险源影响。如灭火、抗洪、除雪铲冰等。

（6）提供水、食品及避难场所。

（7）进行卫生管理。包括对人与动物尸体进行妥善处理，防止传染病疫情的发生。

（8）维持治安。包括维持社会秩序，避免出现趁火打劫等刑事犯罪的发生。

（9）提供社会心理咨询服务。突发事件发生后，人的情感、认知、生理及人际关系都会出现问题，如恐惧、易怒、焦虑、不自信、疲惫、头痛、人际冲突增多等。应急响应者应提供心理咨询服务，以解决这些问题。

（10）恢复关键性基础设施。交通、通信、供水、供电、供气等基础设施的服务应尽快恢复。

（11）对捐赠进行管理。

（12）协调。应急管理者需要与专业人员、志愿者进行良好的合作，形成应急响应的合力。

应急响应活动除了对由突发事件造成的直接影响进行紧急处置外，还要预防与控制次生致灾因子。原生致灾因子所引发的新致灾因子就是次生致灾因子，如地震引起的有害物质泄漏。它不同于最初的影响。地震后的余震、火山的重复喷发之类的重复影响不属于次生致灾因子。在应急响应中，扑灭震后的城市火灾、净化洪水过后被污染的供水等都属于消除次生致灾因子的行动。

三、应急响应的功能

总体而言，应急响应的主要功能包括四个方面：应急评估，影响处置，安全保护，调度资源。第一，响应要在对可能受到的威胁进行探查的基础上，预测其潜在的影响，决定如何进行应对；第二，响应要采取适当的行动，限制灾害影响的范围，避免突发事件的扩大、升级；第三，响应要采取保护性措施，最大限度地避免人员的伤亡；第四，动员、调度各种资源，对突发事件进行处置。

应急评估主要包括灾情评估和需求评估两类。灾情评估又称损失评估，主要显示突发事件的影响结果，内容包括影响范围，影响人数，伤亡人数，伤病类型，影响特征与条件，医疗、健康、营养、水、卫生情况，风险源影响，基础设施与关键设施的损坏程度，民宅及商业建筑的损失，农业及食物配送系统的损失，受灾公众的脆弱性，正在进行的响应行动，等等。

需求评估主要显示为应对突发事件所需要的服务与资源。需求评估主要采取以下方法：收集内部信息；观察，包括使用卫星图像、航拍、驱车巡视等手段；抽样调查，访谈受灾公众代表；监测，某些灾害特征或预警信号预示着更大的风险；持续访谈，指定专人不断收集支撑评估的数据；采访信息员，一些受灾人士可以提供有关灾情和需求的信息，需要被确定为信息员，职责是经常报告掌握的最新情况。经过灾情评估和需求评估，应急决策者可以对突发事件的情势进行正确的把握，从而做出清晰的判断和应急决策。

影响处置就是指对危险源的影响进行处置。一般来说，危险源的影响可分为三类：在响应行动开展前，影响已经结束，如地震；影响持续，但相应行动不能限制或消除影响，如寒潮或热浪；影响持续，但响应行动可以对其进行限制或消除。影响处置就是应对第三类影响。

在应急响应中，人们采取的保护性措施主要包括以下内容：

（1）选择采取何种类型的保护性行动。例如，在突发事件发生时，确定不同地区的居民应该原地避险还是转移。

（2）向可能受到影响的公众发出警报。确保信息源的权威性、传播渠道的多样性和信息的简洁性、通俗性。

(3) 实施保护性的行动。

(4) 对危险区域进行封锁、控制，主要目的是防止突发事件影响扩大，并为顺利处置创造有利的环境。

(5) 开展搜救行动。为了避免发生次生灾害，搜救应由专业人员携带专业装具进行。

(6) 接收、照顾灾民，解决灾民的食物、饮水、衣服、住宿、医疗问题，保证他们有饭吃、有水喝、有衣穿、有地方住、有病能看医生。

(7) 远离危险源。社会公众与应急响应人员要尽量远离危险源。特别是在响应过程中，应急响应人员要采取防护措施，避免产生更多的损失。

(8) 减轻环境影响，确保环境污染得到消除，防止社会公众健康受到损害。

响应需要多个部门之间的协调，动员外部资源，形成应急响应的合力。因此，应急资源的动员与调度非常重要。主要活动如下：通知或动员相关机构，动员有关应急装备和设施，沟通，分析或规划，内部指挥与控制，公共信息发布，财务保障，后勤，外部协调。

根据我国应急管理部“三定”方案，各个司局在应急响应中的分工大致如下：应急指挥中心负责衔接解放军和武警部队参与应急救援工作；教育训练司(党委宣传部) 负责组织指导应急管理社会动员；风险监测和综合减灾司负责进行风险监测预警；救援协调和预案管理局承担国家应对特别重大灾害指挥部的现场协调保障工作；火灾防治管理司负责指导火灾扑救工作；防汛抗旱司负责组织协调水旱灾害应急救援工作；地震和地质灾害救援司负责组织协调地震和重大地质灾害应急救援；救灾和物资保障司负责承担灾情核查、损失评估、救灾捐赠等灾害事故救助工作，组织协调重要应急物资的储备、调拨和紧急配送，会同有关方面组织协调紧急转移安置受灾群众、因灾毁损房屋恢复重建补助和受灾群众生活救助；国际合作和救援司负责组织参与国际应急救援；调查评估和统计司负责监督事故查处和责任追究情况；新闻宣传司负责灾情应对等新闻报道；消防救援局、森林消防局作为领导指挥机关，负责调动消防救援队伍、森林消防队伍投入火灾扑救和社会救援。

第二节　基于预警的应急响应机制

一些突发事件特别是自然灾害发生往往具有一定的前兆或先兆。“山雨欲来风满楼”“月晕而风，础润而雨”等古语都反映出人们对灾害风险前兆的认知，其基础是生产生活中积累起来的经验。随着现代技术的发展，人类监测、预报风险的手段更加先进。对于可以预警的突发事件，社会公众可以事前响应，采取紧急抗灾或避险行动。

一、监测预警的步骤

监测、预警是突发事件预防的两大关键环节。监测，就是在突发事件发生前预先进行监测。具体而言，它包括以下三个步骤：

(1) 危险源排查。从突发事件演进的过程来看，危险源排查是应急管理中最为基础的一个环节。危险源排查就是对可能引发风险的致灾因子进行辨识。

(2) 危险源监测。就是指在突发事件发生前对各种可能引发突发事件的重点危险源及其表象进行实时、持续、动态的监视和测量，收集相关的数据和信息。

(3) 风险评估。就是根据对危险源检测的结果，结合脆弱性分析，确定风险的大小，并判别突发事件发生的可能性。

预警，就是指“预先警告”。在应急管理中，预警主要是指致灾因子尚且没有转变为突发事件之前，将有关风险的信息及时告知潜在的受影响者，使其采取必要的行动，做好相应的准备。

突发事件的监测与预警是相辅相成、相互统一的。监测获得相关的信息并进行研判，而预警将研判的结果也就是信息传递给特定的受众。一方面，科学的监测是精确预警的前提和基础；另一方面，只有通过有效的预警才能把监测得出的结论及时地传递给受众。

此外，监测预警的最终目的是使社会公众采取响应行动，减少突发事件的不利影响。因此，监测预警的完整流程如下：对致灾因子进行持续监测并对前兆进行客观分析，做出科学的风险评估；如果风险评估的结果显示突发事件不会发生，则返回继续监测；如果风险评估的结果显示突发事件可能发生，则向社会公众发出警示信号；当社会公众采取有效的响应行动后，监测预警的流程结束。

二、监测预警的要点

归纳起来，监测预警包括以下要点：

第一，致灾因子监测，要具备良好的技术基础。现代科学技术，特别是信息技术的快速发展为有效地开展致灾因子监测奠定了坚实的基础。它们能对致灾因子进行不间断的跟踪，并将有关的精确数据和信息传输给风险管理者。

第二，风险评估，要具备良好的风险分析能力。风险管理者根据技术设备提供的致灾因子信息，结合社会系统的脆弱性进行分析，评估风险等级。

第三，警报传播，要清晰、简洁、有效。如果正确的风险判断不能及时传递给目标受众，则预测预警的意义为零。例如，1994 年 3 月 27 日，美国亚拉巴马州发生的一场龙卷风夺去了正在教堂中做礼拜的 20 名信徒的生命。有关方面在悲剧发生前的 12 分钟时通过电子媒体发出了警报，但受害者无从接收。

第四，激发响应行动，要能够促使社会公众迅速地采取适当的响应行动以规避风险。如果受众接收到警报，但是不理解警报的内容，不知晓警情的严重性，不采取所期望的响应行动，则监测预警的最终目的也没有达到。

以往，人们特别强调监测预警中的技术因素，突出科学知识与技术的重大作用，表现出很强的科技中心导向。但是，监测预警还具有不容忽视的制度和社会维度。如果警报的内容不容易为人所理解，如果人们的风险意识薄弱或决策产生偏差，人们就不会采取适当的行动，监测预警的最终目的也就无从实现。而且，先进的技术也是要为人服务的。因此，我们在建设监测预警机制时，一定要以人为核心，而不是以技术为核心。

三、发布警报

监测预警能否真正地发挥作用，不仅取决于所传递信息自身的准确性，也取决于传播速度的有效性和快捷性。因此，警报传播是监测预警的又一个关键环节。在警报传播的过程中，我们要特别注意以下几个方面：

首先，警报传递信息。警报所传递的信息要充分考虑到人的特定需要，实现以受众为导向。警报的语言必须简洁、清晰、易懂，避免使用冗长、晦涩的专业性语言；警报的内容一定要表述清楚可能发生的突发事件将会带来的威胁和影响，考虑到受众的价值判断与利益权衡等因素，对社会公众采取有针对性的响应措施提出建议；警报发布的对象仅限于可能受到突发事件影响地区的公众，以免出现警报扰民的现象；警报的发送应该考虑预期受众的文化、社会、性别、语言、教育程度等背景的差异，做到有的放矢。因此，我们需要研究人们获取警报的具体途径以及不同群体阐释警报的方式，在警报传播的过程中充分考虑人的特定需要。

其次，警报传递手段。警报传递手段必须是有效的，具备以下特征：第一，多样性。警报传播媒介既包括报纸、广播、电视、网络等大众传媒，也包括奔走相告等人际传播方式，还可以借助无线电爱好者等特殊群体的特殊传播渠道，要多种手段并用。第二，针对性。警报传播要针对不同的群体采取不同的手段，如在广播、电视信号无法接收的情况下，可采取发出警报或奔走相告的方式。第三，全覆盖性。警报的传播要确保可能受到突发事件影响的所有公众都能知晓警情。通常，应急部门应保持对特定群体发布警报手段的稳定性和经常性，使其能够密切关注相关信息。第四，互动性。警报传递手段最好具备双向可达性，以便于社会公众及时反馈警报接收信息。

人们在选择警报传递的手段时可考察以下几个指标：一是精确性，即是否可将警报传递给精确锁定的受众，而不会影响其他公众；二是渗透力，即警报引起风险承受主体的关注程度；三是具体程度，即警报描述威胁、脆弱性等内容的详细程度；四是易被扭曲的程度；五是传播速度；六是发送和接受的资源需求①。

最后，警报传递的制度。通常，警报信息传递是由社会公众所信赖的权威机构完成的，如气象局发布天气灾害预警，卫生局发布公共卫生事件预警，等等。但是，非政府组织、志愿者机构等社会力量经过必要的培训后，也可以在警报传递的过程中发挥十分重要的作用。它们具有庞大的组织、联系网络，能够及时地将警报传递给自己的成员；它们具有很强的亲和力，能够使所传播的信息为广大社会公众所理解和接受。

一般而言，政府要负责警报原始信息的发布，以保证信息的真实性和权威性，杜绝流言和谣言。在警报传播的过程中，多个主体可以参与其中。但是，政府必须制定相关的法律，约束其他主体的传播行为，严禁故意发布虚假警情或故意夸大、缩小警情，避免有人趁机造谣惑众。

不仅如此，突发事件发生变化，警报也要相应地进行调整。对此，我国《突发事件应对法》规定，发布突发事件警报的人民政府应当根据事态的发展，按照有关规定适时调整预警级别并重新发布。有事实证明不可能发生突发事件或者危险已经解除的，发布警报的人民政府应当立即宣布解除警报，终止预警

---

① Ronald W. Perry，Michael K. Lindell. Emergency Planning. John Wiley &Sons Inc.，2007：322－323.

期，并解除已经采取的有关措施。

四、响应行动

社会公众根据所接收的警报而采取了必要的响应行动，减少了突发事件所造成的损失，监测预警的目的才最终达到。也就是说，监测预警既要通过警报给特定的社会公众以一定的刺激，也需要社会公众对警报做出相应的适当反应。在“卡特里娜”飓风中，美国气象部门对风速、降雨量等预测很准确，并在几个小时之前就已经发出预警。但是，由于种种原因，公众和政府对飓风预警响应不足，最终导致了 1 000 多人丧生的巨灾。

社会公众对警报做出适当响应的概率受两个因素的影响：一是对警报可靠性的评判，二是对风险的认知。如果公众认为警报不可靠，那么，他们就不会采取行动；如果公众低估或高估了风险的严重性，那么，他们就会响应不足或响应过度。

为了增强警报的可靠性，第一，我们需要确保警报的原始发布由公众所信赖的权威机构完成，并在警报传递的过程中注意维护其真实性，防止被扭曲。第二，由于突发事件风险具有高度的不确定性和动态演变性，错误警报的发布与传播在所难免。但是，有关部门必须尽最大努力，减少错误警报发生的概率，并进行持续性的改善，以保持社会公众对预警的信任。

同时，为了提高社会公众对风险的认知能力，我们必须加强公共安全教育，增强社会公众的应急意识和应急技能。具体包括以下措施：向社会公众宣讲有关警报传播的知识和鉴别警报来源可靠性的技能；在学校教育中设计公共安全的课程，增强社会公众的风险意识；等等。

此外，社会公众在突发事件预警后的响应能力还取决于应急准备与响应计划的完备程度。应急计划及应急预案必须具有针对性、可操作性和持续改进性，否则就不能发挥作用。

具体而言，针对性是指灾害准备与响应计划是根据某个单位或社区的具体需要、参照风险评估的结果而编制的；可操作性是指灾害准备与响应计划具有较高的应用价值，可以在接到警报后明确“什么事”“怎么办”“找谁办”等基本问题，并经常性地举行演练以验证计划的有效性；持续改进性是指不断地对已发生的灾害事件及响应行动进行分析和总结，并将得出的经验和教训纳入应急准备与响应计划。

在监测预警的响应行动中，社区的作用十分重要。社区要经常进行响应能力的评估，开展志愿者培训活动，发展社区公共安全教育，不断加强社会响应能力。

五、预警的有效性

2018 年 7 月 5 日下午，“凤凰”号和“艾莎公主”号两艘游船在泰国普吉岛海域倾覆，造成中国公民严重伤亡。随后，应急管理部发出紧急通知，要求做好灾害性天气监测预警与风险提示工作。7 月 11 日，超强台风“玛莉亚”在福建沿海登陆。此前一天，中央气象台提前发布预警信息，北京市防汛部门也在第一时间通过手机短信向公众发布暴雨预警。一时间，预警有效性成为媒体关注与社会热议的话题。

“预警”一词来源于军事领域，指先敌发现并提前做好准备。在应急管理中，预警是一个包括以下阶段的过程：监测—风险评估—编写警报—发送警报—公众响应。这是一个完整的流程，任何一个环节存在问题都可能导致预警无效，而有效性恰恰是预警的生命力所在。

现代社会对灾害性天气的监测往往采用先进技术手段，这大大缩小了人对自然界认知的盲区。但严格地讲，天气预报不是灾害性天气的预警。现代技术可以监测的只是自然的致灾因子，即有可能导致灾害的自然现象。但是，同样的致灾因子作用于脆弱性不同的系统，产生的影响有着巨大差异。例如，北京的故宫和北海团城都有着良好的排水系统，不易发生内涝。而由于城市化进程的突飞猛进，地面硬化现象加剧，排水系统相对落后，导致许多城市面临“风雨看海”的尴尬。气象部门只监测致灾因子，难以掌握城市脆弱性，不能对灾害性天气的风险进行评估与预测，因为风险取决于致灾因子与脆弱性的共同作用。所以，有效的灾害性天气预警需要气象部门与城市应急部门开展合作。

在研判突发事件即将发生后，政府应向公众发出预警信息。其中，预警信息不仅要包括对未来事件严重性与后果的判断，还要清晰地告知公众应采取何种应急避险行动。特别是，政府应树立“预警即沟通”的理念，以公众易于理解的语言发布预警。2012 年 7 月 21 日，北京遭遇特大暴雨袭击，造成至少 79 人遇难。一天内，北京气象台接连发布 5 个预警。但是，公众对预警颜色的内涵一无所知，没有遵从预警要求。如果预警信息不明确，同时公众又缺少必要的公共安全知识，预警甚至还可能产生恐慌。例如，2012 年 9 月 25 日，广东省应急办通过微博发布地质灾害预警信息。当地一些民众缺少公共安全知识，将“地质灾害”与“地震”混为一谈，造成谣言与恐慌。因此，政府发布预警信息时要以公众为核心与导向，切莫“惜墨如金”，这样才能保证预警的有效性。假如广东省在微博中将灾害详细表述为“因暴雨导致的地质灾害”，公众就不会产生发生地震的误解。

还有，预警信息要以多样化手段及时传播，相互印证，切忌想当然。预警信息传播如存在严重缺陷，预警有效性就无从谈起。

人们通常认为，预警信息发布后就万事大吉了，这是一个致命的误读。预警信息要真正发挥实效，政府必须关注公众对预警信息的反应，即公众是否进行了正确的避灾响应。通常，公众可能因对风险的认知与理解匮乏或由于其他顾虑而不采取避灾响应行动。此时，政府应调动基层组织，采取必要的果敢行动，劝解甚至强制公众遵从预警指令。因此，预警有效性以公众是否采取了正确的避灾响应、切实规避或减少了灾害事故的损失为评价标准。当然，为了提升公众对灾害事故预警信息的遵从度，政府应加强对公众的常态化防灾教育，让公众知晓面对灾害不能任性的道理。

在现代风险社会中，因为突发事件越发具有不确定性，所以政府部门发布虚警的现象并不少见。例如，2010 年 2 月 27 日，智利发生 8.8 级强震，日本气象厅对东北太平洋沿海地区发布大海啸警报，但海啸并未到来。对此，社会公众应给予充分理解。毕竟，预警信息发布的最终目的是为确保公众生命、健康与财产安全，我们“宁可十防九空，不可失防万一”。

六、防范救援一体化机制：以台风“温比亚”“山竹”响应为例

应急管理部组建后，积极探索构建防范救援一体化机制。主要采取以下做法：根据预警信息和灾情研判，提前将应急力量前置到重点地区、重点部位和重点工程。一旦突发事件发生，应急力量就可以在第一时间投入救援，最大限度地减少伤亡和财产损失。这种预置应急救援力量的做法是基于预警的响应。

防范救援一体化机制来自军事学中的“战略预置”思想。战略预置，是指按照作战预案对作战物资的要求，将适宜预置储存的战备物资提前存放在主要战略方向或预定战区的一种资源配置方式。战略预置的主要目的就是通过平时预先配置一定的作战物资来减少战时的战略运输量，进而提高部队的快速反应能力。

台风“温比亚”是 2018 年第 18 号强热带风暴，于 8 月 17 日 4 时 5 分前后在上海市浦东新区南部沿海登陆。它给安徽、上海、浙江、江苏、河南、湖北多地带来强风雨。8 月 18 日，台风进入河南，给河南东部带来大范围的强降雨。根据天气预报，应急管理部提前部署、安排消防和地方救援队伍。同时，应急管理部和国家减灾委员会提前派出工作组，赶赴有关地方现场督促指导防台工作，协助地方排查隐患。灾害发生后，工作组随即投入救灾工作、核查灾情，帮助地方做好救灾工作，妥善安置受灾群众。这个机制大大提升了应急响应效率，也加快了中央救灾物资和财政资金的拨付速度。

超强台风“山竹”是 2018 年第 22 号强热带风暴。9 月 16 日 17 时台风在广东台山海宴镇登陆，登陆时中心附近最大风力 14 级，给广东、广西、海南、湖南、贵州 5 省（区）造成严重的影响。应急管理部加强应急值守，及时研判预测灾情，事先密集调度台风影响省份的救援部署和救灾准备，向广东、广西、海南派应急工作组。9 月 15 日，应急管理部派消防救援局一名副局长、救灾司司长赶赴广东，指导协助地方做好防台工作。

9 月 16 日上午，应急管理部与国家防汛抗旱总指挥部、交通运输部、中国气象局进行会商研判，确定台风登陆时间、地点和风力，并提出要求：第一，各单位按照气象部门研判信息，做好防台风应急准备工作；第二，盯紧盯牢重点工程、重点地区和可能引发次生事故灾害的环节，精准投放应急救援力量，充分做好各类突发事件应急救援准备工作；第三，消防救援要增强机动性、有效性，全力减少人民群众生命财产损失。

根据应急管理部统一部署，广东、海南、广西、云南、福建等受台风影响省（区）2 万余名消防员提前做好应急救援各项准备，将相关储备救灾物资提前调运，应急避难场所提前开放，危险区域人员提前转移安置。

在对台风“山竹”的应对中，防范救援一体化机制运行得更为成熟，这个机制的成功应用正是以精准、有效预警为前提的。

未来，应急管理部门应积极与气象、水利、自然资源、林草等部门建立合作机制，并采用高技术手段，加强对气象灾害、地质灾害、森林草原火灾等灾害的监测预警，提高精确性。同时，应急管理部门也应通过国家预警信息发布中心、国家应急广播体系和基层信息员提升警报信息发布的有效性。此外，应急管理部门还应加强对社会公众的防灾教育，广泛开展避灾演练，提升预警信息的回应性。

第三节 基于处置的应急响应机制

现代社会的突发事件不可预测性增强，使有效预警成为不可企及的奢望。不可预警的突发事件发生后，其演进的过程是千变万化的。应急管理者需要根据突发事件的发展变化来调整处置措施。但是，应急管理者在发挥创造力、进行临机决断的同时，也必须遵循一定的处置原则和处置流程。

一、应急处置的原则

各国的行政体制不同，应急组织体系的架构也不同。因此，应急响应的原则、流程也千差万别。在我国，应急处置是应急响应阶段的重中之重。它主要是指应急响应力量在突发事件发生后所采取的应对行动，而不包括事前所采取的预置救援装备等响应行动。我国突发事件应急处置遵循以下原则：

第一，以人为本，减轻危害。突发事件会产生多种威胁，造成多种损失。因此，应急处置可能会面临多重价值目标的选择。我们要坚持“先救人，后救物”的原则，把挽救生命与保障人们的基本生存条件放在首要位置，而不是舍本逐末。

同时，突发事件现场安全情势很不稳定，我们必须高度关注应急救援人员的人身安全，有效地保护应急响应者，避免次生、衍生灾害的发生。这也是突发事件处置“以人为本”的当然表现。

第二，统一领导，分级负责。应急处置工作需要跨部门甚至跨地域调动资源，因而必须形成高度集中、统一领导与指挥的应急管理指挥系统，实现资源的整合，避免各自为战，确保政令畅通。其中，统一领导关键要在各级党委的领导下，发挥政府的主导作用，调动全社会的力量，形成应急的合力。在我国，党管干部的原则和党的网络化组织是我们应对突发事件的法宝。

同时，应急处置要坚持分级负责的原则，即按照突发公共事件的分级，依据各级各类应急预案要求，由相应级别的应急指挥机构做出果断决策、进行处置。

第三，社会动员，协调联动。突发事件往往因其涉及范围广、社会影响大，超出了某个政府部门甚至某级地方政府的控制能力，需要开展社会动员、实现协调联动。一是整合政府、企业和第三部门力量，形成共同治理突发事件的网状化格局，发挥整体效能；二是突发事件发生地政府同周边地区政府建立同声相应的应急互助伙伴关系，统筹调动人力、物力、财力资源；三是充分发挥武装力量在应急救援中的突击队作用，体现军民结合、平战结合的原则。

应急管理部是安委会、减灾委、抗震救灾、防汛抗旱、森林草原防灭火等指挥协调机构的办事机构，也承担着统筹自然灾害防治的责任。在北京，应急管理局还是北京市突发公共事件应急委员会的办事机构。协调联动的实现要发挥这些指挥协调机构的作用，同时加强日常管理和应急管理中党政军群各部门之间的合作。

第四，属地先期处置。不论发生哪一级别的突发事件，属地都要及时展开先期处置，以防止突发事件的事态进一步扩大、升级，尽可能地减少突发事件给社会公众生命、财产和健康安全所带来的损失。这是因为属地是突发事件的事发地，熟悉当地的周围情况；属地可以在第一时间内赶赴突发事件事发现场，有助于把突发事件消灭在萌芽状态。

第五，依靠科学，专业处置。在应急处置过程中，我们要充分利用和借鉴各种高科技成果，发挥专家的决策智力支撑作用，避免不顾科学的蛮干。同时，我们也要充分利用专业人员的专业装具、专业知识、专业能力，实现突发公共事件的专业处置。突发事件的救援可以是综合性的，但处置必须尊重科学，体现专业处置的原则。否则，突发事件的危害就有可能进一步扩大，甚至伤及应急救援者。

我们必须落实“科学应急”的原则，充分发挥应急专家“外脑”的作用，使突发事件处置能够依法、科学、有序地进行，进而减少不必要的生命、财产损失。

第六，鼓励创新，迅速高效。由于突发事件的演化瞬息万变、不确定性强，这就要求我们可根据实际需要，打破常规，大胆创新，务求应急处置的迅速和高效。特别是，我们可以援引《突发事件应对法》的相关规定，行使行政紧急权，在紧急状态下特事特办，简化应急处置程序，以迅速控制事态发展，最大限度地减少突发事件造成的损失，挽救更多人的生命和财产。当然，在应急处置的过程中，我们既要维护公众秩序、保证公共安全，又要维护人民权利、保障基本人权，防止行政紧急权的滥用。

二、应急处置的流程

为了科学、高效地处置突发事件，我们必须为突发事件处置确立一个工作流程。突发事件的一般响应程序包括以下十个重要的环节。

(1) 接警与初步研判。应急管理部门及 110、119、120、122 等单位的值班人员在接到事发地有关部门或社会公众的报警后，应详细询问、记录有关突发事件的情况，其中包括事件发生的时间、地点、性质、规模及人员伤亡或财产损失情况。之后，接警人员应视突发事件的严重程度，向相关领导及时报告。有关领导在接到报告后，应尽快组织相关工作人员，对突发事件的级别和管辖范围进行初步的研判。突发事件超出自身管辖权范围时，应迅速向上级机关报告。

突发事件处于不断的演变之中，并且社会安全事件的演进还并不遵从线性发展的规律。因此，突发事件初始阶段的研判往往并不准确。它需要领导干部具有把握全局、审时度势、高瞻远瞩的素质和决断力。一般情况下，在突发事件损失不明的情况下，对级别的判断应本着“就高不就低”“宁可信其有，不可信其无”的原则。同时，对于敏感时间、敏感地点发生的突发事件或性质本身就非常敏感的事件，应急管理部门应给予特别的重视，分级要从高。比如，发生在天安门广场的突发事件就应受到格外的重视，因为时间、地点或性质的敏感会放大突发事件的损害结果或舆论效应。

(2) 先期处置。我国应急管理体制的特点之一是以属地为主。不论是哪一级的突发事件发生，事发地人民政府在迅速上报的同时，应派员迅速赶往突发事件现场，核实、观察突发事件的情况和发展态势，并就近组织应急资源进行先期处置，防止突发事件扩大升级。与此同时，现场工作人员要边处置边汇报，不断将突发事件的最新信息传递给应急管理部门。

在先期处置的过程中，应急管理人员应该先避险，再抢险，组织事发现场周围的社会公众进行有效的应急疏散。在确保突发事件不会对周围社会公众造成新的损害后，现场应急管理人员要开展抢险救援。在遇险群众危在旦夕的情况下，应急管理人员也可同时进行周边公众疏散和抢先救援，但前提是确保周边公众不会受到伤害。

如果突发事件性质比较特殊，例如核与辐射事故发生，这需要专业救援人员进行专业处置。现场应急管理人员应着力做好周边公众的转移，维护现场秩序，进行力所能及的处置，等待专业救援队伍的到来，切不可冲动蛮干。当专业应急救援队伍到来后，现场应急管理人员应做好道路引领、秩序维护和后勤保障等工作。

(3) 启动应急预案。当突发事件的级别被确定后，按照分级响应的原则，拥有相应管辖权的人民政府应启动应急预案，调集应急救援队伍、应急救援物资，派出应急协调人员和专家赶赴突发事件现场，并成立突发事件现场指挥部。交通部门应全力保障救援队伍和救援物资到达事发现场。当然，在突发事件继续扩大升级的情况下，所启动预案的级别应做出相应的调整。

(4) 现场指挥与协调。现场指挥部应由有关部门、军地领导、专家学者联合组成，履行对突发事件处置进行协调的职能。指挥部选址应遵循安全、就近的原则。现场指挥部应根据突发事件的现状和趋势，科学、合理、果断地确定应急救援方案。

现场指挥部一经确定，就必须被赋予现场救援的完全管辖权。各级领导可对现场指挥提出建议。但是，应急管理的实践要求我们必须是“谁拍板，谁负责”，而不能是“谁官大，谁说了算”。对于性质特殊的突发事件，专家应发挥辅助决策的作用，向现场指挥部提出自己的建议。

(5) 抢险救援。在应急救援的过程中，各相关部门应各司其职、密切协作，有关队伍服从指挥、相互配合。公安干警应封锁现场，设立警戒区域，进行交通管制，维护现场秩序，确保道路交通的畅通，并防止刑事犯罪的发生；医疗卫生部门应派出医护人员赶赴现场，救治、转运伤员；环保部门应对事故现场进行环境监测；专业救援队伍应携带专业救援装具赶赴现场救援。必要时，中国人民解放军、武警部队和民兵预备役部队也可投入应急救援之中。需要强调的是，抢险救援必须对现场的危险源进行监测，保护受困人员和救援人员的安全，防止次生、衍生灾害的发生。

在应急救援的过程中，抢险救援人员还应该先救人，后救物。这是因为：首先，人的生命是不可复制的，而物质财富是可以再创造的；其次，被抢救出来的人可能会成为应急救援的补充力量。当然，如果可以判别，救援人员应先救医务工作者和青壮年，他们的加入将为应急救援增添有生力量。

(6) 扩大应急。在处置突发事件时，如果事态恶化、难以遏制，突发事件现场指挥部应启动扩大应急机制，及时向上级人民政府请求支援，加大应急救援队伍、物资、装备、资金等方面的投入力度，防止突发事件的进一步恶化。

(7) 信息沟通。突发事件现场指挥部应将突发事件的发展情况和处置的信息及时上报给有关政府领导。同时，还应建立新闻发言人制度，将处置的最新信息发布给社会公众，以避免谣言和流言，做好社会舆论的引导工作。

(8) 临时恢复。应急救援活动结束后，环保部门也要对受突发事件影响地区进行监测，卫生防疫部门要对疫病的流行进行监控，防止次生、衍生灾害的发生。同时，有关部门要清理现场和废墟，进行人员清点和撤离，解除警戒，开展善后处理和事故调查等。

(9) 应急救援行动结束。当突发事件的威胁和危害得到控制或消除后，履行统一领导职责及组织处置工作的应急管理部门应当即刻停止已采取的应急处置措施。现场指挥部撤销，应急预案关闭，应急救援行动结束。

(10) 调查评估。对突发事件的起因、性质、影响、责任、经验教训等问题进行调查评估，并依法追究相关责任人的责任。

以上十个环节虽然并非完全按照突发事件应急处置的时间顺序排列，但反映了突发事件应急处置所需要重点关注的问题。比如，信息沟通要伴随突发事件处置的全过程。应急管理是应急管理者与突发事件之间的动态博弈，它要求应急管理者不仅要遵循既定之规，还要具有一定的临机决断能力和创新能力。

根据《关于国务院机构改革方案的说明》，应急响应“按照分级负责的原则，一般性灾害由地方各级政府负责，应急管理部代表中央统一响应支援；发生特别重大灾害时，应急管理部作为指挥部，协助中央指定的负责同志组织应急处置工作，保证政令畅通、指挥有效”。党的十八大后，我国的应急响应机制发生了重大调整，以地方为主、中央提供支援成为一种新的应急响应模式。这有利于提升地方政府应急救援的主动性、积极性和灵活性。

三、应急处置的措施

突发事件处置是一种强制性行政应急措施，其目的是为处置与救援工作的顺利开展创造条件，维护公共安全和社会秩序。突发事件的处置往往会限制部分公众或组织的人身、财产等权利，但其前提是更加有效地保护更大范围内更多公众和组织的生命、健康和财产。因此，突发事件的处置必须依法进行。《突发事件应对法》第四十九条规定，自然灾害、事故灾难或者公共卫生事件发生后，履行统一领导职责的人民政府可以采取的应急处置措施。

(1) 救助性措施。我国突发事件处置坚持“以人为本”的原则，将社会公众的生命安全放在首位。因此，根据《突发事件应对法》第四十九条第一款规定，在突发事件已经发生或即将发生时，应急管理部门必须有效地组织人员对伤者进行救治，组织受到或可能受到突发事件影响的社会公众进行安全疏散，并予以妥善的安置。我们在突发事件的处置过程中要先避险、后抢险，先救人、后救物。

(2) 控制性措施。根据《突发事件应对法》第四十九条第二款，突发事件发生后，应急管理部门应当对危险源、危险区域和所划定的警戒区逐层实施有效的静态控制，同时进行交通管制以实施有效的动态控制。这样，应急处置活动就会有一个比较有利的外部环境，突发事件的扩散和升级就能够得到有效的遏止，应急救援队伍、装备和物资也能够顺利地到达事发现场。

(3) 保障性措施。根据《突发事件应对法》第四十九条第三款和第七款，突发事件发生后，基础设施部门应当及时修复被灾害损毁的公共设施，如公路、机场、码头、铁路等。现代社会的正常运转高度依赖于基础设施。为了恢复社会生产、生活的正常秩序，基础设施在应急处置过程中应该被格外加以重视。不仅如此，基础设施的修复还可以稳定社会公众情绪，并为应急救援队伍、装备和物资的运输创造有利的条件。

此外，在处置的过程中，应急管理部门还要确保食品、饮用水、燃料等基本生活必需品的供应，使社会公众有水喝、有饭吃、有地方住、患病可及时得到医治，实现大灾之后无大疫。这些都是灾时民生保障的基本措施，可防止受灾地区社会矛盾激化。2008 年南方暴风雪期间，保供电、保交通、保民生的“三保”政策有效地防止了突发事件的扩大升级。

(4) 预防性措施。根据《突发事件应对法》第四十九条第四款和第十款，在突发事件处置的过程中，应急管理部门不仅要着力减轻已经造成的损害结果，还要对有关的设备、设施以及活动场潜在的风险进行排查，并采取有效的预防性措施，防止社会公众蒙受新的损失。比如，伦敦地铁爆炸案发生后，在场的应急管理人员要求禁止使用手机，目的是防止手机信号引爆未被发现的炸弹。

人员的密集活动和某些生产活动可能会加剧突发事件的影响或成为突发事件新的诱因，比如传染性疾病的扩散。为此，在必要的情况下，可取消、中止人员密集活动或停止某些生产活动。比如，在 2003 年“非典”期间，为了减少人员的流动与聚集，临时性地取消了劳动节长假。2006 年，当安徽华源药业有限公司的“欣弗”注射液被发现存在问题后，政府部门责令其停止生产并召回该产品。应急管理部门还要注意防止各种次生、衍生事件的发生，比如自然灾害引发的群体性突发事件。2013 年 11 月 22 日，青岛黄岛输油管线发生原油泄漏事故后，没有设置警戒区，没有封闭道路，没有通知附近公众疏散，最终导致大量人员伤亡。

（5）动员性措施。突发事件的处置不能缺少强有力的资金、物资和人力保障。根据《突发事件应对法》第四十九条第五款和第六款，应急管理部门需要启用本级政府的财政预备和应急物资储备。必要时，应急管理部门可开展社会动员，紧急征用企业、社会所储备的物资、设备、设施、工具等。当然，应急活动结束后，政府应给予被征用单位适当的补偿。这样，紧急征用活动才具有可持续性。此外，社会公众有义务参与突发事件的处置工作。特别是有特定技术专长的社会公众，更应在突发事件处置的过程中发挥自己的独特作用。

（6）稳定性措施。突发事件发生后，商品供应可能出现短暂性的奇缺。一些人可能会囤积居奇、哄抬物价、制假售假，扰乱市场秩序。还有些不法分子趁火打劫，可能利用突发事件造成的混乱局面进行违法犯罪活动。这些都会造成不必要的社会混乱，干扰应急处置工作的开展。因此，根据《突发事件应对法》第四十九条第八款和第九款，应急管理部门应协调国家执法机关，采取有效的稳定性措施，严厉打击违法犯罪活动，为突发事件的应急处置创造一个良好的外部环境。

四、 联合会商-协同响应机制：以金沙江、雅鲁藏布江断流事件应对为例

在应急处置的过程中，多部门参与救灾是常态，但如何实现应急联动却面临着巨大的挑战。在汶川地震、甬温线特大撞车事故、天津港危险品仓库火灾爆炸事故等重大突发事件救援行动中，多部门分头指挥，现场成立了责任难以厘清的多个指挥部。为了解决这个问题，应急管理部建立了联合会商-协同响应机制，在 2018 年 10—11 月的金沙江、雅鲁藏布江断流事件中得到了有效的应用。

2018 年 10 月 11 日，西藏自治区昌都市江达县发生山体滑坡，导致金沙江断流并形成堰塞湖，部分村庄和工地被淹。应急管理部立即启动应急响应，派出由地质灾害、救灾等单位以及专家组成的工作组赶赴现场。

10 月 17 日，西藏自治区林芝市米林县派镇加拉村附近雅鲁藏布江峡谷发生山体滑坡，堵塞河道形成堰塞湖。应急管理部牵头召开多部门联合会商研判调度会。会商要求，要全面总结近期金沙江和雅鲁藏布江两次山体滑坡导致堰塞湖险情的应急处置工作，建立完善的应急救援体系，健全多部门联动工作机制，提升国家综合性消防救援能力。

10 月 29 日，雅鲁藏布江林芝市米林县派镇加拉村段再次发生山体滑坡形成堰塞湖。应急管理部主要负责人立即赶到部指挥中心调度了解情况，部署应对工作。由应急管理部、自然资源部、水利部等部门的有关负责人，以及地质、冰川、水利、测绘等专家组成的部际联合工作组立即赶赴现场，指导协助地方做好抢险救灾应急处置工作。

11 月 3 日，西藏自治区昌都市江达县波罗乡白格村原山体滑坡点发生二次滑坡，再次造成金沙江堰塞湖。11 月 5 日和 6 日，应急管理部牵头多次召开自然资源部、水利部、中国气象局、国家能源局、安能公司等部门和单位参加的部际联合会商，研判金沙江堰塞湖水情险情，部署应急抢险救援工作，研究制定排险方案。11 月 6 日在前期部际联合工作组的基础上，应急管理部人员带领相关抢险专家前往滑坡现场，指导协助地方开展抢险救援和除险排险工作。

在四次断流事件的处置过程中，应急管理部与自然资源部、水利部、国家能源局等多个部门联合会商，并派出联合工作组到现场，统筹协调应急响应行动，配合地方政府指挥灾害处置。前方的联合工作组与后方的联合会商、联合指挥相互呼应，有效解决了部门之间的协调问题。此外，这个机制还促进了军地协调和跨区域协调。

从性质上看，联合会商-协同响应机制借鉴了军事上联合作战指挥的理念，联合作战指挥员及其指挥机关对参战诸军兵种部队的作战行动进行统筹和组织，增强了指挥结构的扁平化。另外，在军事学上，基本指挥所与前进指挥所的设立也对这种机制的形成具有一定的启示意义。基本指挥所是指挥中心，而前进指挥所是便于靠前指挥的前方指挥所。有时，后方没有联合会商，相关部门也可能派出联合工作组。2018 年 10 月 28 日，重庆市万州区长江二桥上一辆公交车与小轿车碰撞后坠入江中，导致 15 人死亡。当日，由应急管理部副部长孙华山牵头，公安部、交通运输部等部门参加的部际联合工作组赶到事故现场，指导协助地方党委和政府做好人员搜救应急处置工作。其中，应急管理部牵头，负责组织、联络有关各方。作为国家减灾委员会、国务院安全生产委员会、国家森林草原防灭火指挥部、国务院抗震救灾指挥部、国家防汛抗旱总指挥部等高层次指挥协调机构的办公室，应急管理部更适合扮演牵头人的角色。

第四节　应急响应的重要问题

应急响应需要个体的临机决策能力和组织的强大适应能力，没有一定之规和万古不易的遵循。但是，无论是基于预警还是处置，应急响应都必须关注以下影响应急效率的问题。

一、防范次生灾害事故

在汉语中，次生是指“第二次生成的；间接造成的；派生的”①。灾害链中最早发生的起主导作用的灾害称为原生灾害，而由原生灾害所诱导出来的灾害则称为次生灾害。例如，“5・12”汶川地震为原生灾害，地震导致的山体滑坡和泥石流则为次生灾害。

在处置过程中，我们必须以动态发展和普遍联系的眼光来观察突发事件。在现代社会，突发事件的危害具有很强的连带性和扩散性。这就要求我们处置突发事件时必须实现部门之间的协调。比如，汶川地震发生后，卫生防疫任务繁重，因为“大灾过后有大疫”。但是，由于我们对次生灾害做了精心的准备，汶川地震灾区并没有出现疫病的流行。

根据应急处置实践，我们不仅要具备系统性、前瞻性的思维，而且必须注重在寻求安全过程中的风险。比如，我们在疏散社会公众的过程中必须考虑疏散路线及应急避难场所是否安全，避免社会公众受到二次伤害。

为了预防次生事件，我们必须打破各自为战的局面。在现实中，各自为战的结果可能就是次生灾害的发生。我们经常在处置一种灾害的过程中又引发了另一种灾害。例如，在2008年南方暴风雪灾害处置的过程中，由于抗冰保交通任务迫在眉睫，我们使用了大量的氯盐融雪剂，没有综合考虑其对环境的破坏作用，结果，京珠高速公路边的韶关一些村镇的水源受到污染，南京长江大桥路面被防滑链碾压得千疮百孔，等等。

---

① 中国社会科学院语言研究所词典编辑室．现代汉语词典．7版．北京：商务印书馆，2016：216.

因此，为了避免在处置突发事件的过程中发生次生灾害，必须反思“不惜一切代价”的口号，必须在应急预案的制定过程中考虑各类突发事件可能引发的次生灾害。在具体处置的过程，现场指挥部要加强各相关部门的协调，防止“处置一场灾害却引起另外一场灾害”的现象。突发事件会对环境造成长久的影响，环保部门是处置突发事件的最后撤出部门。我们应在应急处置的过程中多听取环保专家的建议。

二、保护应急响应者

突发事件处置是一项高风险工作。在实际工作中，应急管理者必须注意保护应急救援队员。近年来，应急救援队员因公殉职的现象屡有发生，给我们敲响了警钟。2019 年 3 月 30 日，四川凉山木里县发生森林火灾，在扑灭行动中，受风力风向突变影响，突发林火爆燃，造成 30 名扑火人员牺牲。保护应急响应者，是突发事件处置的一项重要任务。

保护应急响应者，首先需要我们多一些“以人为本”的意识，在鼓励应急救援队员赴汤蹈火的英雄主义精神的同时，也要大力提倡珍惜生命、科学救援。在实际处置工作中，应急管理者应注意救援队员的轮换和劳逸结合，不能使个别队员过分透支体力，并要根据队员的个人特点分配不同的救援任务。

平时多流汗，战时少流血。我们应尽快建立应急救援队员的资格考评与分类体系，在平时的训练中对应急救援队员严格要求，增强其自我防护的意识和技能。同时，我们也应该为应急救援队员配备必要的防护装具和通信工具。

保护应急救援队员，这其中也包括对应急救援队员及时地进行必要的心理干预。在突发事件处置的过程中，他们可能会长时间目睹惨烈的灾害场景，心理受到一定的影响是正常的。问题的关键是，应急救援队员也需要一定的心理干预来舒缓和释放心理压力。

三、应急现场指挥

在突发事件的处置过程中，现场指挥部应该被赋予全权。突发事件发生后，各级、各部门领导纷纷赶赴事发现场，靠前指挥，发布指示。这经常会导致现场秩序混乱、令出多门，令现场指挥人员无所适从。而众多领导的指示往往又不统一，甚至相互矛盾。结果，现场指挥部的权力被僭越，实际上造成了“谁官大，谁决策”的局面。有时，事发地政府和现场指挥部还不得不在百忙之中抽身接待各级领导，给现场处置带来了诸多的不便和麻烦。

突发事件应急处置是一项技术含量高的具体工作。罗伯特·卡茨认为，领导者必须具备三种技能：技术技能（业务能力）、人际技能（处理人际关系的能力）和概念技能（抽象和决策能力）。为了有效地监督和指导具体工作，领导者的层次越低，对技术技能的要求越高。为此，高层领导一般应做到“帅不离位”，对具体的应急处置工作可给予方针、原则方面的指示，但不应干预现场处置工作。其实，在突发事件的处置中，各相关部门之间的应急协调是很难解决的问题。这时，高层领导干部需要着力加以协调。

突发事件的处置要发挥管理专家和技术专家的作用，发挥其“外脑辅助决策”的作用，以增强决策的科学性。但是，现场指挥不能唯上是从，也不能唯专家是从，因为专家只是决策的辅助和支持力量。

在应急处置的过程中，现场指挥部要被赋予充分的权力。应急管理人员在广泛听取各方面意见的基础上，要发挥自身的智慧和创造精神，果断做出决策。其实，我们应该在确保决策者和指挥者对公共安全负责的同时，也给予他们更为宽松的决策环境。美国在“卡特里娜”飓风过后反思处置不力的教训时，就特别强调应急管理人员的“想象力”。应急管理者没有宽松的决策环境，就没有想象力，也就没有创新性的决策。在突发事件不确定性极强的今天，创新对于应急管理人员来说是必不可少的。

四、突发事件问责

问责无疑增强了领导干部的责任意识，这是不容否认的。反过来说，领导干部责任意识的增强并不意味着应急管理工作效能的提高，前者是后者的一个重要条件。我们在问责的同时，还应对突发事件进行调查评估，查找应急管理工作的漏洞与缺陷。我们绝不能因忙于问责，而忽略了吸取教训、积累经验、改善应急管理的学习过程。仅仅满足于将一些地方官员撤职查办以平息社会舆论，不会提升应急管理的效能。

责任追究的前提条件是查明责任人，划清责任，只有这样，才能进行合理的问责。突发事件发生后，官员被问责，这确实有助于提高官员对应急管理的重视程度。但是，问责必须以调查评估为基础，调查评估又必须考虑政府部门的职能及公务员的岗位职责。否则，问责就不能令人信服。如果问责缺少科学依据，官员们就不能对自己的行为结果有一个合理的预期，其影响是消极的：

一是容易导致反应过度，浪费大量的资源；二是害怕承担责任，对突发事件的临机决断不够，以致贻误战机。

总之，问责只有与调查评估结合起来，才能发挥其应有的作用。调查评估的目的并不是单纯为了问责，而是忠实于事实及数据，做到客观、公正。

第五章
突发事件的恢复

作为国务院组成部门，应急管理部主要有以下职能："组织编制国家应急总体预案和规划，指导各地区各部门应对突发事件工作，推动应急预案体系建设和预案演练。建立灾情报告系统并统一发布灾情，统筹应急力量建设和物资储备并在救灾时统一调度，组织灾害救助体系建设，指导安全生产类、自然灾害类应急救援，承担国家应对特别重大灾害指挥部工作。指导火灾、水旱灾害、地质灾害等防治。负责安全生产综合监督管理和工矿商贸行业安全生产监督管理等。"在应急管理部"三定"方案中，救灾和物资保障司负责"因灾毁损房屋恢复重建补助"。可见，恢复不是应急管理部的主要职责。但是，恢复重建也少不了应急管理部门，因为恢复阶段要特别关注对未来风险的减缓。

突发事件的发生干扰了社会生产生活秩序，给社会公众的生命、健康和财产造成了巨大的损失。一般认为，在突发事件的事态基本上得到有效控制后，应急管理从响应阶段过渡到恢复阶段。但是，实际上，响应与恢复之间的界限比较模糊。在响应过程中，交通、通信、供水、供电等关键性基础设施的恢复对于抢险救灾至关重要，需要优先考虑。因此，恢复活动在响应阶段就已经开始了。而且，灾前制订恢复计划也成为一个流行的趋势。

恢复不仅仅要尽快恢复灾损设施、实现社会生产与生活的复原、将灾害影响降到最低，而且还要贯彻可持续发展的理念，把恢复重建作为增强社会防灾、减灾能力的契机，整体提升全社会抵御风险的水平。因此，恢复中还包含着减缓的因素。了解应急管理知识，恢复是必不可少的。

第一节　恢复的概念与原则

为了全面了解突发事件的恢复重建，我们首先必须明确"恢复"一词的含义，特别是要清晰地界定它与相关概念的关系。同时，恢复活动所遵循的原则也是应急管理者在恢复阶段处理好一系列关系的重要基础。此外，我们应该倡导、贯彻"总体恢复"的理念，在可持续发展的框架中观照突发事件的恢复。

一、恢复的含义

在英语中，与"恢复"（recovery）一词同时使用的还有"复旧"（restoration）、"复兴"（rehabilitation）、"重建"（reconstruction）、"复原"（restitution）。但是，这些词汇都不足以完整地表示恢复的含义："复旧"主要是指恢复到灾前的水平，“复兴”突出“改进”的含义，“重建”主要指物理环境与建筑物，“复原”则突出法律意义[①]。我们所使用的“恢复”一词具有恢复原状的含义，也有加强与改进的含义；既包括物理上的重建，也包括经济、环境、社会、心理影响的消除；既观照了法律责任与义务，也包含了社会道义的约束。

根据美国联邦应急管理署在《风险应急运行规划指南》中的定义，恢复就是指“使社区的基础设施和社会、经济生活恢复到正常的活动，但它应当将减缓作为一个目标”。在短期内，恢复意味着将重要的生命线系统（如供电、通信、供水、排水、交通等）恢复到可接受的水平，同时满足人的基本需要（如食物、衣服、住宅等），确保人和社区的社会需求得到满足（如维护法治、提供危机咨询、展示人与人的关爱等）。在一个行政辖区，一旦实现稳定，它就开始了长期的恢复努力，复原经济活动，重建社区设施和家庭住房，并关注长期的减缓需求[②]。

从这个定义中，我们可以看到以下两对关系：第一，恢复与重建。“恢复”之中就包含着“重建”的意思。在汉语中，我们习惯将“恢复”与“重建”放在一起连用。恢复重建是消除突发事件短期、中期和长期影响的过程。它主要包括两类活动：一是恢复，即使社会生产生活运行恢复常态；二是重建，即对于因灾害或灾难影响而不能恢复的设施等进行重新建设。因此，重建也是恢复。第二，复原与发展。恢复重建不仅意味着补救，而且意味着发展，因为恢复重建要在消除突发事件影响过程中除旧布新。从这个意义上看，恢复重建既包括挑战，也蕴藏着机遇，是突发事件处置过程中实现转“危”为“机”的关键环节。国外有学者这样定义“恢复”：“使受灾害影响的社区回到灾前状况或最好成为状况改善的社区的活动。”[③]

通常，恢复重建主要包括以下活动：维修和重建灾毁的公共设施（道路、桥梁、城市建筑、学校、医院等）；废墟的清理与运输；临时住房及其他提供给灾民及其家属的帮助；帮助个人和企业进行长期重建，采取低息贷款等减缓措施；恢复公共服务（电力、供水、排水、电话等）；危机心理咨询与精神健康；

---

① William L. Waugh Jr.，Kathleen Tierney. Emergency management：principles and practice for local government. ICMA，2007：208.

② FEMA. Guide for all-hazard emergency operations planning，1996：9.

③ David A. McEntire. Disaster response and recovery：strategies and tactics for resilience. John Wiley & Sons，Inc.，2007：3.

解决灾害失业问题；规划长期的经济稳定、社会恢复与风险减缓①。它们可以被进一步归纳为以下四种类型：第一，最大限度地限制灾害结果的升级；第二，弥合或弥补社会、情感、经济和物理的创伤与损失；第三，抓住机遇，进行调整，满足人们对社会、经济、自然和环境的需要；第四，减少未来社会所面临风险②。也就是说，恢复重建要尽量减轻灾害事故的影响，使社会生产生活复原，推动社会进一步发展，提高社会的公共安全度。可见，恢复重建要以消除突发事件为基础，以谋求未来发展为导向。

二、恢复的原则

恢复并不仅仅意味着使社会经济恢复到灾前状态。特别是，如果突发事件的发生是由于减缓方面出现问题时，恢复更应体现出巨大的超越性，减少致灾因子。比如，日本在阪神—淡路大地震发生后，基础设施和房屋不仅仅是恢复原状，而且增强了抗震能力。

突发事件发生后，由于资源有限，人们为解决燃眉之急而实施的某些措施可能不利于长远的恢复重建。比如，震后临时住房占用耕地，从长远来看将对经济恢复产生负面影响。因此，恢复重建既要立足于现实，又要着眼于长远，不能饮鸩止渴、涸泽而渔。

除了要处理好恢复与减缓、眼前与长远的关系，恢复重建还需要遵循以下原则：

（1）政府主导，公众参与。在突发事件的恢复与重建过程中，政府要起到主导作用，组织、协调有关部门，调动各种资源，尽快恢复灾区的生产生活秩序，消除灾害所带来的影响。同时，政府在恢复重建阶段要积极开展社会动员，鼓励灾区社会公众开展灾后的自救互救，号召其他地区的社会公众向灾区捐款捐物。

（2）全面恢复，突出重点。恢复重建不仅要整体规划，全面消除灾害对社会、环境、经济乃至社会公众心理的影响，也要分步实施，突出对灾区状况复原至关重要的生命线系统的复原。

（3）公平公正，关注弱者。在恢复重建中，我们一定要遵循公平公正的原

---

① DHS. National Response Plan. 2004：16.

② Sarah Norman. New Zealand's holistic framework for disaster recovery. Australian Journal of Emergency Management，2006，21（4）：16.

则，对灾区社会公众进行救助。不同的地区、不同的人群面对同样的灾害，因为脆弱性高低不一，其受损程度是不同的。因此，老人、儿童、残疾人等弱势群体，经济欠发达地区，受灾严重地区在恢复重建中得到的救助应该更多。

(4) 生产自救，多样补偿。在恢复重建中，灾害损失补偿是非常必要的："一是通过经济补偿来保证受灾人民的基本生活权益，避免灾民因灾陷入困境；二是能通过经济补偿来保障社会再生产的顺利进行，避免生产因灾中断；三是通过经济补偿来恢复被灾害打乱的生活与工作秩序，避免社会失控；四是通过经济补偿进一步增强抵御各种灾害的能力。"[①] 我们要鼓励灾区民众自力更生，自觉地展开生产自救，避免一味依赖政府救助的倾向。同时，我们要启动社会化的补偿机制，通过商业保险、社会保险等多样化的补偿形式，使灾区尽快恢复生产生活秩序。

(5) 防灾减灾，寻求发展。在恢复重建的过程中，我们不能仅仅是消除某一次突发事件的消极影响，还应该总结经验、吸取教训，增强社会的防灾、减灾的能力。同时，我们还要善于抓住机遇，放眼未来，使灾害成为灾区经济社会发展的新起点。

三、总体灾害恢复

"总体灾害恢复"(holistic disaster recovery) 这一理念是国外学者提出的。它是指人们在灾害恢复与重建活动中，要改善生活质量，维护公共安全，抓住经济发展的机遇，保护生态环境，减轻自然灾害的风险。可持续性的六个原则是：提高公众的决策参与度，保持和提高生活质量，增强地方经济活力，维护社会平等和代际公平，确保环境质量，提高灾害恢复力[②]。

恢复重建事关民生，提高公众的决策参与度，就是要在恢复重建的过程中吸纳所有突发事件的利益相关者参与决策，集思广益，准确地识别亟待解决的问题，并予以解决。公众参与的关键是灾时及时、准确地发布相关信息，平时培养公民意识、塑造公民精神。

突发事件特别是重大自然灾害往往会摧毁基础设施，导致断水、断电、断路、断气，通信不畅，学校、医院等公共设施关闭，灾民无家可归，环境遭到

---

① 郭强. 中国减灾报告 2007. 北京：中国时代经济出版社，2008：148.

② Natural Hazards Center. Holistic disaster recovery：ideas for building local sustainability after a natural disaster. PERI，2005：1-2.

破坏，污染严重，等等。这些都对社会公众的生活质量产生了严重的消极影响。生活质量是社会、卫生、经济和环境因素共同作用的结果，恢复重建必须综合协调、多管齐下，以保持社会公众的生活质量为最低纲领，以提高社会公众的生活质量为最高纲领。比如，在灾后恢复重建中，不仅要追求城市社区功能的恢复，也要力争实现城市社区的宜居性，修建游泳池、运动场，栽植景观林，等等。

经济活力是恢复重建的“发动机”。在大灾之后，灾区往往会陷入一个经济衰退的恶性循环，缺少经济活力就很难打破这个循环。在灾后恢复重建的过程中，灾区要合理利用政府的支持和社会各界的资助，同时塑造良好的形象，积极寻求外来投资与技术援助，振兴灾区的经济。在亚洲金融风暴中，韩国的金融体系几近瘫痪。危难时刻，韩国民众无偿捐献个人的黄金储备，妇女、老人甚至变卖首饰以帮助国家渡过难关。这种伟大的民族凝聚力感染了世界，为韩国迅速走出危机做出了重要贡献。

恢复重建不可避免地要涉及救助资源和发展机遇的重新分配。在此过程中，社会公众不能因民族、种族、宗教、性别等因素而受到歧视性的待遇，这体现了恢复重建的社会公正性。否则，被边缘化的弱势群体将产生对政府的极大不信任。在“卡特里娜”飓风中，因黑人不能得到有效的救援与救助，美国掀起了一场关于“灾害与种族主义”关系的讨论。同时，在恢复重建的过程中，人们还要充分考虑到未来的风险，替子孙后代着想，体现代际平等。

确保环境质量，就是要在恢复重建中保护自然资源，维持生物多样性，预防、处置环境污染。比如，灾区政府依靠专业人员，在社会公众的支持下，封山育林，禁止狩猎，安置濒危物种，大力开展植树造林等。

最后，恢复重建的过程应该是灾区恢复力不断增强的过程，如增强建筑物的抗毁损能力，把公众从灾害多发区转移出去并妥善安置，严禁在灾害易发地带选址开展重建工程，等等。这体现了恢复重建着眼于未来防灾、减灾需求的思想，是一个值得深入思考的问题。

可见，总体灾害恢复实际上就是要将恢复重建纳入可持续发展的大视野进行考量，就是要实现灾区经济、社会的可持续再发展。因此，我们应该借鉴这一理念，以更加前瞻、全局的视角规划灾后恢复重建。但是，总体灾害恢复在实施的过程中面临着一系列障碍：（1）灾害给社会带来的损失程度。有时，建筑物要进行重建；有时，建筑物要修补。相比之下，后一种情况比前一种情况更能引起人们对风险削减的重视。（2）规章制度与政策。在许多情况下，灾害救助资金的提供附加了一定的要求。为了符合这些要求，恢复规划制定者的灵活性与创造性受到局限，不利于恢复重建的顺利进行。(3) 其他涉及资金的问题，如财产、权利、开发、保险、土地使用和不符合标准的住房。这些交织在一起的问题影响了恢复的决策。例如，洪灾过后，许多遭灾的公众仍然希望回到河边重建房屋。(4) "恢复到常态" 的倾向。灾害发生后，改变土地用途、强化建筑法规、改变人口密度等措施常常会遇到阻力。(5) 发展机遇意识缺乏。(6) 政府官员角色的转换。灾害过后，政府官员可能会重新投入日常事务。(7) 特别事务特别处理的方式。大多数看似特别的问题实际上都是政府需要日常处理的，如清理废墟、建筑监察、批准新的开发项目、管理贷款。如果政府不能以标准化的程序解决这些问题，而以特别的方法来对待，则事情早晚要受到延宕。(8) 决策者、各个部门及利益相关者缺少系统的沟通。恢复决策对危险脆弱性、经济活力、环境保护、社会公平等都产生影响，需要有系统的沟通机制。(9) 缺少敢于担当的政治意志。当短期目标与长远目标矛盾时，政府官员应该站在保护社会公众健康、安全与福祉的立场上，避免受短视行为影响。

第二节　恢复的分类与维度

一、恢复的过程

突发事件的恢复可以分为短期恢复与长期恢复两类。恢复的主要目的是消除突发事件的影响。

恢复重建工作短则持续数月，长则持续数年。"灾害恢复包括使重要的生活支持系统恢复到最低运行标准的活动，也包括使生活达到正常或更高水平的长期活动。这包括修复灾损家园，重建社区基础设施，如电线、道路和法庭等。"① 可见，恢复重建包括短期的恢复重建，也包括长期的恢复重建。

短期恢复在突发事件发生后很快展开，与应急响应常常重合。它提供基本公共卫生及安全服务，恢复受损的设施及其他基本服务，重新开通交通线路，为灾民提供食物和住宅等。虽然称为短期恢复，但有的活动也可能会持续数周。长期恢复活动可能会持续数月或数年，主要目的是使生活全面恢复到灾前状态

---

① David A. McEntire. Disaster response and recovery: strategies and tactics for resilience. John Wiley & Sons Inc., 2007: 3.

或更高水平。

一般来说，短期的恢复重建在突发事件处置活动结束后就立刻实施，并可在短期内起到立竿见影的效果。比如，开展搜救，管理捐款，进行损失评估，为灾民提供临时住房，废墟清运，等等。短期恢复的主要工作如表5-1所示。

表5-1　短期恢复的主要工作

主要工作	内容
灾害影响区安全与返回	在确保居民安全的情况下，允许人们返回受灾害影响的区域
临时避难所/住房	为受灾害影响的社会公众提供最基本的生活条件
关键基础设施恢复	对管道、电线、街道、桥梁、路标、路灯进行检查与维修，修复医院、警察局、消防站等关键设施，恢复水处理厂、公交运输候车亭、公共工程装备停车场、政府办公室的运转，帮助电站、电视、广播、电话等重新正常运作
废墟管理	废墟管理应指定临时场所，把回收物与不可回收物区分开来，并将不可回收物转运到永久性处理场所
应急拆除	对严重损坏、可能倒塌的建筑进行评估，决定是否对其进行加固、重建或拆除
维修许可	恢复计划应该对其他地区参与重建的建筑承包商进行监督并登记
捐赠管理	对捐赠品进行接收、分类，做好运送、分发的准备
灾害援助	最大限度地解决为灾民办事缓慢的问题，招募和培训足够的工作人员

资料来源：Michael K. Lindell，Carla Prater，Ronald W. Perry. Introduction to emergency management. John Wiley & Sons Inc.，2007：371-374.

当开始重修道路、桥梁、商店、住宅等设施时，长期的恢复重建活动就开始了。长期的恢复重建活动一般着眼于长远，也需较长时间的努力，如提高建筑标准、改变土地用途、改善交通设施等。长期恢复的主要工作如表5-2所示。

表5-2　长期恢复的主要工作

主要工作	内容
危险源控制与区域保护	在受灾害影响地区，改变土地利用和建筑规范，降低社会脆弱性
公共卫生/精神健康恢复	确保生理、心理健康不受突发事件影响
经济发展	制订灾区经济复兴计划，促进灾区的经济增长
基础设施的弹性	减少基础设施的脆弱性，增强基础设施的抗灾害能力
历史遗迹保护	保护历史性建筑
环境修复	消除突发事件给环境造成的影响
灾害纪念	纪念遇难者、安抚社会公众、培养社会认同感

资料来源：Michael K. Lindell，Carla Prater，Ronald W. Perry. Introduction to emergency management. John Wiley & Sons Inc.，2007：375-378.

在长期的恢复重建中，人们往往要从经济社会整体发展的高度进行全面的规划，以期促进灾区经济发展，增强防灾减灾能力。从这个角度讲，我们需要辩证地看待突发事件的影响。我们要积极预防、处置突发事件，尽量减轻突发事件的影响。一旦突发事件发生并造成严重的后果，我们在长期的恢复重建工作中就要因势利导，努力消除负面影响，同时放眼未来，弃旧图新，在新的更高起点上促进灾区经济社会发展。这完全是有可能的，其原因如下：

第一，社会公众及政府决策者通过吸取突发事件的教训会对防灾减灾问题更加重视。突发事件有一定的警示作用。

第二，突发事件摧毁了不安全的建筑和设施。人们经常发现一些建筑物或设施存在风险和隐患，但因为拆除它们会导致其一部分使用价值的损失及产生一定的成本，在麻痹思想和侥幸心理的作用下，往往会犹豫不决。突发事件以极端的形式摧毁了这些不安全的建筑和设施，为未来实施统一的安全建筑标准提供了“一张白纸”。

第三，如果突发事件造成了巨大的财产损失，导政工农业生产停顿，政府将会给灾区提供技术支持、专业支持或金融支持，并鼓励灾区发展新项目。灾区可以此为契机，实现产业发展的转型升级，进而推动地方经济的发展。

第四，突发事件发生后，政府与社会公众将对灾害事故的起因预防与处置进行深刻的反思，并制订出更为周详的防灾减灾计划，能增强经济社会发展的可持续性，提升社会、经济及环境对各种风险的恢复力。

二、恢复的维度

从总体上看，突发事件的影响主要分为四类：社会影响、环境影响、经济影响和心理影响。因为恢复重建的使命主要在于消除突发事件的影响，所以恢复也具有社会、环境、经济和心理四个维度。

(1) 社会影响与恢复。为了消除突发事件的社会影响，恢复重建需要恢复社会生活秩序，为社会公众提供基本的民生保障，使整个社会呈现常态运转的态势，如修复卫生设施，为灾民提供临时住宅和必要的生活物品，等等。恢复重建过程中要注意三个方面的问题：一是严防次生灾害事故的发生，确保灾区公众的安全，如在拆除受损的建筑物时设立警戒线；二是保障灾后需求突然膨胀的重要物资的供应，如药品等；三是特别关注老人、儿童、残疾人等弱势群体，满足其特殊需要。

（2）环境影响与恢复。突发事件的环境影响可分为人工环境影响和自然环境影响。从人工环境的角度看，恢复重建要完成以下任务：修复或重建居民住房，尽快使灾民安居乐业；修复或重建商业设施或工业生产设施，确保商业和工业生产运行的持续性，保持受灾地区的经济活力和发展的连续性；恢复或重建农村基础设施，保证农业生产的顺利进行；恢复或重建关键公共设施，特别是从功能及象征意义两个角度看特别重要的设施，如灾区的地标性建筑；恢复或重建“生命线”设施，使供水、供电、供气、供热、通信、交通等基础设施及服务支撑系统的问题优先得以解决。

从自然环境的角度看，突发事件主要有以下影响：第一，生物多样性和生态系统受到严重的影响。灾害事故可能会使一些珍稀动物失去栖息地和赖以维持生命的食物，污染事件可能会损坏地方的生态系统，令某些物种濒临灭绝。第二，废物的处理及污染的管理是一个必须面对的挑战。特别是，在恢复重建的初期，突发事件及其应对活动所产生的废物和污染问题必须加以妥善解决，严防大灾引发大疫。比如，在强烈地震等突发事件中，物理破坏严重，清理废墟的工作繁重。而且，废物处理设施和场所有可能也因灾受损。这时，垃圾堆放的场所以及处理的方法必须经过环保部门的许可，避免给未来留下新的隐患。

（3）经济影响与恢复。突发事件对经济的直接影响非常大，间接影响也难以评估。比如，“9·11”事件使美国作为世界投资“安全岛”的形象大打折扣。同时，由于恐怖袭击，美国的民航、保险、旅游、餐饮等行业受到了致命的打击。再如，严重的旱灾可能导致采石场、矿山或其他工业用水的紧张，造成其生产停顿，进而使灾区经济下滑、就业岗位减少。

突发事件的经济影响可以从个人、企业、政府三个层面加以审视。第一，个人在恢复重建中需要得到支持和帮助以维持生计。同时，公众也可以通过购买行为拉动消费来为灾区经济的增长做出贡献。

第二，在恢复重建中，有关部门要帮助企业尽快恢复或重建生产设施，最大限度地保护企业的财产，为企业提供有关决策与规划的信息，还可以通过刺激消费者信心增长的方式帮扶企业。

第三，政府在恢复重建过程中要发挥对宏观经济的调控作用，对灾区企业实施税收减免政策，为个体经营者提供小额贷款。同时，还可以为灾区企业积极拓展海外市场创造条件。

（4）心理影响与恢复。突发事件往往会给一定数量的社会公众造成负面的心理影响，甚至造成严重的心理创伤。对此，在恢复重建的过程中，有关部门要为这部分社会公众提供心理咨询服务，开展心理危机干预，进行心理辅导。

第三节 恢复的过程与管理

不同的突发事件有着不同的恢复过程。我们可以从中抽象出一些具有共性的步骤。在恢复的过程中，管理起着非常重要的作用。有效、科学的管理可以加快恢复的进程；相反，无序、低效的管理则会影响、延缓恢复的进程。

一、恢复的过程

我国学者认为，灾后恢复步骤一般可概括为："成立重建领导组织；灾区灾情核查；明确重灾灾区的范围与恢复方针；提出灾区恢复重建规划并进行审定；制订每一项重建工程的具体计划并进行审定；落实实施恢复重建计划的资金及材料供应；实施恢复重建规划与计划；依照法规和条例对恢复重建工程进行核查验收，并进行质量评定和财务审计。"①

美国学者认为，从地方的恢复重建来看，规划与行动需要十个步骤："①组织起来；②吸纳公众参与；③协调不同的机构、部门与群体；④确认问题情况；⑤评估问题并确认机会；⑥设定目标；⑦探讨各种可替代战略；⑧规划行动；⑨就行动计划达成一致；⑩实施、评估与修改计划。"②

比较中美两国学者提出的恢复重建步骤，我们可以看出其中的基本过程大体相同，都可分为准备阶段—计划阶段—实施阶段—验收阶段。当然，其中也有一定的差别：中国的恢复重建是自上而下纵向展开的，由恢复重建领导小组组织、实施；美国的恢复重建是在水平方向横向展开的，吸纳社会公众广泛参与。

一般来说，恢复重建的过程要经过以下阶段：(1) 准备阶段。建立突发事件恢复重建领导小组，主要负责对受灾地区的状况进行全面的评估，并做出损失评估报告。(2) 计划阶段。恢复重建领导小组根据第一阶段损失评估情况，

---

① 邹铭，史培军，周武光，等. 中国洪水灾后恢复重建行动与理论探讨. 自然灾害学报，2002 (2)：25-30.

② Natural Hazards Center. Holistic disaster recovery：ideas for building local sustainability after a natural disaster. PERI，2005：1-10.

制订具有针对性的恢复重建计划，并向执行部门和社会公众公布。(3) 实施阶段。为恢复重建动员、准备、整合各种资源，实施恢复重建计划。(4) 验收阶段。对恢复重建工作进行验收与评估。(5) 反思阶段。站在应急管理整体的高度，对恢复重建工作进行反思，并将经验及教训纳入未来防灾、减灾的规划中。

二、恢复计划与管理

灾后恢复重建从时间逻辑上看虽然在突发事件发生后，但随着应急管理的发展，人们越来越认识到事前的恢复计划也属于灾后重建的重要组成部分。因为在灾难袭来后，人们往往处于恐慌状态，加上时间紧迫，很难科学地制订恢复计划。所以，事前的恢复重建计划应包括短期内如何安置避难者，长期内决策比如财政上如何支持重建、选取重建地址以及公共基础设施重建地址的选择等。恢复计划能帮助政府官员在巨大压力下使社会恢复正常，有利于提高社会在无援助的情况下恢复重建的能力。

当突发事件发生后，应急管理部门还要根据影响评估报告，再次制订出更为详细的恢复重建计划。该计划执行完毕后，应急管理部门应及时反思，总结教训，制定新的防灾、减灾方案，并修改和完善准备阶段制订的灾害恢复重建计划。

可见，恢复重建并不是开始于灾后，而是开始于灾害发生前。在突发事件发生前的准备阶段，应急管理部门就要根据风险评估的情况，考虑制订灾后恢复重建计划。比如，如果某座城市附近火山有喷发的风险，那么，应急管理部门就要在准备阶段制订恢复重建计划，思考灾后如何处理火山灰。这体现了预事在先的原则。

恢复计划制订的目的在于对恢复进行管理，加快恢复的进程。具体而言，恢复计划应该能够符合以下要求：有利于实现恢复过程管理的正规化；有利于加快恢复的进程；有利于确定恢复活动的组织网络，明确每个组织的责任和任务；有利于将各方面的力量包括相应机构吸纳到恢复进程之中，确保社区参与；尽量简洁，但联系方式、资源列表要详细；由提供恢复服务的各相关机构共同制订；以各机构的日常职能为基础；经常进行评估；明确恢复管理的结构和过程；规定适当的资源安排制度。

恢复管理的目标是增进恢复活动参与各方的合作与协调，向灾区提供有效的恢复服务，加快灾区的服务进程。恢复管理主要包括以下四个方面的内容：

第一，进行恢复准备。应急管理部门要与各相关机构保持动态的联系，制订并不断更新灾害恢复计划，促使恢复活动参与人员随时保持待命状态。第二，促进协调。恢复阶段的任务繁多，涉及资源动员、捐赠管理、废墟管理等方面。应急管理部门要维持内部的有力指挥和控制，同时促进多机构的合作与协调。第三，管理资源。应急管理部门要在需求评估的基础上，保证恢复资源的供给充足。这涉及场地、装备、运输工具、资金、队伍等方面。第四，管理信息。在恢复过程中，应急管理部门要保持公共信息的及时更新和发布，特别是要告知灾民恢复的政策和程序，同时也要向其他公众通报灾区恢复的进展。此外，应急管理部门还要收集、加工信息，为资源供给与需求搭建一个有效的平台。

三、恢复的主要措施

国外学者通过研究世界地震灾害恢复重建问题，归纳了九条经验：社会、经济和健康问题应该得到特别的关注，有关部门应展开社会调查，确认灾害的利益相关者及潜在的损失；吸纳利益相关者参与共同的决策过程，披露所有灾害信息；以市场为基础，实行适当的补偿政策；补偿政策应当覆盖所有受灾害影响的公众；补偿政策应清晰地确认所有损失，包括土地、住房、商业、收入来源和迁居费用；补偿应提供多种选择模式，如现金补偿、土地重新安置、小企业赠款、临时或永久的项目就业；特别关注社会弱势群体，如单身母亲、残疾人以及少数民族；建立强有力的组织，争取社区团体和非政府组织的援助；为补偿和重新安置建立有效的监督和评估制度①。结合我国的国情，恢复重建主要包括以下措施：

一是做好灾民的安置。由于我国公众有安土重迁的文化传统，灾区恢复重建应以原地安置为主、以异地安置为辅。但是，针对原居住地灾后不再适宜居住或存在较大风险的情况，政府必须做耐心的思想工作，帮助社会公众进行异地安置。同时，我们必须对由此可能引发的群体-认同型冲突给予高度的重视，做好协调工作，防止灾区移民与迁入地当地居民之间产生矛盾。

此外，在灾民安置问题上，灾区政府应广泛听取社会公众的意见，动员广大社会公众积极参与，做到群智、群策、群力，既要考虑未来的风险因素，也

---

① S. A. Badri, A. Asgary, A. R. Eftekhari, et al. Post-disaster resettlement, development and change: a case study of the 1990 Manjil earthquake in Iran. Disasters, 2006, 30 (4): 454.

要照顾公众对既往生活环境的归属情怀，做到既合情，又合理。尤其是，恢复重建要特别考虑到少数民族的历史、风俗、文化、信仰，避免民族矛盾和民族冲突，同时保护好历史古迹和文化遗产。

还有，灾区政府应鼓励社会公众不等不靠，开展生产自救，鼓励合作互救。同时，启动和完善社会化的补偿机制，通过商业保险、社会保险等多样化的补偿形式，使灾区尽快地恢复生产生活秩序，并分散和转移未来可能发生的巨灾风险。

另外，在恢复重建的过程中，灾区要实现补偿与安置的公开化与透明化。对于政府拨付的资金、物资及社会各界的捐助，要强化政府的内部监督和公众的外部监督，并就资金、物资的使用情况开展绩效评估，做到账目清、情况明，有据可查，有条有理。

二是实现心理干预的长效化。灾后心理干预是一项长期而细致的工作，不可能一蹴而就。许多人灾后的心理疾患具有较长的间歇期，需要长期观察与关注。例如，汶川地震造成社会公众大量伤亡，许多人特别是孤老、孤儿、孤残等弱势群体因被异地安置而可能出现心理问题。因此，我们不仅要防止社会公众因灾致病、因灾致贫，还要防范心理问题带来的公众生活质量下降甚至是因此而引发的反社会行为。

目前，灾区可通过团中央、中国红十字会等部门，与心理救助志愿者建立长期的联系，有计划、有组织地接纳心理救助志愿者，建立心理干预的定向帮扶制度，使心理恢复成为灾后整体恢复重建的一项持之以恒的重要内容。

三是加强未来的风险防范。在恢复重建的过程中，灾区在城市基础设施建设方面要统筹规划、合理安排，提高基础设施的建筑质量和抗风险能力，在城市的规划、建设与运行三个环节实现以公共安全为核心：不符合公共安全标准的规划，不能实施建设，返回重新规划；不符合公共安全标准的建筑设施，不投入运行，返回重建。由于城市关键性基础设施因相互依赖性强而非常脆弱，在重新规划和建设过程中要体现“依靠高技术，又不依赖高技术”的思想，增强其间的可解列性，避免灾时一损俱损。

在农村，灾区可结合社会主义新农村建设，增强农居的抗震性、抗毁性与实用性，避免“形象工程”“面子工程”。同时，我们要构建农村应急管理体系，注重应急避难场所的建设，彻底改变农村“基本不设防”的局面，提高农村的防灾减灾能力。例如，汶川地震灾区在恢复重建阶段认真查找校舍倒塌的原因，吸取教训，在新建校舍中严格执行安全标准，从源头上消除隐患，提高了学校建筑抵御各种风险的能力。

四是以恢复重建促进区域的发展。在恢复重建工作中，灾区要因势利导，不仅要努力消除灾害的负面影响，而且要除旧布新，吐故纳新，在新起点上促进灾区经济社会发展。例如，在汶川地震后，灾区得到了国内外大量的技术支持和经济支持，可以此为契机，实现产业发展的转型、升级、换代，进而推动经济进步。因此，汶川地震灾区的恢复重建应该是“发展导向型的恢复重建”。

五是加强应急管理建设。由于突发事件的发生具有常态化趋势，灾区应进一步加强应急管理，避免各类突发事件干扰恢复重建进程。此外，在恢复重建中，灾区应及时、深刻、全面地总结应急管理的经验和教训，完善应急管理的“一案三制”建设，如结合当地情况开展《突发事件应对法》的地方配套法规建设。特别是，灾区要加强基层社会单元的应急能力建设，为基层救援力量配置一定的应急装备和物资，提升社会公众自救、互救的技能。此外，灾区应适当保留遗址、遗物和照片资料，建设若干个公共安全教育基地。这不仅可以为我国相关灾害科学研究创造条件，也可以警示后人、普及公共安全知识。

第四节 恢复重建中的重要问题

在突发事件的恢复重建过程中，人们往往会面临一系列关键而棘手的问题，主要包括选址、住房、经济恢复、心理干预、灾害损失补偿以及救灾资金管理等。这些问题能否得到有效的解决，关系着恢复重建活动的公平与效率，也关系着恢复重建的成败。

一、恢复重建的选址

恢复重建阶段所面临的首要问题是选址。对于选址，人们可以做出三种决策：一是原地原址重建，二是原地异址重建，三是异地重建。抉择的标准就是灾害减缓，即选址是否有利于降低未来突发事件发生的可能性。其中，原地原址重建是指不改变土地用途、完全在废墟上重新建设；原地异址重建是指在灾害发生的区域内部分改变土地用途的重建；异地重建是指在一个全新的区域所展开的重建。

相比而言，原地原址重建的成本最低，但遭受未来灾害侵袭的风险也最大。不过，人们倾向于原地原址重建。米莱蒂和帕萨里尼认为，这是由于政治、文化、经济、心理等四个方面的原因[①]：

(1) 政治原因：政治家希望尽快重建，消除灾害的影响。公众渴望恢复到正常状态，所有事物复原如初。

(2) 文化原因：公众习惯于自己以往的社区生活。从某种意义上讲，变化会带来社会扰动。许多人在迁徙问题上存在着困难。

(3) 经济原因：迁徙成本高。特别是遭受灾害影响最为严重的弱势群体很难迁徙。他们不能在迁徙地购得便宜的住房。而且，许多小企业也难以承受迁徙的震荡。

(4) 心理原因：人们不愿意迁徙的心理原因是回避曾经遭受灾害这一事实。迁徙会导致社会关系网络受到破坏。

二、住房的恢复重建

在突发事件的恢复重建中，政府有责任采取积极主动的措施，减少和缓解突发事件所带来的有形物质损害，特别是关系民生的物质损害。其中，居有住所是重中之重。切实保障倒房户的基本生活，这是恢复重建工作中首先要加以解决的重要问题。

美国学者认为，住房的恢复重建要经历四个阶段：

(1) 应急住宅 (emergency shelter)。应急住宅是指社会公众在灾后紧急安身、躲避风雨的场所，如许多家庭在地震等灾害发生后暂时在汽车里休息。

(2) 临时住宅 (temporary shelter)。临时住宅不仅能提供休息的地方，也能满足灾民饮食的需要。比如，灾民投亲靠友或在宾馆、体育馆中短暂安身。在国外，教堂经常成为灾民的临时住宅。

(3) 临时住房 (temporary housing)。临时住宅带有避难场所的色彩，是多人共有的；而临时住房则是灾民个人拥有的、非长期的安身场所。许多时候，临时住宅的选址并非理想。

(4) 永久住房 (permanent housing)。在理想的地址重建的长期住宅。在

---

① David A. McEntire. Disaster response and recovery: strategies and tactics for resilience. John Wiley & Sons Inc., 2007: 260.

永久住房完工后，灾民乔迁新居[①]。

一般而言，国外的住房恢复重建有四种形式：一是依靠自身力量，由受灾家庭自己出钱、出人、出材料进行重建；二是依靠亲情关系，由亲朋好友共同帮助受灾户重新建房；三是依靠救灾制度，也就是说，依靠政府与非政府组织提供援助重新建房；四是依靠保险赔付，在灾后向保险公司提出理赔申请，以赔偿金重建房屋。

我国的公众在灾后多无力单独进行房屋的修复重建。这时，政府要给予必要的救助。但与此同时，我们也应借鉴国外的经验，实现灾害损失补偿渠道的多样化，如大力推行灾害保险等。

三、经济的恢复重建

突发事件经常导致基础设施损毁、工业停产、商业中断、农业绝收等严重的直接经济影响。此外，还可能引发物价上涨、就业率降低、居民收入下降等难以估算的间接经济损失。特别是重大自然灾害，往往给农业、渔业、畜牧业、养殖业、林业带来灭顶之灾。因此，消除突发事件所造成的经济损失非常困难。

现代社会的运转高度依赖基础设施，在灾后恢复重建中，我们首先要恢复关键性基础设施的运行。其次，对于工农业生产受到严重影响的灾区，政府要及时出台减免税收、提供低息贷款等一系列的优惠和扶持政策，帮助灾区恢复正常的生产秩序，甚至实现产业的升级。最后，政府及社会组织应及时收集、传递对恢复生产有用的信息，派出专家提供技术支持和指导，推动灾区经济的快速恢复与发展。当然，灾区也应发挥自身的主观能动性，自力更生，积极探索生产自救的有效方式。

四、心理干预

心理干预与辅导是在恢复重建阶段的重要工作之一，因为突发事件将对受害者及其家属，甚至是救援者的心理造成极大的影响，引起焦虑、恐惧、抑郁、强迫反应、脾气暴躁、过度警觉等心理行为反应，有人还因此而留下了终身挥之不去的心理创伤。

---

① Michael K. Lindell，Carla S. Prater，Ronald W. Perry，Introduction to emergency management. John Wiley & Sons Inc.，2007：349.

根据国外学者的研究，突发事件与心理问题的关系有以下两点：第一，突发事件对人的心理存在着负面影响，也存在着正面影响。1986 年，波林和波尔顿发现，在得克萨斯遭遇飓风袭击之后，灾害给人们产生了负面影响，如缺少耐心、家庭关系紧张等。但是，飓风也产生了正面影响，如家庭关系密切、人们不再看重物质财富、家庭幸福感增强等。

第二，突发事件一般不会给人造成重大的心理问题，但许多人会出现中度的心理紧张，在恢复重建的过程中感到沮丧。随着时间的流逝，大部分人会有很好的自我调节能力，心理压力趋缓。

另外，精神卫生部门应该特别关注以下人员："灾前有精神疾患者，目睹亲人死亡或严重受伤者，单身女性家长，儿童，参与艰难搜救任务的应急响应者，工作负担沉重的医务人员。"[①]

国际危机心理学者对"创伤后应激障碍"（post-traumatic stress disorder，PTSD）给予了高度的关注。它是指"个体对异乎寻常的、威胁性的、灾难性的生活事件的延迟出现或持续存在的反应，以再度体验创伤为特征，并伴有情绪的易激惹和回避行为。PTSD 症状通常在创伤后立即出现，但也可以经过一段无明显症状的间歇期后才发病，间歇期可长达半年以上，一旦出现，则可持续 1 个月至数年"[②]。

1999 年 8 月，土耳其发生强烈地震，造成灾区人员重大伤亡。3 年后，伦敦大学的精神病学家对当年土耳其地震的 769 名幸存者进行了调查。这些幸存者已经从震中地区迁居到了为无家可归者修建的永久住所中。81%的幸存者接受调查的时间距离地震发生 3.1 年，其余的为 3.9 年。调查结果显示，40%的人患有创伤后应激障碍，18%的人患有应激障碍与抑郁并发症。研究人员通过线性回归分析，得出结论：创伤后应激障碍与地震中受到的惊吓有关，而抑郁与失去亲人有关[③]。因此，突发事件的心理干预是一项长期而艰苦的工作。在美国，红十字会、救世军和其他志愿者组织以及教会等均在灾害应对与恢复阶段开展心理干预活动。

---

① Michael K. Lindell，Carla S. Prater，Ronald W. Perry. Introduction to emergency management. John Wiley & Sons，Inc.，2007：353.

② 高钰琳，解亚宁. 突发公共危机事件的心理自我防护. 广州：暨南大学，2005：67.

③ Ebru Salcioglu，Metin Basoglu，Maria Livanou. Post-traumatic stress disorder and comorbid depression among survivors of the 1999 earthquake in Turkey. Disasters，2007，31（2）：115.

此外，突发事件由于经常导致群死群伤，应急现场救援人员也可能成为PTSD患者。“消防队员、医疗工作者和警察由于职业原因目睹了许多残酷的现实。每天，他们都会在社会中甚至在自己的部门中看到可怕的、惊人的伤亡。反复发生的创伤事件将产生一种积累效应。”[①] 因此，应急救援人员出现体重减轻、愤怒、抑郁、酗酒、愧疚、胸痛、头疼、记忆减退、失眠等症状，这也许就是PTSD的信号和征兆。

在突发事件的响应与恢复阶段，应急管理部门应动员全社会的精神卫生资源，特别是发挥心理专家、红十字会及慈善组织的作用，对社会公众特别是受害者及其家属进行必要的心理干预和疏导。一方面，我们要通过媒体等手段对灾区公众的心理进行整体性的引导；另一方面，我们要对重点人群如应急救援人员进行特殊的心理干预。比如，我们可以采取“分享叙述法”缓解应急救援人员的压力，让应急响应者在精神卫生专家的引导下，讨论关于突发事件处置压力的感受。

为此，我们需要采取以下措施：

(1) 将心理承受能力的培养作为公共安全教育的一项长期内容。通过公共安全教育，有效地增强社会公众的心理承受能力，减缓突发事件的冲击。

(2) 鼓励社会公众灾时开展自救、互救的活动，使人们之间相互激励，实现社会的集体理性，减轻突发事件对个体心理的震荡。

(3) 对突发事件中心理脆弱的群体给予物质和精神上的特殊关爱，特别是利用学缘、事缘、血缘、业缘、地缘的关系，疏导、安慰这些人，减少他们的精神压力，缓解突发事件所带来的心理伤害，帮助他们渡过难关。

(4) 开展专业的心理咨询和治疗。应急管理部门应建立心理救援队伍，设立心理医生档案库。在突发事件发生后，利用专业人士的科学知识和技能，排解心理脆弱者的精神压力，帮助他们客观、冷静地看待现实。

(5) 做好长期心理恢复的准备。由于突发事件的心理问题可能会有很长的间歇期，因而对患者的干预必须持之以恒。

五、灾害损失补偿

(1) 政府补偿。政府是应急管理的重要行为主体。在恢复重建过程中，政

---

① David A. McEntire. Disaster response and recovery: strategies and tactics for resilience. John Wiley & Sons Inc., 2007: 165.

府下拨救灾款项以帮助灾区恢复生产生活秩序，这是灾害损失补偿的主要手段。古今中外，概莫能外。“9·11”事件发生后，美国联邦应急管理署、小企业管理局（SBA）和纽约州下拨了大笔的救灾款项。到 2001 年 12 月，总拨款额度已经超过了 7 亿美元。其中，以公共援助基金的形式拨款 3.44 美元，帮助纽约市修复受损的基础设施，恢复关键性的服务，清除、运输废墟；以赠款和贷款的形式，提供个人援助超过 1.96 亿美元，用于修建临时灾害住房等[①]。

（2）灾害保险。灾害保险起源于 1666 年的伦敦大火。在那场大火中，伦敦城 3/4 的建筑被毁。在 18 世纪早期的北美，费城很重视消防，有 7 家灭火公司，并为建筑物的性质及位置确立了明确的规章。其中，本杰明·富兰克林创办了美国第一家火灾保险公司[②]。

灾害保险有以下优势：一是可集中全社会的力量对灾害损失进行补偿，具有转移风险的作用；二是灾害保险可以适应灾害补偿需求的波动，自我调适能力强。因此，灾害保险在灾害损失补偿中的作用非同寻常。在美国，社会公众、家庭和企业购买灾害保险的积极性很高，这是因为：其一，并非所有的灾害都能得到联邦援助；其二，联邦援助所满足的只是基本灾害需求，且有一个限定条件——其他手段不能实现；其三，联邦援助可能以贷款的形式体现。

灾害保险与应急管理有着非常密切的关系。灾害保险的作用可以体现在以下方面：第一，保险公司要评估投保者的安全状况，有利于风险评估的全面与深化；第二，保险公司积极推动安全文化建设，不遗余力地为应急建设做出贡献，有利于贯彻预防为主的原则；第三，分担灾害风险。

目前，我国灾害保险的作用尚且没有完全发挥出来。政府应与保险业合作，实行有选择的强制性责任保险，并通过财政、税收等方面的优惠政策，扶持灾害保险企业。

（3）捐助。主要包括国内社会捐助与国际社会捐助两种。灾害发生后，国内外社会各界出于人道主义的立场，自发地捐款、捐物。这是灾害补偿的另一种手段。2001 年 1 月 26 日，印度古吉拉特邦发生强烈地震，影响了 7 904 座村庄，2 万多人死亡，16 万多人受伤，损失超过 21 亿美元。灾害发生后，联合国

---

① George D. Haddow，Jane A. Bullock，Damon P. Coppola. Introduction to emergency management. Elsevier Inc.，2006：132.

② Howard Kunreuther，Richard J. Paying the price：the status and role of insurance against natural disasters in the United States. Joseph Henry Press，1998：19.

粮食计划署、联合国儿童基金会、国际劳工组织、世界卫生组织等国际组织以及许多国家都对印度伸出了援助之手，慷慨捐助，为印度实现灾后的恢复重建发挥了巨大的作用。此外，一些非政府组织在灾害捐助中以其中立、人道主义色彩及草根性发挥着独特的作用，是恢复重建不可忽视的重要力量。

六、救灾资金管理

根据1999年出台的《民政部、财政部关于进一步加强救灾款使用管理工作的通知》，救灾资金的使用范围主要包括以下四个方面：(1) 解决灾民无力克服的衣、食、住、医等生活困难；(2) 紧急抢救、转移和安置灾民；(3) 灾民倒房恢复重建；(4) 加工及储运救灾物资。

2008年实施的《救灾捐赠管理办法》第五条规定，救灾捐赠款物的使用范围包括：(1) 解决灾民衣、食、住、医等生活困难；(2) 紧急抢救、转移和安置灾民；(3) 灾民倒塌房屋的恢复重建；(4) 捐赠人指定的与救灾直接相关的用途；(5) 经同级人民政府批准的其他直接用于救灾方面的必要开支。

从以上两个规定来看，救灾资金的使用必须用于与救灾直接相关的事项。如果救灾资金来源于企业或社会的捐助，救灾资金的使用还必须充分考虑捐赠人的意愿。救灾资金的使用应以效用最大化为目标，绝不允许被挤占、截留、挪用、盗用和贪污。否则，救灾工作的顺利开展就无从谈起，灾民的生命、健康与财产安全将无从保障；企业与社会的参与抗灾救灾的热情将会泯灭，未来救灾资金的筹措将会面临巨大的困难；政府的公信力降低，国家在国际舞台上的形象受到玷污。

归纳起来讲，救灾资金的使用必须遵照以下四个原则：

第一，专项管理、专款专用的原则。救灾资金不得挤占、截留、挪用、盗用和贪污，不得实施有偿使用，不得提取周转金，不得用于扶贫支出，不得擅自扩大使用范围，必须保证救灾资金用于灾害的救助。救灾捐赠受赠人应指定救灾资金专用账户，进行专项管理，以确保专款专用。

第二，统筹安排、重点使用的原则。面对同样一场灾害，不同地区、不同人群的脆弱程度有高有低。脆弱程度高的地区和人群，所受灾害损失大；反之亦然。因此，救灾资金的使用为了确保公平和正义，不能平均分配，搞“阳光普照”，而应统筹安排、集中调配，突出重灾地区和重灾户，适当向老少边穷地区倾斜。为了保证救灾资金的重点使用，如果捐赠人所捐赠的资金过于集中，则有关行政管理部门应在征得捐赠人许可的情况下，适当调剂捐赠款的分配。

第三，及时拨付、公开透明的原则。灾害发生后，报灾、核灾应该做到迅速、快捷，救灾资金的分配、审批、拨付应做到高效、及时，必要时可特事特办、急事急办，先进行应急拨款，再办理结算手续。如果救灾资金不能及时拨付，灾害影响就不能及时得到控制，甚至出现扩大升级的趋势。在现代社会，广大公众的民主意识、法律意识、公平意识、维权意识与知情意识都得到了空前的提高与增强。为此，救灾资金的使用必须规范、合理、公开、透明，将救助对象、分配方案、发放程序与救灾账目置于社会公众的监督之下。

根据 2008 年 5 月 1 日施行的《政府信息公开条例》，“抢险救灾、优抚、救济、社会捐助等款物的管理、使用和分配情况”是政府信息公开的重要内容之一。当然，其中也包括救灾资金的使用。2008 年 6 月 1 日，民政部又出台了《汶川地震抗震救灾资金物资管理使用信息公开办法》，该办法规定有关人民政府及相关部门、各接收部门及单位应向社会主动公布抗震救灾资金的来源、数额、分配去向、用途等项目，本着真实全面、及时快捷、方便群众、有利监督的原则，公开抗震救灾资金管理与使用信息。

第四，有效监管、注重效益的原则。救灾资金的使用应当得到行之有效的监管，彻底扭转“重筹集、轻监管”的现象，使救灾资金发挥最大的效益。审计、民政等有关部门应对救灾资金的使用情况进行监管，并将有关结果及时地公之于众，接受广大社会公众的监督。同时，司法部门要对挪用、贪污救灾资金等违法犯罪行为予以严惩，加大涉及救灾资金犯罪的成本，使救灾资金成为一条“高压线”。不仅如此，我们还要对救灾资金的使用进行合理的绩效评估，找出差距和问题，不断提升救灾资金的使用效益。

通过总结救灾资金管理的经验，能帮助我们建立一套行之有效的制度，例如：严格救灾资金审批制度，实现审批程序的简洁、迅速、灵活；严格救灾资金分配制度，实现资金分配的公平、公正、合理；严格救灾资金拨付制度，实现资金拨付的及时、高效；严格救灾资金审计、监督制度，实现救灾资金使用的科学、公开、透明；严格救灾资金追查制度，实现救灾资金管理有法可依、违法必究；严格救灾资金绩效评估制度，实现救灾资金的使用效益不断提高；等等。这些制度可以给救灾资金使用过程中可能出现的违规、违纪行为设置一道道“防线”，使腐败分子无机可乘，进而确保救灾资金使用的高效。

2013 年，四川雅安芦山地震发生后，我国采取“中央统筹指导、地方作为主体、灾区群众广泛参与”的恢复重建体制，取得了明显的成效，为新时代灾后恢复重建模式的确立进行了有益的探索。应急管理部成立后，推动防范救援救灾一体化，在恢复重建领域积极作为。2019 年，国家发展改革委、财政部和应急管理部联合印发了《关于做好特别重大自然灾害灾后恢复重建工作的指导意见》，指出要“坚持新发展理念，遵循以人为本、尊重自然、统筹兼顾、立足当前、着眼长远的基本要求，发挥集中力量办大事的制度优势，创新体制机制，落实灾区所在省份各级人民政府主体责任，以保障安全和改善民生为核心，发扬自力更生、艰苦奋斗精神，因地制宜、科学规划、精准施策、有序实施，扎实完成特别重大自然灾害灾后恢复重建任务，恢复灾区生产生活秩序，提高灾区自我发展能力，重建美好新家园”。基本原则如下：（1）以人为本，民生优先；（2）中央统筹，地方为主；（3）科学重建，安全第一；（4）保护生态，传承文化。这一重要文件明确了启动程序、综合评估损失、隐患排查、受损鉴定、筹措资金、配套政策、恢复重建等 10 项任务及国务院牵头部门，为做好特别重大自然灾害灾后恢复重建工作提供了基本依据。未来，我国应构建更加科学、更加具备中国特色的恢复重建机制，进一步调动中央和地方的积极性，充分发挥社会力量的作用。

第六章
应急沟通

在应急管理中，沟通发挥着越来越重要的作用①。它贯穿应急管理的全过程，不仅向社会公众及时、准确地传播有关风险及突发事件的信息，而且从社会公众之中获得信息反馈，为应急管理者进行决策所用。同时，作为沟通的重要渠道，媒体在应急沟通中扮演着举足轻重的角色。应急管理者必须学会与媒体建立一种合作而非对抗的关系，这有助于应急管理者在危情时刻与社会公众进行顺利的沟通，塑造自身良好的形象。

第一节　应急沟通概述

随着网络媒体的崛起，媒体出现了大众化的趋势，公众不再是职业媒体单向灌输的对象，而是手中掌握“麦克风”的人。他们既是新闻的接受者，也是新闻的反驳者。任何地方发生的灾害事故都可能被公众迅速地传播。应急沟通作为一项重要的工作，在新传播格局中面临着严峻的挑战。我们要全面、准确地了解应急沟通，就必须明晰应急沟通的定义、功能、原则与策略。这是我们深入研究应急沟通的前提。

一、应急沟通的定义与功能

在汉语中，沟通的意思是“使双方能通联”。沟通的双方指信源（信息的传播者）和信宿（信息的接收者）。当然，成功的沟通还需要有传播的信息符号及传播渠道。沟通是一个双向互动的过程。在这个过程中，沟通的双方交替充当信源和信宿。

应急沟通，就是指应急管理者与社会公众建立良好关系以交流信息、互动反馈的双向过程。它对应急管理至关重要，这是因为沟通可以防止危机的进一步演化，有助于应急管理者做出并顺利实施应对风险的有效决策，能够增强应急管理者的公信力，树立良好的公关形象。在这里，社会公众大致可以包括三类：一是突发事件的直接受害者，二是一般的社会公众，三是新闻媒体。

我们这里所说的应急沟通既包括风险沟通，也包括危机沟通。一般来说，风险沟通以风险为核心，发生于危机发生前的阶段，具有防患于未然的内涵，

---

① George D. Haddow，Kim S. Haddow. Disaster communications in a changing media world. Elsevier Inc.，2009：101-102.

是长期的。而危机沟通以危机为核心，发生于危机阶段，具有紧急应对的意蕴，是短期的。但是，二者关系十分密切，甚至很难分开。风险演变成危机是一个渐变的过程，缺少明显的界限。同时，风险沟通的作用之一就是防止风险扩大为危机。因此，我们将二者合起来称为应急沟通。

国外学者认为，有效沟通的战略在应急管理中的作用体现在减缓、准备、响应与恢复等环节上。应急沟通的首要作用在于防止危机的发生。它通过与社会公众交流有关风险的信息，使社会公众重视风险防范，并为之采取积极的行动。有效沟通在应急管理中的作用如表 6-1 所示。

表 6-1　　有效沟通在应急管理中的作用

环节	作用
减缓	推动实施那些未来灾害中可减少生命、财产损失的战略、技术与行动
准备	传播准备的信息，鼓励、教育公众，迎接突发事件的挑战
响应	使公众知晓警报、疏散及有关突发事件情态的报告
恢复	向受灾害影响的个人和社区提供信息，使其知晓如何申请、获得灾害救助

资料来源：George D. Haddow，Jane A. Bullock，Damon P. Coppola. Introduction to emergency management. Elsevier Inc.，2006：195-196.

其次，通过应急沟通，应急管理者可以广泛地了解社会公众对于风险及危机的认识，并在应急决策中积极吸纳公众的智慧，借鉴公众的经验，从而提高决策的质量。

再次，应急沟通可以使应急决策反映广大社会公众的公共价值，减少政策执行过程的摩擦与阻力。为了有效应对突发事件，应急管理者可能会采取一些限制个人权利与自由的措施，这就要求应急管理者必须重视应急沟通，否则，应急政策的执行可能就不会顺畅。

复次，应急沟通可以满足公众的知情权，避免流言和谣言的产生。1942年，美国战争信息办公室有一句名言：在缺少新闻的时候，谣言满天飞。如果应急管理者不重视沟通，不能向社会公众发布及时、准确的信息，谣言与流言就会不胫而走，填塞信息真空。在沟通顺畅、信息充分的情况下，社会公众会对风险或危机情势做出准确的研判，行为更加理性。

最后，应急沟通可以增强政府的公信力，树立良好的公关形象。当突发事件发生后，政府应该坦诚面对社会公众，告诉社会公众突发事件的真实情况及政府所采取的应急措施。应急沟通有助于政府与社会公众之间的相互理解，树立社会公众对政府的信心。在我国应对“非典”的前期，由于缺少有效的应急沟通，社会公众对政府信任程度降低，以致北京中关村出现高校学生“大逃亡”。

根据贝克的风险社会理论，现代社会的风险越来越具有复杂性和不确定性。而且，随着科学技术的高度发展，风险的人为性越来越突出。不仅如此，在经济全球化的时代，人类的经济、社会交往空前密切，彼此的相互依赖加深，风险的跨国传播性成为一个不可逆转的趋势。

同时，在今天信息高度发达的时代，社会公众获取突发事件信息的渠道越来越多。手机短信、微信、微博、互联网使得传统媒体“把关人”的作用受到很大的局限。从某种意义上讲，今天已经进入了“人人都有麦克风的时代”。因此，面对前所未有的巨大挑战，应急管理者必须强化与社会公众的沟通。

二、应急沟通的原则

原则是行动的指南。良好的应急沟通必须遵循以下原则：

第一，广泛参与、公众导向的原则。应急沟通必须面向广大的社会公众，调动他们参与突发事件预防与应对的积极性。同时，在应急沟通的过程中，应急管理者必须以人为本、以公众为导向。在突发事件发生后，应急管理部门要以统一的口径，用社会公众容易理解的语言向社会公众发布相关信息。应急管理者还要清晰地向社会公众提出反馈期待，即告诉公众自己渴望从公众那里了解什么。应急管理者只有洞悉、预测公众的反应、行为，才能准确无误地传递自己的信息。

2014 年 12 月 31 日 23 时 35 分，上海市黄浦区外滩陈毅广场发生跨年夜踩踏事故，造成 36 人死亡、49 人受伤。12 月 9 日，黄浦区政府决定，2015 年新年倒计时活动在外滩源举办。但是，直到 12 月 30 日，黄浦区旅游局才发布新年倒计时活动信息。由于宣传不到位，公众认为活动依然在外滩举行。许多人也没有分清“外滩”和“外滩源”的区别。而且，公安部门仅对外滩源新年倒计时活动进行了风险评估。沟通是双向的，不仅包括政府发布相关信息，也包括公众对信息的理解、接受和反应。

第二，公开透明、准确及时的原则。突发事件事关社会公众的切身利益，应急管理者必须满足社会公众知情的需要，向其准确、及时地传递突发事件及处置的信息。突发事件的演进过程充满了不确定性，应急管理者在信息不甚明朗的情况下，可以采取速报事实、慎报原因的策略。由于信息发布是一个连续的过程，应急管理者可随时续报与补充。

第三，尊重事实、恰到好处的原则。应急沟通应被纳入应急预案的内容之中，贯穿于突发事件应对的全过程。应急管理团队中应有专人负责应急沟通。应急管理者应以事实为根据，实事求是地评估社会公众的价值期待，实事求是地向社会公众传递突发事件的信息。同时，沟通行为要与突发事件应对行动相一致，既不能人为地淡化突发事件的风险，也不能人为地夸大突发事件的风险。前者会造成社会公众的轻敌情绪，后者可能导致社会公众的恐慌。同理，社会公众向应急管理者反馈的信息不恰当也会导致应急响应不足或应急响应过度。

第四，与媒体合作的原则。媒体是应急管理者与社会公众沟通的桥梁与纽带。它具有信息传播迅速、受众广泛的特点。“传统上，应急管理者与媒体的关系紧张。应急管理者响应迅速的需求与媒体获取响应信息、及时报道的需求时常存在矛盾。有时，这种冲突导致报道的不准确以及应急管理者与媒体之间关系的紧张。在冲突中，社会公众总是失败者，他们依赖媒体获取信息。”① 应急管理者需要学会与媒体打交道，与媒体建立良好的伙伴关系，借助媒体形成覆盖广泛的沟通网络，向社会公众传递重要的消息，推动应急管理活动的开展。

三、应急沟通的策略

第一，提高信息的可信度。在应急沟通的过程中，社会公众是否愿意接受应急管理者发布的相关信息，在很大程度上取决于信息的可信度。如果社会公众认为信息不准确，他们就不会接受相关的信息，更不会按照相关的指令采取行动。应急管理者需要知道，由于突发事件的不确定性较高，坦然承认自己的未知，这并非一种耻辱。强不知以为知是掩耳盗铃的做法，只能破坏应急部门的公信力。公信力的丧失将使应急沟通陷入绝境，这是因为，人们如果不信任信使，就不会相信信使带来的消息。

第二，为社会公众提供更加广泛的信息来源和更加多样化的信息传递渠道。一般而言，信息来源广泛、信息渠道多样有利于社会公众接受有关突发事件的信息。公众往往会对信息进行相互比较和鉴别。单一渠道来源的信息很难令人相信。多渠道信息可以彼此之间相互比较与印证。不仅如此，有些

---

① George D. Haddow, Jane A. Bullock, Damon P. Coppola. Introduction to emergency management. Elsevier Inc., 2006: 198.

公众受自身及外界条件限制，不能接受某一渠道来源的信息。例如，耳聋者无法从收音机中获得突发事件的预警信息，文盲不能通过阅读报纸达到同样的目的。

第三，将沟通纳入应急决策之中，发挥沟通在应急决策中的辅助与支持作用。信息是决策的基础。通过沟通，决策者可以获取应急决策所需的大量信息。不仅如此，应急决策需要多谋善断，即从多个备选方案中做出最优的选择。“多谋”是“善断”的基础。应急沟通可以广泛地吸纳民智，集思广益，并调动广大社会公众参与应急管理的积极性。还有，在突发事件发生后，弱势群体对灾害的承受能力低，应急沟通能够使弱势群体的利益得到特别的保护与关照，提高应急决策的公众满意度。

第四，通过应急沟通，经常对社会公众的舆情进行监测、分析与引导。在应急管理的实践中，我们要建立舆情监测机制，及时了解公众的所思、所想与所愿。同时，舆情并非真理，我们必须对舆情进行分析、比较、梳理。在此基础上，应急管理者需要对舆情进行必要的引导，形成有利于突发事件防范与应对的社会舆论氛围。特别是，在社会安全事件的防范与处置上，我们需要尤其重视舆情的监测、分析与引导。

第五，在应急沟通的过程中，媒体扮演着双重身份：相对于应急管理者，它是一种特殊的公众；相对于一般意义上的社会公众，它又是信息的传播者。因此，应急管理者应与媒体建立互相信任的关系，学会如何与媒体打交道。一方面，这是应急管理者开展公关活动的重要表现；另一方面，这可以使有关突发事件的信息快速、真实、广泛地传及广大社会公众。

四、应急沟通的措施

一是建立一个沟通团队或网络。应急沟通不是一个人的“独舞”，而是需要多人的集思广益、探讨协商，必须要形成一个团队或网络。

一是确定将要实现的目标。应急沟通的主要目的是保护社会公众或帮助社会公众进行自我保护，最大限度地降低社会公众生活受到的扰动。为了实现这个目标，应急管理采取的措施包括发布预警信息、确保公众感觉安全与消息及时、提供足够的信息让公众自己判断如何进行处置等。

三是了解谁是利益相关者。应急沟通的利益相关者包括以下几类：应急响应的参与者；需要尽快获得信息以进行自我保护者；某些为人们提供咨询、服务的专业人士，如医生；不直接卷入突发事件但深受影响的组织，如“非典”疫情中的旅行社；受影响组织的成员；媒体；等等。

四是确定采取的咨询形式。在与利益相关者进行接触之前，咨询是一个不可缺少的步骤。首先，应急管理者应该明确咨询的目的；其次，要确定自身的期望，即从利益相关者的参与中获得什么。

五是接触利益相关者。其方式包括通过问卷调查的方式获得利益相关者的反馈，通过采访等方式了解利益相关者的态度，使利益相关者参与到应急决策的过程中，等等。

六是监督、评估应急沟通战略。其主要目的如下：确保应急沟通战略的实施；发现问题，解决问题或进行调整；监控已知的风险，发现新的风险；监控利益相关者的情绪；评估公众参与的情况；等等。

七是维持应急沟通战略。经常评估与维持应急沟通战略的重要性在于：进行预警；跟踪新技术、新发展；与利益相关者密切接触，帮助人们发展或调整政策。

第二节　突发事件的信息发布

2013 年 8 月 19 日，习近平总书记在全国宣传思想工作会议上发表重要讲话，指出：“我国网民有近六亿人，手机网民有四亿六千多万人，其中微博用户达到三亿多人。很多人特别是年轻人基本不看主流媒体，大部分信息都从网上获取。必须正视这个事实，加大力量投入，尽快掌握这个舆论战场上的主动权，不能被边缘化了。”习近平总书记敏锐地看到了舆论传播格局发生的重大变化。在这种情况下，政府主动发布信息更加重要。

信息发布是应急沟通的重要活动。它是指政府向社会公众传播公共信息的行为。突发事件的信息发布就是指由法定的行政机关依照法定程序将其在行使应急管理职能的过程中所获得或拥有的突发事件信息，以便于知晓的形式主动向社会公众公开的活动。信息发布与监测预警有部分的重合。行政机构在掌握预警信息的基础上向社会公众发出警报的行为也可被看作是信息发布。

一、信息发布的任务与内容

突发事件信息发布的主体是法定行政机关，具体指由有关信息发布的法律、法规所规定的行政部门；信息发布的客体是广大的社会公众；信息发布的内容是有关突发事件的信息，主要指公共信息，涉及国家秘密、商业秘密和个人隐私的政府信息不在发布的内容之列；信息发布的形式是行政机关主动向社会公众公开，而且以便于公众知晓的方式主动公开。

2008 年 5 月 1 日施行的《政府信息公开条例》规定，县级以上各级人民政府及其部门在各自职权范围内确定主动公开的政府信息的具体内容。其中，应重点予以公开的内容有 11 项，涉及突发事件应急管理的有 2 项，即“突发公共事件的应急预案、预警信息及应对情况”和“环境保护、公共卫生、安全生产、食品药品、产品质量的监督检查情况”。

此外，该条例还规定，设区的市级人民政府、县级人民政府及其部门重点公开的信息之一是“抢险救灾、优抚、救济、社会捐助等款物的管理、使用和分配情况”；乡（镇）人民政府应重点公开的信息之一是“抢险救灾、优抚、救济、社会捐助等款物的发放情况”。

按照突发公共事件演进的顺序，应急管理由减缓、准备、响应和恢复四个阶段组成。社会公众在不同阶段有不同的信息需求，信息发布应贯穿于应急管理的全过程。

在减缓和准备阶段，信息发布的内容包括与突发公共事件相关的法律、法规、政府规章、突发公共事件应急预案、监测预警信息等。发布这些信息，一是让公众了解突发公共事件的相关法律、法规，明确自身在应急管理中的权利与义务；二是让公众了解应急预案，知晓周围环境中的危险源、风险度、预防措施及自身在处置中的角色；三是让社会公众接受监测预警信息，敦促其采取相应的措施，以避免或减轻突发事件可能造成的损失。

在响应阶段，信息发布的内容包括突发事件的性质、程度和范围，初步判明的原因，已经和正在采取的应对措施，事态发展趋势，受影响的群体及其行为建议，等等。发布这些信息，一是传递权威信息，避免流言、谣言引起社会恐慌；二是使社会公众掌握突发事件的情况，并采取一定的措施，避免出现更大的损失；三是让社会公众了解、监督政府在突发事件处置过程中的行为；四是便于应急管理社会动员的实施。

在恢复阶段，信息发布的内容包括突发公共事件处置的经验和教训，相关责任的调查处理，恢复重建的政策规划及执行情况，灾区损失的补偿政策与措施，防灾、减灾新举措，等等。发布这些信息，一是与社会公众一道，反思突发事件的教训，总结应急管理的经验，进而加强全社会的公共安全意识；二是接受社会公众监督，实现救灾款物分配、发放的透明化，并强化突发事件责任追究制度；三是吸纳社会公众，使其参与到灾后恢复重建活动之中。

在信息发布之前，应急管理者需要了解社会公众对风险的认知与理解，掌握公众行为的特点，做到有的放矢。一般而言，在突发事件发生的初期，公众需要知道哪里、何时发生了什么事情。在信息发布的过程中，信息发布者一定要坦诚，站在公众的角度进行换位思考。编写的信息一定要清晰，便于社会公众理解：简单而准确地描述问题，避免信息过量；以公众易懂的语言进行信息的编写，避免过多的技术术语；满足不同社会公众的需求，特别是有特殊要求的公众的需求；使公众能够做出清楚的判断，采取适当的防护行动；信息一致，避免前后矛盾；不要猜度与臆想；等等。

在应急疏散中，疏散警报是应急沟通的一种特殊方式。应急管理者必须了解影响公众疏散行为的因素，否则，疏散警报就有可能不会发挥促使公众及时采取正确避灾行动的效用。一般来说，人们拒绝疏散有以下原因：不知晓风险；没有认真对待风险；警报不清晰；害怕家庭或企业被抢劫；年龄，如老人在无助的情况下不愿意疏散；家庭的规模与构成，如独居者不愿意疏散；有家人或宠物失踪的家庭不愿意疏散；邻居的行为，邻里或朋友的去留会产生模仿效应；经验，经历过灾害的人一般倾向于疏散；教育程度，一般而言，受教育程度高的人更理解风险的影响，倾向于疏散；住宅类型，如住房车的人更容易疏散；便利程度，无交通工具者一般不愿意疏散；害怕迟迟不能回家的人不愿意疏散；与事件地点的距离，如近距离者倾向于疏散；等等。

二、信息发布的环节

通常，社会公众会求助于由家庭成员及亲朋好友组成的非正式网络，以获得突发事件的最新信息。作为信息发布者，政府必须使公众能够从不同的信息渠道获得有关突发事件的最新权威信息，如报纸、广播、电视、网络等。但是，不同信息源发出的信息必须彼此一致，不能相互矛盾与冲突。否则，公众将无所适从。

一般而言，突发事件信息发布的流程包括以下四个关键环节：

（1）进行突发事件的相关信息收集、整理与分析、核实，确保信息的客观、准确与全面。

(2) 根据舆情监控，确定信息发布的目的、内容与重点、时机。其中，有关行政机关要对拟发布信息进行保密审查，剔除涉及国家秘密、商业秘密和个人隐私的内容或做一定的技术处理。

(3) 确定信息发布的方式，并以适当的方式适时向社会公众发布。

(4) 根据信息发布后的舆情，进行突发事件信息的后续发布或补充发布。

现代社会是信息社会，行政机关可以通过多种手段发布突发事件的信息，也可以根据需要选择一种或几种手段来完成信息发布的任务。在选择信息发布手段的过程中，行政机关应综合考虑突发事件的性质、程度、范围等，传播媒体的特点，目标受众的范围与接受心理，等等，以确保信息发布的有效性。

突发事件信息发布常用以下方式：

(1) 发布政府公报。行政机关可以政府公报的形式，向社会公众正式发布有关突发事件应急管理的预案、通知及办法等。

(2) 举行新闻发布会。新闻发布会一般指政府或部门发言人举行的定期、不定期或临时的新闻发布活动。行政机关可以定期或不定期召开新闻发布会，通过新闻发言人向媒体发布突发事件与应急管理的相关信息，回答媒体的提问，解答社会公众所关心的热点问题。

(3) 拟写新闻通稿。行政机关拟定关于突发公共事件的新闻稿件，并通过具有一定权威性的广播、电视、报纸等媒体进行发布。

(4) 政府网站发布。行政机关可利用受众广泛、传播迅速的政府网站发布信息，并与受众进行信息交流。

(5) 发送宣传单、手机短信等。

三、信息发布的原则

《突发事件应对法》第五十三条规定：“履行统一领导职责或者组织处置突发事件的人民政府，应当按照有关规定统一、准确、及时发布有关突发事件事态发展和应急处置工作的信息。”在突发事件信息发布中，我们必须遵循以下基本原则：

(1) 统一性原则。信息发布的方式多样，但不同方式发布的信息内容必须具有一致性，做到数据统一，口径一致。不然，社会公众就无所适从，产生种种疑虑。当然，突发事件具有很强的不确定性。人们在信息搜集与报送的过程中存在着出现偏差的可能性。当偏差矫正之后，行政机关应在后续的信息发布过程中予以说明和解释。

(2) 真实性原则。突发事件的信息发布首先应具有真实性。特别是在突发事件发生后，人们迫切希望从权威部门了解到突发事件的性质、原因、危害、影响范围、演化趋势以及政府的应对措施等真实的信息。为了做到信息发布的真实性，我们应该确保信息的客观性与全面性。所谓的客观性，就是指信息实事求是地反映突发事件的事实真相，不溢美，不隐恶；所谓的全面性，就是指信息完整，没有避重就轻或断章取义。

真实性是信息发布的生命力所在，这是因为：第一，缺少真实性保障，信息发布没有任何意义；第二，缺少真实性保障，政府的权威形象受损，公信力下降，信息发布制度将难以为继；第三，缺少真实性保障，公众将以猜测弥补、替代不完整或不可信的信息，小道消息将充塞信息空间，流言、谣言盛行，社会过度恐慌。

(3) 及时性原则。信息的价值随着时间的流逝而递减。突发事件的信息发布必须迅速、及时、快捷、高效。否则，它就不能起到其自身应有的作用，并引发小道消息的传播。

突发事件发生后，社会公众希望能够在第一时间了解事件的真实情况。如果行政机关反应迟钝，不能及时地发布相关信息，人们将会转向小道消息，以满足知情的需要。小道消息在公众间私下传播，没有规则约束，随意性很大，在传递过程中会被歪曲和误传，往往给社会带来严重的负面影响。

而且，在政府失语、权威信息缺失的情况下，一旦小道消息捷足先登，就会在社会公众中产生先入为主的效应。迟滞的真实信息将很难矫正小道消息，很难夺回自己的权威地位。

因此，我们限制小道消息的根本方法就是提高应急沟通的效率，及时发布突发事件的信息，保证人们的知情权，让权威信息主导信息空间。

(4) 连续性原则。应急管理是一个连续的过程。突发事件往往会持续一段时间，且发展态势瞬息万变。因此，我们在信息发布的过程中要注意保持信息发布的连续性，定期或不定期向社会发布事件处置的最新进展情况。例如，在“非典”后期，北京市政府每天都向社会发布“非典”疑似病例、感染病例、死亡病例、出院病例等信息。突发事件发生之初，如果政府不能全面了解和掌握信息，可发布简单的信息以待未来补充，但切忌失语。

(5) 公众导向原则。在突发事件信息发布的过程中，我们需要坚持以公众的知情需求为导向，在确保国家安全、公共安全、经济安全、社会稳定的前提下，提供公众亟须获取的信息。同时，在信息发布的形式与技巧方面，我们要考虑公众的可接受性与理解能力，如尽量使用通俗易懂的语言等。此外，我们在满足公众需求的同时，也要以信息发布的形式引导社会公众正确地对待突发事件。

四、流言与恐慌问题

《辞源》对“流言”的释义如下：散布没有根据的话（动词）；带有诽谤性质的话。“谣言”则被解释如下：民间流传评议时政的歌谣；没有事实根据的传闻。美国社会学家希布塔尼（T. Shibutani）认为，谣言是一群人议论过程中产生的即兴新闻。他提出，谣言是一群人集体智慧的汇总和扩散，以求对事件得出一个满意的答案[①]。彼得森和吉斯特（Wavren A. Peterson & Noel P. Gist）在《流言和舆论》中对流言的定义是：“在人们之间私下流传的，对公众感兴趣的话题、事件或问题的未经证实的阐述或诠释。”以“未经证实”作为流言的本质特征[②]。

在传播学中，一般认为，流言有自然产生的，也有人为制造的，但大多与一定的事实背景相联系；而谣言则是有意凭空捏造的消息或信息[③]。谣言和流言都是没有根据的。一般而言，谣言是恶意的，而流言则是中性的。或者说，谣言就是恶意的流言。

由于突发事件与社会公众的生命、健康与财产安全密切相关，人们往往会产生焦虑、悲观甚至绝望等情绪。这使得流言和谣言在突发事件的处置过程中极易产生。其主要原因在于突发事件具有高度不确定性。在政府失语、权威信息缺失的情况下，社会公众很容易听信各种流言蜚语，以填补信息的空间。信息空间不可能是真空。政府失语的时间越长，矫正流言与谣言的成本也就越高。一旦让流言与谣言捷足先登，政府再发布权威信息，社会公众也倾向于“宁可信其有，不可信其无”的态度。

信息在传播的过程中经过的层次越多，被扭曲的可能性越大。在流言和传

---

① 卡普费雷．谣言．上海：上海人民出版社，1991：6.

② W. Peterson，N. Gist. Rumor and public opinion. American journal of sociology，1951：159－167.

③ 郭庆光．传播学教程．北京：中国人民大学出版社，1999：99.

播的链条中，每个传递者都对信息的内容进行了不同程度的加工与修改。他们会根据自身的偏好，对所接收的信息有所取舍。然后，在传递给下一个受众之前，他们会将信息进一步逻辑化，修改所接收信息的残缺之处。因此，在编码—解码—编码这样一个循环往复的运动中，流言和谣言越传越像真的，并且生出多个“版本”。

在突发事件处置的过程中，政府应对流言和谣言的最佳途径就是及时通过权威媒体将突发事件及相关处置情况公之于众，在第一时间抢占信息高地。至少，在流言与谣言一出笼，政府就应该立即予以应对。目前，通过新闻发言人制度进行突发事件信息披露是一个比较有效的办法。它可以有效地减少信息传递的层次，迅速地将真实的消息传递给公众。

面对突发事件，社会公众产生恐慌情绪是正常的。适度的恐慌可以使人体产生应激效应，最大程度地发挥自身潜能，有利于自我防护和突发事件的应对。但是，过度的恐慌会导致人们做出非理性的举动。这是我们要着力加以避免的。

通常，恐慌情绪与突发事件的性质关系密切。根据英国卫生部的研究，人们对以下风险比较恐惧：非自愿承担的风险；影响不均衡的风险；无所遁逃、不能控制的风险；人为的风险；可造成无形、不可恢复损害的风险；对孕妇或儿童产生特别影响，关系下一代发展的风险；导致熟识者死亡的风险；不能为科学所理解的风险；权威部门解释出现分歧的风险。

此外，流言与谣言是产生和制造恐慌的原因之一。人们在面临某种直接威胁时，经常产生紧张心态，从而做出不协调的反常行为，就是恐慌。社会公众过度的恐慌可能会给突发事件的处置带来不利的影响。要避免社会公众的过度恐慌，应急管理部门平时应积极开展公共安全教育，提高社会公众的心理承受能力。在突发事件发生后，应急管理部门应及时向社会公众发布有关突发事件的权威信息，遏制流言与谣言的蔓延。

第三节　突发事件的舆情监控与引导

在突发事件应急管理中，应急管理者必须对舆情进行有效的实时监控。同时，应急管理者还必须在此基础上，分析舆情、研究舆情并引导舆情，使得舆情氛围有利于突发事件的处置。这是应急管理者与公众之间进行应急沟通的又一重要表现形式。

一、舆情监控的背景

“舆情”一词有狭义与广义之分。从狭义上讲，舆情是指“在一定的社会空间内，围绕中介性社会事件的发生、发展和变化，作为主体的民众对作为客体的社会管理者产生和持有的社会政治态度”[①]。它包括“情、知、意”三个因素，即情绪、认知和行为反应倾向。从广义上讲，舆情包括民情、民力、民智、民意四大要素[②]。

“舆情监控”就是政府部门通过各种手段对舆情信息主动地进行监测、汇集、分析、控制与引导，以反映社情民意，调动民智和民力，积极引导社会舆论，实现决策的科学化与民主化。

随着经济全球化的快速发展，影响国家安全与公共安全的不稳定因素日益增多，自然灾害、事故灾难、公共卫生事件、社会安全事件发生的频率高、危害程度大，种种迹象表明，人类已经进入了风险社会。同时，我国正处于社会转型时期，经济发展不均衡，社会矛盾积聚，各类危害公共安全的突发事件屡有发生。在这种国际、国内形势下，突发事件应急管理受到了各级政府的高度重视。在紧急情况下，迅速、有效地调动一切人力、物力和财力化解、应对、处置风险和危机，确保社会公众的生命与财产安全，这是一个服务型政府贯彻“执政为民”理念、履行公共服务与社会管理职能的具体表现。

一方面，随着我国现代化建设事业的不断发展，社会公众的民主意识、参与意识、知情意识、维权意识日益增强；另一方面，影响公共安全的突发事件不断发生，大有常态化的倾向。再加上在信息时代，高技术手段为表达社情民意提供了更加广阔的空间。因此，我们在突发事件应急管理中要特别关注舆情监控问题。

2006年，《国务院关于全面加强应急管理工作的意见》（国发〔2006〕24号）指出：“要高度重视突发公共事件的信息发布、舆论引导和舆情分析工作，加强对相关信息的核实、审查和管理，为积极稳妥地处置突发公共事件营造良好的舆论环境。坚持及时准确、主动引导的原则和正面宣传为主的方针，完善

① 王来华．舆情研究概论．天津：天津社会科学院出版社，2003：5．

② 李莹．信访工作的舆情机制．前沿，2007（5）：141-143．

政府信息发布制度和新闻发言人制度，建立健全重大突发公共事件新闻报道快速反应机制、舆情收集和分析机制，把握正确的舆论导向。加强对信息发布、新闻报道工作的组织协调和归口管理，周密安排、精心组织信息发布工作，充分发挥中央和省级主要新闻媒体的舆论引导作用。”

二、舆情监控的必要性

从舆情研究的角度看，突发事件的损害严重、影响广泛的特点，是需要政府重点监控的中介性事件，这是因为：

第一，突发事件给社会的生产生活带来严重的损失和深远的影响。社会公众是突发事件最为直接的承灾主体。因灾致病、因灾致贫的现象屡有发生，需要政府实施有效的救助。政府存在的主要意义之一就在于履行应急管理的职能，确保社会公众的生命、健康与财产安全不受损害。一个负责任的服务型政府必须通过舆情监控，了解民情、民意，倾听灾区公众的呼声，有的放矢地满足灾区公众的需求，全力解民之难，最大限度地减轻突发事件所带来的后果。

第二，突发事件往往是链状群发甚至是网状群发，经常会引发次生和衍生灾害。比如，在2008年南方雨雪冰冻灾害中，多个城市基础设施运行几近崩溃，贵州、湖南、江西等地因电力设施遭灾毁而出现大面积停电，京广铁路、京珠高速公路等交通大动脉运输受阻，民航机场被迫封闭，大批旅客滞留，一些城市的供水管线被冻裂，通信不畅，社会公众的生活必需品一度出现匮乏。在这种情况下，社会公众的情绪一旦失控，极易引爆各种蛰伏的社会矛盾与冲突，引发社会动荡和骚乱。

第三，舆情监控有助于政府查找应急管理的疏漏，及时矫正突发事件应对过程中的失当行为。当突发事件来临时，应急管理者是在资源和信息紧缺、时间和心理压力巨大的形势下开展应急指挥与决策的，难免百密一疏。通过舆情监督，政府可以获取大量宝贵的信息，查找应急管理工作中的盲点和死角，弥补理性的有限性，及时矫正不恰当的应急行为。

第四，舆情监控有助于我们坚持“预防为主”的原则，防止突发事件的发生。例如，自然灾害的诱发因素与发生过程是自然的。但是，人类的活动对于自然环境的影响越来越大，导致了自然灾害的发生。而且，自然灾害的影响是社会性的。因此，舆情控制可以促使我们及时了解公众对人与自然关系的思考，及时发现人与自然不和谐因素，贯彻人与自然合作而非对抗的思想，从根源上防止自然灾害的发生。

灾害事故是致灾因子与脆弱性共同作用的结果。我们不仅要对危险源进行监控，而且要降低社会系统的脆弱性。比如，不在行洪区修建建筑，提高公众的公共安全意识，等等。舆情监控可使我们及时发现可能增强社会脆弱性的因素，进而提高抵御突发事件的能力。

舆情监控应贯穿于突发事件应急管理的全过程。也就是说，事前、事中、事后的减缓、准备、响应与恢复各个阶段都要进行舆情监控。不仅如此，舆情监控还应成为应急管理常态与非常态结合的重要表现，成为完善应急管理各项机制建设的重要环节和内容。例如，在汶川地震恢复重建阶段，我们加强对灾区的舆情收集和分析，防止因利益分配问题而导致社会矛盾积聚，并开启民智，将社会公众的合理建议吸纳到恢复重建规划中来。

三、舆情监控与应急管理

第一，舆情监控与监测预警。以海啸监测预警为例，主要包括以下步骤：1）发现某一事件（如火山活动、地震等）可能引发海啸；2）观测或计算海啸的发生；3）绘制海啸影响路线图；4）确定将被海啸淹没的人口密集区；5）通知有关地区官员发出警报；6）通过各种渠道，发出适当的警报；7）确保人们对警报做出适当、及时的响应①。

通过舆情监控，我们可以从中了解可能引发突发事件的风险源情况，对其发展态势进行研判。同时，通过舆情监控，我们可以了解社会公众的风险认知能力和行为倾向，进而以正确的渠道、精确的语言、适当的形式发布预警信息，促使社会公众及时采取响应行动，为抵御突发事件的发生做好准备。

《突发事件应对法》第三十八条规定：“县级人民政府应当在居民委员会、村民委员会和有关单位建立专职或者兼职信息报告员制度。”信息报告员应当同时兼任舆情监测、收集员。

第二，舆情监控与信息报送。从信息流向来看，突发事件信息报送可分为三类：信息的上报、信息的交流、信息的通报。其中，信息的上报是信息自下而上的流动，信息的通报是信息自上而下的流动。除了纵向对流，信息在横向

① Ilan Kelman. Warning for the 26 December 2004 tsunamis. Disaster prevention and management, 2006, 15 (1): 178-189.

上也存在着水平交换的关系，即信息的共享与交流。

在突发事件的预防与应对过程中，政府部门可以通过舆情监控，主动获取有关突发事件的信息，并进行比较、甄别、梳理、分析，形成舆情信息快报，为科学决策提供依据。从这个意义上看，舆情可以说是社会公众对突发事件信息未加筛选、整合的“报送”。因此，如果把信息报送与舆情监控结合起来，以舆情来印证、修正所报送信息，应急决策的科学性与准确性就更有保证。

第三，舆情监控与决策处置。在突发事件的应对过程中，舆情监控可以吸纳民智，形成群策群力、共赴危难的局面。突发事件具有很强的突发性和不确定性。由于政府组织结构是纤维状的，加之试错成本太高，政府应急的创新能力不足，灵活性差。舆情监控可以汲取民众智慧，有助于应急管理部门做出科学决策，高效地应对突发事件。

第四，舆情监控与信息发布。在突发事件应急管理中，舆情监控可以使政府及时掌握社会公众的心理动态，调整信息发布的侧重点，有针对性地对公众及时加以引导，使流言与谣言止于信息公开，防止社会出现过度恐慌。此外，舆情监控还能够使我们及时判断初次信息发布的效果，并根据社会公众的需求，进行补充发布或后续发布，实现信息发布的动态化与持续化。

第五，舆情监控与社会动员。通过舆情监控，政府汇集、分析、采纳有关突发事件的信息及应对建议，博采众长，形成政府与公众之间的交流与互动。这有助于调动社会公众参与应急管理的热情，推动应急社会动员的深入发展。应急社会动员的主要意义在于：一是降低应急管理的重心，提高应急管理的响应速度；二是降低应急管理的成本，珍惜民力又充分利用民力，实现藏资源于民间，寓保障于社会，寓实力于潜力。

第六，舆情监控与恢复重建。心理干预是恢复重建阶段的重要内容。通过舆情监控，我们可以及时发现和判别心理干预的对象群体和重点群体，防止灾民及家属产生心理危机，出现反社会行为，成为社会不稳定因素。同时，舆情监控也可以使我们及时掌握恢复重建的进展情况，如救灾款物的拨付与落实情况，防止出现截留救灾款物等不法行为，杜绝腐败现象的发生。

第七，舆情监控与调查评估。应急管理调查评估就是指对突发事件及其预防与处置进行考察并获取必要的信息，在此基础上开展评价与判断的活动。调查评估的意义主要有两个：第一，及时吸取教训，弥补应急管理的缺陷和不足；第二，及时总结经验，完善应急管理的体制、机制、法制和预案。这样，应急管理部门就可以在应对突发事件的过程中提高管理水平，增强学习能力，使应急管理工作日臻完善。

舆情监控可以为政府开展客观、全面的应急绩效评估，认真总结经验与教训奠定坚实的基础。2003 年“非典”以来，我们开始实施突发事件“问责制”。但是，问责必须以客观、全面的绩效评估为前提。只有这样，我们才能认真吸取突发事件的教训，明确各部门在应急管理中的责任，提高应急管理的绩效。2007 年 7 月 31 日，国务院办公厅发布的《关于加强基层应急管理工作的意见》指出：“应急救援工作结束后，要认真总结经验教训，对舆论反映的客观问题要深查原因，切实整改。”

四、舆情监控步骤

如前所述，舆情监控就是对舆情信息的监测、汇集、分析、控制与引导。而舆情信息具有政治性、群体性、演变性、互动性和偏差性。在突发事件中，舆情信息的政治性主要表现为社会公众对政府应急管理政策、措施的政治态度；群体性主要表现为舆情信息是一定数量社会公众预防与处置的情绪、意见和要求；演变性表现为舆情信息是变动不居的，有一个产生、发展和削弱的过程；互动性是指社会公众等媒体就突发事件及应急管理发表见解和意见，相互探讨、鼓励、碰撞与交锋；偏差性是指社会公众关于突发事件的观点未必是突发事件及应急管理的科学认识，需要我们去粗取精、去伪存真，进行仔细比较、分析与鉴别。

所以，舆情监控不单纯是对信息的简单加总，而是一个需要融入大量智慧的创造性工作。同时，舆情监控不是被动接收信息的行为，而是主动采集信息的行为。在突发事件中，舆情监控要起到“信息耳目”和“决策参谋”的作用，主要包括如下步骤：

（1）监测与收集。在可能发生突发事件或突发事件发牛后，开展调查与访谈，关注报纸、广播、电视、网络等媒体，举行各种会议，接受群众信访，广泛收集舆情信息，及时、动态地了解和掌握有关突发事件舆情的最新进展。特别是涉及“三敏感”（敏感时间、敏感地点、敏感事件）的舆情信息，要实施重点监测与收集。

（2）分析与挖掘。对所收集到的舆情信息进行比较、鉴别、筛选、总结、归纳、分类，同时要善于拓展舆情的深度，从中挖掘出有价值的信息，编写、报送高质量的舆情快报，及时提供给应急管理决策者参考。舆情未必是对突发事件及应急管理客观、科学的认识，“舆情不可恃”，不能直接作为应急管理决策的依据。同时，舆情信息的价值判断不遵从“少数服从多数”的原则，我们要注重舆情收集的全面性，并掌握从舆情信息中“淘金”的本领。

(3) 控制与引导。舆情具有一定的传染性。对于那些涉及国家机密、商业机密和个人隐私的舆情，对于受国外组织挑唆、借突发事件玷污国家形象的舆情，政府应采取必要的控制措施。

一旦我们通过舆情分析发现不良倾向与苗头，就要发挥新闻媒体的舆论导向作用，对舆情进行疏导和引导，在保证社会公众顺畅表达、自由表达、依法表达、有序表达的同时，避免不良舆情的滋生、扩大和升级。

第四节 应急沟通中的媒体

在突发事件应急沟通中，政府、媒体、公众三者之间关系密切，存在着互动关系，因此应急管理者必须学会如何与媒体打交道。良好的媒体关系可以使应急管理者事半功倍，紧张的媒体关系也可能会使应急管理者事倍功半。处理好与媒体的关系是应急沟通的基本要求。

当前，以互联网和手机为代表的媒介在传播信息过程中发挥了越来越大的作用。它模糊了传播者与受众的界限，降低了信息传播准入的门槛。目前，我国网民数量居全球之首，人们可以在任何时间、地点传递和接收信息，这给应急沟通带来了全新的挑战。

一、政府-媒体-公众的三角互动

突发事件信息发布是政府通过一定的新闻媒体向社会公众传播信息的行为。媒体介于政府与公众之间，是突发事件中非常活跃的因素。现代媒体在强调独立、客观与公正之外，还具有即时性、直观性、扩散性、营利性等特点。突发事件由于具有突发性和轰动性，往往是媒体关注的焦点。当事件发生后，媒体出于自身的职业敏感性，迅速地进行报道，并配以直观的图片或画面，在国内外广为扩散。因此，政府如何在确保新闻自由的基础上，处理好与媒体的关系，做好突发事件信息发布工作，是一个非常敏感而棘手的问题。

在西方，媒体的力量非同小可，被称为是立法、行政、司法之外的“第四种权力”。由于信息全球化的加速发展以及媒体报道的“CNN效应”，政府应对各种灾害事故的效能成为左右民众手中选票的重要因素。一旦政府对突发事件处置不力，就会激起社会公众的强烈不满，进而承受巨大的舆论压力。在今天的中国，媒体既是突发事件信息报送的重要渠道，也是突发事件信息发布的重要渠道。

在突发事件应急管理中，媒体可以在以下方面发挥重要作用：教育公众采取预防与准备措施；警告公众致灾因子正在逼近；提供疏散及避难场所的信息；说明人们可采取的自我防护及保护他人的措施；传递信息，告知公众政府在做什么及如何进行灾害响应；公示正在提供救助的组织名单，说明如何才能得到救助；使应急管理人员及其活动得到支持[①]。

政府、媒体与公众之间形成了两组重要的互动关系：

第一，媒体受政府制约，又在一定程度上影响政府。新闻自由不是绝对的自由，而是相对的自由。媒体受政府的管控，中外皆是如此。美国对新闻也给予了很强的管制。

同时，媒体具有一定的“议程设置”（agenda-setting）功能，可对政府决策产生不同程度的影响。美国传播学家M.E.麦库姆斯和D.L.肖认为，大众媒体作为“大事”加以报道的问题，同样也作为“大事”反映在公众的意识当中。也就是说，媒体固然不能左右政府决策者如何思维，却可以左右决策者思考什么。媒体有能力决定报道的主题、焦点、方式和角度，不仅能抓住社会公众的眼球，也能抓住政府决策者的注意力。

第二，媒体既满足公众需求，又要引导公众。在现代市场经济条件下，媒体为了在激烈的市场竞争中求得生存，必须抓住受众的“眼球”和“耳朵”，必须以满足公众需求为导向。突发事件由于具有巨大的轰动性，容易引起社会公众的广为关注，新闻价值非常高。

但是，媒体不是一般的商业实体。既要追求经济效益，又要追求社会效益；既要满足公众的需求，又要引导公众。如果为了经济效益而一味地迎合社会公众、追求消息的猎奇性，那么，对突发事件的报道就有可能失真。因此，新闻媒体应该在应急管理中承担社会责任，为突发事件的预防和处置做出自己的贡

① David A. McEntire. Disaster response and recovery: strategies and tactics for resilience. John Wiley & Sons Inc., 2007: 179.

献。《突发事件应对法》第二十九条明确规定："新闻媒体应当无偿开展突发事件预防与应急、自救与互救知识的公益宣传。"

如果新闻媒体弄虚作假，就会受到处罚，甚至承担法律责任。《突发事件应对法》第五十四条规定："任何单位和个人不得编造、传播有关突发事件事态发展或者应急处置工作的虚假信息。"第六十五条规定："违反本法规定，编造并传播有关突发事件事态发展或者应急处置工作的虚假信息，或者明知是有关突发事件事态发展或者应急处置工作的虚假信息而进行传播的，责令改正，给予警告；造成严重后果的，依法暂停其业务活动或吊销其执业许可证；负有直接责任的人员是国家工作人员的，还应当对其依法给予处分；构成违反治安管理行为的，由公安机关依法给予处罚。"

二、新闻媒体报道与应急沟通

突发事件的信息不能隐瞒，政府应该将新闻媒体作为满足公众知情需要的重要渠道，及时、准确、完整地将突发事件的信息通过新闻媒体传递给广大社会公众。但是，媒体对突发事件的报道有正面效应，也可能带来负面效应。政府需要对新闻媒体进行一定的引导。而信息发布就是政府正确引导新闻媒体的重要手段。

新闻媒体报道突发事件的正面效应包括：第一，了解突发事件信息，是社会公众知情诉求的重要体现。新闻媒体对突发事件的报道正是满足了这种诉求。第二，新闻媒体对突发事件的报道，在某种意义上说是对社会公众开展公共安全教育的良好途径，有利于塑造全社会重视公共安全的文化氛围。第三，新闻媒体对突发事件的报道可以起到舆论监督的作用，有利于各级政府强化公共安全的责任意识，减小突发事件发生的概率。第四，新闻媒体对突发事件的报道是信息报送的重要渠道之一。通过新闻报道，人们可以挖出"新闻背后的新闻"，发现、披露突发事件的谎报、瞒报、误报和漏报。广西南丹矿井透水事故就是一个例证。第五，新闻媒体对突发事件的报道有助于政府查找思维与工作的盲区，提高应急管理决策水平，因为新闻媒体具有一定的议程设置功能。

我们要充分发挥新闻媒体的上述作用，同时也要对新闻媒体可能引起负面效应的风险进行管理。这主要表现在新闻报道可能会引发四个效应：放大效应，比如媒体对"非典"疫情过度报道引起了社会恐慌；麻醉效应，频繁地报道反而削弱了人们对突发事件的警觉性；屏蔽效应，虚假的新闻报道会妨碍人们对突发事件真相的了解，如山西繁峙矿难中新闻记者因受贿而发布虚假新闻；传染效应，新闻媒体对暴力事件细节的过度报道可能会引起一些人的模仿，进而导致类似事件的重复发生。

总之，突发事件对于媒体来说具有不容否认的巨大新闻价值。媒体的争相报道有时也会给突发事件的应急处置带来挑战。一方面，媒体有权力对突发事件的应对进行采访和报道，发挥舆论监督的作用；另一方面，媒体也要恪守新闻道德，严格自律，使自身的行为有利于突发事件的成功处置。目前，应急管理部正在建设中国应急信息网，打造面向公众的、权威的信息发布平台。这个平台平时主要用于风险的预报预警和科普知识宣传，灾时将第一时间发布救灾和灾情的重要信息。

三、新闻媒体作用的发挥

为了发挥媒体在应急沟通中的作用，应急管理者必须与媒体建立良好的合作关系。应急管理者要认识到，并非所有的新闻媒体都一味追求轰动效应。大多数记者是愿意本着严肃的态度报道新闻和消息的，希望与应急管理者建立密切的伙伴关系。

英国的媒体应急论坛（Media Emergency Forum）由高级媒体的编辑、政府代表、地方应急规划人员、应急服务部门、警察、私人企业组成。其成立的目的是解决突发事件中的媒体问题。“9・11”事件发生后，该论坛制订了一个与公众沟通的计划，以防止英国发生类似的恐怖事件。

当突发事件发生后，应急管理部门应及时、有效地向媒体提供相关的信息，满足媒体不间断报道的需求，如向媒体提供高质量的照片等。但是，如果媒体报道了错误的信息，应急管理部门应该督促其尽快纠正。

此外，应急管理者在进行应急沟通时还应该注意避免陷入以下误区：没有把握好坦诚与开放的尺度，过分渲染突发事件，造成社会公众恐慌；做出言过其实的保证与许诺，缺少回旋余地；留下信息真空，给流言和谣言以可乘之机；向公众或媒体提供过分复杂与技术化的资料，令人费解；忽视社会公众最为关心的问题，不得要领；一问三不知，似乎一切皆在不确定之中。

近年来，各级政府及政府有关部门纷纷建立新闻发言人制度。突发事件发生后，政府机构将有关突发事件的权威信息在第一时间通过新闻媒体及时地传递给广大社会公众，抑制谣言和流言的传播，收到了很好的效果。2003 年“非典”疫情后，突发事件信息发布成为新闻发言人制度的一个重点。新闻发言人制度可以塑造公正、公开、透明、负责的政府形象，避免突发事件信息在传递过程中因为层次过多而受到扭曲。

在社会组织中，人与人之间传递信息往往存在着两种沟通方式：正式沟通和非正式沟通。在应急管理中，正式沟通，即政府组织利用公开的、为人们所熟知的渠道和方式向公众传递各种有利于应急管理顺利进行的信息。非正式沟通，就是人们常说的“小道消息的传播”。政府应急管理信息发布应当通过正式的信息发布渠道，避免通过非正式渠道发布信息。

常见的正式渠道有新闻发布会、领导的电视讲话、新闻发言人、政府网站等。非正式渠道包括私下人际交往信息传递等。正式沟通有权威性、准确性和受众广泛性的特点。保持正式信息渠道的畅通是避免流言传播的最好方法。

谣言止于公开。谣言的产生和传播与正式沟通不足有直接关系。有学者提出谣言公式，用来表示引发谣言的因素以及各因素之间的关系。1947 年，阿尔波特和波茨曼提出：谣言＝信息的重要性×信息的模糊性。1953 年，克罗斯引入“批判能力”的概念，认为谣言滋生的可能性及其影响度与人们的特定信息认知和辨别能力密切关联。据此，他将上述公式修订为：谣言＝信息的重要性×信息的模糊性/批判能力①。从这个公式可以看出，在重大突发事件信息发布中，信息的重要性很重要。但是，如果我们保持正式信息渠道的畅通，并提高社会公众的批判能力，谣言传播就不会有市场。

常态下，政府有义务通过新闻发布会就重大问题向外界说明政府工作情况，它是政府向外传递信息的一种常用方式。非常态下，社会普遍关注政府所采取的突发事件应对行动，政府有必要召开新闻发布会向记者和公众发布相关信息。

目前，国家还没有对新闻发布会进行制度性的规定，一般都是由政府自己选择是否召开。我们认为，政府应该定期召开新闻发布会，以满足公众的知情权，使公众更好地理解政府的应急管理工作。在应急状态下，可以加大新闻发布的频率，满足社会公众急剧膨胀的信息需求。

新闻发言人制度的建立是中国政府信息公开的一大制度进步，但要想让其发挥最大作用还要注意以下问题：

首先，做好新闻发言人的培训工作。政府新闻发言人要有很高的综合素质

---

① 胡百精．危机传播管理．北京：中国传媒大学出版社，2005：67.

和沟通能力，在工作中要做到言辞坚定清晰，态度诚恳从容，该正面应对的回答要斩钉截铁，该回避的应礼貌得体。同时，在人员配置上，应由一名熟悉本地区情况的主要领导人担任新闻发言人。因为由主要领导担任发言人，可以保证政府信息的权威性。

其次，保持表态口径的统一。无论是新闻发言人、政府最高首脑、事件的主要负责人，还是可以接触到媒体的人，对外表态口径必须保持一致，提供的信息更不能矛盾。否则，就会导致信息混乱，使公众无所适从。

最后，建立发言人的责任追究制度。政府新闻发言人是政府的代表，有义务让公众知晓突发事件及处理进展情况，保证公众的知情权真正得到实现。如果新闻发言人隐瞒信息，则应追究其责任。通常，新闻发言人掌握的技巧包括：重复信息以强调重点内容；矫正不准确之处，否则，它们将被作为事实接受；同时使用统计数字及故事或案例研究，使数字鲜活起来；不讨论别人的事情；让其他应急部门回答自己的问题；保持诚实的态度，如果不知道问题的答案，实话实说①。

“随着新媒体快速发展，国际国内、线上线下、虚拟现实、体制外体制内等界限愈益模糊，构成了越来越复杂的大舆论场，更具有自发性、突发性、公开性、多元性、冲突性、匿名性、无界性、难控性等特点。主流媒体主导作用受到巨大冲击，网络往往成为负面舆情发酵、错误思想传播的策源地和放大器，大大增加了舆论引导和内容管理的难度。”② 在新时代，传播格局与媒体生态发生了重大变化。突发事件应急沟通与舆情引导不仅关系应急效率，也涉及意识形态安全和政治安全，必须加强、创新。2019 年 3 月 29 日，应急管理部在部机关召开新闻发布会，表示应急管理部的新闻发布会将会制度化、常态化，即每个月至少在部机关举行一场新闻发布会，每季度在国务院新闻办公室举行一场新闻发布会，遇到重大突发事件随时举行新闻发布会。同时，应急管理部积极建设中国应急网，本着平灾通用的原则，开展公共安全教育，进行灾害预警，发布灾情信息，这些改革措施从一个侧面昭示着新建部的新作为和新气象，也体现了对应急沟通与舆情引导的格外重视。

---

① George D. Haddow，Jane A. Bullock，Damon P. Coppola. Introduction to emergency management. Elsevier Inc.，2006：195-196.

② 中共中央宣传部. 习近平新时代中国特色社会主义思想三十讲. 北京：学习出版社，2018：216.

第七章
应急社会动员

第一节　应急社会动员的理论基础

第二节　应急社会动员的对象与网络

第三节　我国应急社会动员的经验与问题

第四节　应急社会动员机制的完善

随着经济社会的高速发展，我国已经进入了突发事件的多发期、高发期和频发期。重大突发事件的不断发生，对公共安全提出了严峻的挑战，给社会公众的生命、健康与财产造成了严重的损失。《突发事件应对法》第六条规定："国家建立有效的社会动员机制，增强全民的公共安全和防范风险的意识，提高全社会的避险救助能力。"为了有效预防和处置突发事件，我们必须建立完善的应急社会动员机制。

目前，突发事件应急管理已经成为我国各级政府必须履行的一项重要职能。从本质上看，应急管理提供的是一种公共产品——公共安全，它具有受益的非排他性和效用的不可分割性。从世界主要国家的实践来看，政府在应急管理中占据了主导地位。但是，政府并非应急管理的唯一主体。在现代社会中，突发事件往往具有耦合性、系统性与极端性，经常超越政府的应急管理能力。因此，政府应急管理部门必须建立、完善有效的社会动员机制，将企业、社会力量纳入应急体系中，增强社会公众的公共安全意识，提高全社会的避险救助水平，实现多元参与、协调合作，形成共同应对突发事件的强大合力。

第一节 应急社会动员的理论基础

在长期的革命与建设过程中，我党一贯注重发动群众、组织群众，积累了丰富的战争动员与政治动员经验，这为我们今天积极开展应急社会动员奠定了坚实的基础。在党的十九大报告中，习近平强调要"打造共建共治共享的社会治理格局。加强社会治理制度建设，完善党委领导、政府负责、社会协同、公众参与、法治保障的社会治理体制，提高社会治理社会化、法治化、智能化、专业化水平。……健全公共安全体系，完善安全生产责任制，坚决遏制重特大安全事故，提升防灾减灾救灾能力"。在经济转轨、社会转型的背景下，为了有效地应对突发事件，我们建立应急社会动员机制具有新的时代意义。

一、加强应急社会动员的时代背景

20 世纪 90 年代以来，世界各主要国家的政府均十分重视公共治理模式的变革。公共治理成为许多国际组织及国家政府应对突发事件、开展社会动员的指导性思想。可以说，建立应对突发事件的社会动员机制是政府管理模式变革的必然要求。改革开放以来，党和政府高度重视社会管理，取得了重大成绩，积累了宝贵经验。同时也要看到，当前改革处于攻坚期和深水区，社会管理面临新情况新问题，迫切需要通过深化改革，实现从传统社会管理向现代社会治理转变。习近平总书记指出："'治理和管理一字之差，体现的是系统治理、依法治理、源头治理、综合施策。'要以最广大人民利益为根本坐标，创新社会治理体制，改进社会治理方式，构建全民共建共享的社会治理格局。"①

公共治理理念的核心是通过合作、协商实现对公共事务的管理。1989年，世界银行首次使用"治理中的危机"（crisis in governance）这一术语来描述非洲国家的问题。此后，"治理"的概念被广泛地应用于公共行政之中。它强调政府、市场、社会三种力量的共同作用。在公共治理的理念下，政府需要转变自身的职能：从横向上看，加强与市场、社会力量的联系、沟通与合作；从纵向上看，政府向社会分权。通过转变职能，我们要形成扁平化的行政组织架构和多中心治理的格局，建立以人为本的服务型政府。这为应急社会动员创造了有利的条件。

第一，在公共治理理念下，政府组织作为有限政府，不再是管理国家与社会事务的唯一中心。市场、社会力量与政府一起履行管理公共事务的职责。应急管理为社会公众提供的是公共安全服务，其主体不仅包括政府，也包括企业及第三部门。它们彼此之间是一种协商、合作、互动的关系，共同组成一个以应对与处置突发事件为共同任务、以实现公共安全利益最大化为共同目标、以合理分工为基础的网络体系。应急管理参与主体的多元化是应急社会动员的先决条件。不过，政府在这个应急网络体系之中占据着主导地位。"在突发事件面前，集中权力和强制行动是必不可少的，由一个法定的权力中心执掌危机状态下的统一是不必赘述的题中应有之意，即由国家和政府对资源和价值进行权威性分配，将各个网络节点围绕一个共同的政策目标而整合集成起来，并强化其整体行动的能力以发挥协同效应。"② 政府依旧是应急管理最终责任的承担者，但政府需要改变自身的应急行为方式，将市场、社会力量纳入应急管理体系之中。

第二，按照公共治理的要求，政府必须放松对社会的过度管制，探索一种

---

① 中共中央宣传部．习近平总书记系列重要讲话读本（2016年版）．北京：学习出版社，2016：224．

② 刘霞，向良云．我国公共危机网络治理结构：双重整合机制的构建．东南学术，2006（3）：23-29．

新型的国家与社会关系，特别是要培育一个成熟的社会。这是权力向民众回归，即还权于民的重要体现，也是实现社会良治（good governance）的必要条件。对于应急社会动员来说，一个活跃的社会是不可或缺的。

社会组织具有三个显著的特点，即非官方性、独立性、自愿性。它们亲和力较强，为公众参与应急管理提供了一个有效的组织途径和渠道。一方面，它们可以在政府与公众之间发挥桥梁与纽带作用，及时反馈社情民意，进行舆情反馈，防止矛盾积聚而引发群体性突发事件；另一方面，在突发事件来临时，它们又可以有效地号召大多数社会公众积极参与突发事件的处置与应对。不仅如此，社会组织还可以利用自身的国际联系，为应对突发事件争取更多的国际援助与支持。

第三，在公共治理的理念下，政府需要站在社会公众的立场，以社会公众的需求为导向，为社会公众提供公共服务，建立服务型政府。政府作为应急管理工作的主要力量，必须改变“重管制、轻服务”的理念，树立应急服务意识，提高应急管理服务水平，将公众的满意度作为应急管理工作业绩的衡量标准。

为了增强社会公众对政府应急管理行为的满意程度，政府明智、理性的选择就是开展社会动员，让公众参与到公共管理中来，实现应急管理的全社会参与，这可以提高政府应急管理的透明度，保证社会公众对危机的知情权和对政府的监督权，坚定其对政府的信心。

公共治理理论强调政府与社会组织的关系是一种协商、合作、彼此依赖与互动的关系，而不再是命令与服从的关系。以此为基础，我们进行政府职能改革，推动应急社会动员的实施，扭转单纯依靠政府应急的局面，这不仅有利于应急管理效能的提高，也有利于社会民主化进程的深入发展。

二、应急社会动员的含义

(1) 概念的演变。追根溯源，“动员”（mobilization）一词原本主要是指“战争动员”。它起源于普鲁士，后传入法国和英国，意为集合（assembling）、装备（equipping）及准备出师作战（preparing military and naval forces for active hostilities）。在人类社会发展的历史进程中，战争不断发生，战争动员理论也随之日臻丰富与完善。战争动员主要是指一个国家为赢得战争而采取紧急措施，由平时状态转入战时状态，统一调度人力、物力和财力的行为。

后来，“动员”的概念逐渐从军事领域外延到社会领域，并形成“社会动员”（social mobilization）的概念。美国政治学家卡尔·多伊奇（Karl Deutsch）最先使用“社会动员”，指现代化过程中个人思想方式和行为方式的转变。“社会动员”被赋予政治参与的内涵。美国著名学者萨缪尔·亨廷顿（Samuel Huntington）认为，社会动员是一种政治发展的手段，是为实现特定政治目标而激发社会成员积极性和创造性的行为和过程。20 世纪 90 年代，联合国儿童基金会将“社会动员”定义为一个由公众广泛参与、依靠自身力量、实现特定社会发展目标的运动。它吸纳方方面面的社会力量，包括“决策者与政策制定者、意见领袖、官僚与技术治国论者、专业团体、宗教协会、商业与产业、社区与个人”。在这里，社会动员是一个有计划的分权化过程，其目的是通过一系列主体相互关联、相互补充的行动，推动发展、变革。它特别强调公众需求，突出社会参与的原则，主张赋予个体及群体行动的权力。可见，国外的“社会动员”特别强调公众自下而上的自发性参与。

从字面上看，“应急社会动员”就是社会动员在应急管理领域中的延伸。美国联邦应急管理署将“动员”解释为：“所有组织，包括联邦、州、部落、地方组织调动、集结、运输所有应对突发事件所需资源的过程。”这个定义就是对“应急动员”的阐释。依此逻辑，“应急社会动员”就是调动、集结、运输社会应急资源的过程。但是，这只是描述了应急社会动员的活动，而没有描述其主体。一个完整的“应急社会动员”概念必须涵盖社会动员的主体、客体、手段等内容。此外，由于行政体制的特点，我国在应对重大突发事件的过程中，往往采取自上而下命令式动员的方式，这与国外自下而上的参与式动员有着很大的差异。

(2) 概念的界定。我国《突发事件应对法》虽然对建立社会动员机制提出了明确的要求，但并没有对“应急社会动员”的具体含义做出明确的解释。《北京市突发公共事件总体应急预案》提出，应急社会动员，即“突发公共事件社会动员”，是指“应对突发公共事件时，各级人民政府、社会团体、企事业单位在政治、经济、科技、教育等方面统一组织的动员准备、实施和恢复活动”。

结合我国的具体国情，我们认为，正确理解“应急社会动员”的内涵必须注意以下两个方面：

一是“应急社会动员”不同于“政治动员”。尽管二者均强调宣传、发动和组织社会公众，实现社会力量的有效参与，以达到预期的目的，但是，“社会动员”的范畴要大于“政治动员”的范畴，政治动员只是为政治目的而进行的社会动员，意识形态色彩明显。

此外，政治动员主要是命令式的动员，而社会动员则主要强调公众的参与性。我国的应急社会动员不同于西方。在西方国家，由于公民社会发育比较成熟，应急社会动员主要是自下而上自发地开展动员。在中国，它主要是指各级政府发动企业和社会力量，广泛地参与应急管理活动。中国是一个政府主导型的社会，这决定了应急社会动员主要是由政府对社会进行动员。也就是说，我们所说的社会动员更多的是“政府对社会动员”，而不是“社会的自我动员”。近年来，随着我国社会的转型，公众的民主意识、参与意识不断强化，我们应注意激发社会公众参与应急管理的主动性与积极性，实现自上而下动员与自下而上动员的结合。

二是“应急社会动员”不同于“国防动员”或“战争动员”。国防动员是应对战时紧急状态的一种措施，而应急社会动员主要应对非战时突发事件，如自然灾害、恐怖袭击等；战争动员的前提是国家由平时状态转入战时状态，社会的常态运行秩序往往被打乱，而应急社会动员需要尽可能地维持社会的正常运转秩序，甚至其目的本身就是要恢复社会的正常运行。国防动员或战争动员是一种自上而下发布命令式的动员，而在应急社会动员中，政府发挥主导作用，全社会力量联动配合，公众自发、有序地参与。

近年来，我国国防动员体系越来越强调应急功能的发挥。2010 年 2 月 26 日通过的《国防动员法》为此预留了接口。其中，第三条规定，“国家加强国防动员建设，建立健全与国防安全需要相适应、与经济社会发展相协调、与突发事件应急机制相衔接的国防动员体系，增强国防动员能力”；第十六条第二款规定，“国防动员实施预案与突发事件应急处置预案应当在指挥、力量使用、信息和保障等方面相互衔接”。我们一方面要注意国防动员与应急社会动员的不同，另一方面也要注重发挥国防动员在应对突发事件中的作用。

基于以上两点认识，我们认为，应急社会动员是为了有效预防和成功应对突发事件，各级政府充分发挥主导作用，通过宣传教育、组织协调等方式，调动企业和其他社会力量的积极性，整合全社会的人力、物力与财力等资源，形成预防与应对突发事件的合力。其中，应急社会动员的主体是政府；客体是企业和社会力量及其掌握的资源，其中的“社会力量”包括志愿者、社会组织、社区和个人。应急社会动员的手段主要是宣传教育与组织协调。

（3）动员的活动。应急社会动员的目的是调集全社会的力量，整合全社会的资源，实现多元主体的有序、有效、合作、协调参与，形成共同应对突发事件的合力。我们可以从不同的角度来认识应急社会动员的活动。

首先，从动员的对象来看，应急社会动员可以分为应急人力动员、应急物资动员、应急财力动员、应急避难场所动员、应急交通运输动员等，其内容如表 7-1 所示。

表 7-1　应急社会动员的分类

分类	内容
应急人力动员	对社会上满足应急需求的人力资源进行挖掘、分配、利用
应急物资动员	对社会上满足应急需求的物资进行集中储藏、征收、调配、使用
应急财力动员	筹集、拨付应急所需资金
应急避难场所动员	开放既定的应急避难场所，并对可能被开辟为应急避难场所的建筑物如学校、宾馆等进行征用
应急交通运输动员	提高交通运输的应变能力，组织和利用国家、社会交通运输力量，以运送应急人员、应急装备、应急物资，主要包括铁路运输动员、公路运输动员、水路运输动员、航空运输动员、管道运输动员等

其次，就突发事件应急管理的四个阶段来看，应急社会动员主要包括减缓动员、准备动员、响应动员和恢复动员。应急管理四个阶段的动员活动如表 7-2 所示。

表 7-2　应急管理四个阶段的动员活动

阶段	管理活动	动员活动
减缓	减少影响公众生命、财产的自然或人为致灾因子，包括实施建筑标准，推行灾害事故保险，管理土地的使用，颁布安全法规，等等	动员各种社会力量，预先采取措施，消除或减弱致灾因子的影响或风险。比如，志愿者团体对公众进行防灾、减灾方面的宣传教育等
准备	发展应对各种突发事件的能力，包括制定应急预案，建立预警系统，成立应急指挥中心，进行灾害事故救援培训与演练，等等	在突发事件发生之前，动员各种社会力量，采取措施，做好灾害事故响应及后果管理的准备。比如，在社区范围内，签订防灾互助协议等
响应	灾害事故发生的事中与事后采取行动以挽救生命、减少损失，如激活应急计划，启动应急系统，提供应急医疗援助，组织疏散与搜救，等等	在灾害事故发生过程中或灾害事故发生之后，调集各种社会力量和资源，立即采取措施，管理灾害事故的后果，将灾害事故所带来的损失量小化。比如，利用红十字会等组织为灾民提供急救服务等

续表

阶段	管理活动	动员活动
恢复	既指按照最低运行标准将重要生活支持系统复原的短期行为，也指推动社会生活恢复常态的长期活动，如清理废墟，控制污染，提供灾害事故失业救助，提供临时住房，等等	在突发事件的影响得到遏制后，动员社会力量，立即采取措施，将社会修复到可以接受的水平。比如，利用社会组织力量，组织给灾民捐款、捐物，为其提供必要的基本生活条件，对其进行灾后心理干预等

最后，从社会动员的手段来看，应急社会动员可以分为宣传教育动员与组织协调动员。宣传教育动员主要是指政府通过发挥新闻媒体、教育机构、社会组织等的力量，提高社会公众预防与处置突发事件的认识水平，增强其避险逃生、自救互救的技能。组织协调动员是指两种活动：政府在突发事件发生前提高企业与社会力量的组织化程度，为其有序参与应急管理做好充分的准备；当突发事件发生后，通过统一调度、协调，优化社会应急资源的配置。其中，事发前的充分准备是事发后有效调度的前提与基础。

三、应急社会动员的重要意义

第一，提高政府的应急水平，增强公众自救、互救技能。突发事件的发生具有突然性，经常超出政府的预测、控制能力。现代社会的正常运行高度依赖科学技术，特别是科技含量较高、相互依赖的关键基础设施。这很容易产生一损俱损的系统性风险。此外，在全球气候变化的背景下，发生概率小、损害程度大的极端事件时有发生。仅仅依靠政府的力量，难以对突发事件风险进行全方位的实时监控。在巨灾面前，政府所掌控的资源也可能会出现捉襟见肘的尴尬局面。调动全社会的人力、物力与财力等资源，可以减轻政府的应急负担，提高应急效率。

重大突发事件往往还会导致道路交通等基础设施中断。社会公众如果单纯依赖政府的应对与处置行动，往往会招致不必要的损失。1995 年 1 月 17 日，日本发生阪神—淡路大地震，大量建筑垮塌或严重受损，3.5 万人被困废墟之中。地震发生后，电话中断，交通不畅。其中，2.7 万人得到了邻里的第一时间救助，存活率高达 80%。自卫队、警察和消防队员救助了 8 000 人，其存活率不足 50%①。

---

① Taiki Saito. Disaster management of local government in Japan. http://www.hyogo.uncrd.or.jp/hesi/pd/peru/saito.pdf.

应急社会动员机制可以使社会公众尽快组织起来，形成自救、互救局面，以减轻突发事件所带来的影响。

第二，平复突发事件所导致的应急需求波动，确保公共安全效益与经济效益。突发事件的不确定性决定了政府很难对应急需求做出精确的计算，因为应急需求在常态之下与非常态之下有着较大的起伏与波动。当突发事件骤然降临或急剧蔓延时，应急需求大幅度增加；当突发事件结束或事态缓和时，应急需求大幅度减少。出于经济成本的考虑，一个理性的政府一般不会不计成本地在平时储备过多的应急物资、设备等。依托应急社会动员机制，我们可以"藏富于民"，有效控制应急需求在常态与非常态之间的波动，实现经济效益与公共安全效益的双赢。

第三，将社会应急潜力转化为应急能力，降低应急动员的成本。从本质上看，应急社会动员是政府资源与非政府资源以应急管理为导向的整合，也是社会应急潜力向社会应急实力的转化。所谓的"社会应急潜力"，就是指社会所蕴藏的可用于应急的一切人力、物力和财力；所谓的"社会应急实力"，就是指实际用于应急管理的人力、物力和财力状况。二者的关系可以用这样一个公式来表述：

$$F=R\cdot P$$

其中，F 为社会应急实力，P 为社会应急潜力，R 为应急社会动员能力系数。

在社会应急潜力既定的情况下，应急社会动员能力系数越高，其社会应急实力就越强。应急社会动员机制是决定应急社会动员能力系数大小的关键因素。建立并完善应急社会动员机制，有助于我们将社会应急潜力转化为社会应急实力。不仅如此，应急社会动员机制是长期起作用的，着眼于长远与长效，能克服运动式、突击式动员模式的缺陷与弊端。

第四，实现社会力量的有序参与，避免出现无序的"汇集"（convergence）现象。美国应急管理学家戴尼斯、库兰特利、克莱普斯认为，突发事件发生后，社会将表现出紧急一致性。个人、群体、企业、政府部门和政治领导人通常会齐心协力，共同加以应对。同时，公众角色出现扩张，人们不仅更愿意合作，而且可能参与到各种活动中来，如搜寻被困在废墟下的邻居，向医院运送伤员，给慈善组织救灾捐赠①。这是应急社会动员的基础。

但是，有序才能有效，有效才能有力。如果缺少良好的应急社会动员机制，

① David A. McEntire. Disaster response and recovery：strategies and tactics for resilience. John Wiley & Sons Inc.，2007：23-24.

社会力量可能会无序参与，不仅无助于突发事件的应对，反而会妨害应急管理活动的正常进行。特别是，无序参与可能会产生西方学者所说的“汇集效应”，即大量的人员及物资汇集到突发事件的现场。如果缺少有效的社会动员机制，现场将会混乱不堪，甚至出现彼此掣肘的现象。

第五，发挥凝聚功能，克服公众的消极心理。西方学者认为，灾难可以分为两种：冲突型灾难（conflict disaster）与一致型灾难（consensus disaster）。二者都是社会扰动性事件。但是，前者的特征是一部分人给另一部分人造成伤害，如骚乱、暴乱；后者的特征是全社会面临共同的压力与挑战，如地震、海啸[①]。不论哪一种灾难，社会动员均能起到良好的社会效果。它可以使社会公众在冲突型灾难中加深相互理解、弥合分歧，如“9·11”事件后美国政府采取动员措施，令爱国主义热情空前高涨。同时，在一致型灾难中，社会动员可以为社会公众有序参与应急管理搭建一个平台。

总而言之，社会动员机制可以增强民族的凝聚力，形成万众一心、众志成城的良好社会局面，增进人与人之间的合作与信任，维系社会稳定所需要的情感、道德基础。公众在应急状态下的行为方式与常态下的行为方式有所不同。在突发事件发生后，公众往往需要响应政府的号召，调整习惯性的行为方式与生活方式，接受公权力对私权力的控制和协调。在此情形下，社会动员机制可以引导社会公众积极、主动地配合政府的决定，实现全社会应急举措、行为的步调一致。

此外，突发事件使得人们的心理、精神承受巨大的压力。社会心理学的研究表明，社会公众在面对重大突发事件时会产生焦虑和恐慌消极心理，继而加剧不安全感和无助感。在长期、巨大的心理压力下，公众会借助传播流言和没有依据的信息来减轻精神负担，或者参加骚乱、暴乱，以发泄高度紧张的情绪。应急社会动员机制可以吸纳公众的积极参与，使公众了解突发事件的性质、特征、现状等，避免信息不畅引起的社会过度恐慌。通过社会动员，公众看到一个负责任的政府正在积极作为，就会增强对政府的信任，缓解无助和绝望感，树立战胜困难的信心。

第六，增强社会公众的安全意识，实现应急管理的关口前移与重心下移。

---

① David A. McEntire. Introduction to homeland security: understanding terrorism with an emergency management perspective. John Wiley & Sons Inc., 2009: 32.

建立应急社会动员机制要求我们在常态下，强化应急社会动员体系，经常性地开展公共安全教育，增强社会公众的公共安全意识与风险辨识能力，为应急状态下政府调集应急响应资源奠定基础。公共安全教育的主要作用在于向社会公众宣讲、普及公共安全知识，传播公共安全文化，提高他们在紧急状态下逃生避险、自救互救的技能，明确他们在应急管理中的权利、义务与角色期待。

应急管理必须突显风险管理的理念，关口前移，以预防为主。社会动员机制可以调动企业和社会力量参与应急管理的积极性，使其保持对突发事件的高度戒备，从而可能杜绝许多突发事件的发生。基层是应急管理的关键，更是社会动员的重点。建立应急社会动员机制，有助于我们降低应急管理的重心，增强基层的应急能力，使突发事件在萌芽或始发阶段就得到有力的控制。

第二节 应急社会动员的对象与网络

应急社会动员的对象可分为三类：企业、社会组织与志愿者、社区与个人。这三类应急动员对象拥有不同的特点和资源优势，可以成为政府应急管理的得力助手和有益的补充。我们首先必须了解应急社会动员对象在应急管理中的资源与优势，因为这是应急社会动员机制的作用空间。政府在应急社会动员过程中，应发挥企业和其他社会力量的资源优势，并与之密切合作，打造“政府—企业—社会”应急社会动员网络。

一、企业的应急资源与优势

企业具有雄厚的经济实力，是突发事件应急管理的重要主体之一。作为社会重要的组成部分，企业内部的突发事件可能会外溢到企业之外。同时，社会上发生的突发事件也可能给企业的正常生产经营造成影响。因此，企业应在确保自身安全生产的基础上，积极参与社会应急管理。

在国外，许多企业都强调要进行业务持续性规划（business-continuity planning），目的是降低企业及其重要资产所面临的风险。例如，位于世界贸易中心的摩根士丹利公司拥有员工 2 700 人，在 1993 年曾经遭受炸弹袭击。此后，该公司制订了业务持续性计划，重视突发事件预防。在“9·11”事件中，摩根士丹利只有 6 人丧生[①]。

企业参与社会应急管理不仅有必要，而且有优势，这主要是因为许多企业生产应急救援物资，拥有自己的应急救援队伍和应急救援装备，可在突发事件处置过程中一展身手。不仅如此，企业具有强大的创新能力，企业参与应急管理，可使应急管理更具灵活性。

目前，社会对企业承担社会责任的呼声日高。参与应急管理是企业承担社会责任的具体体现，可为企业赢得知名度、美誉度。一个企业长期奉公守法、诚实守信、乐于承担社会责任，可以提升自身在社会公众中的形象，增加企业的无形资产。当社会公众的生命、健康与财产安全受到巨大威胁时，企业挺身而出、伸出援手，更有利于企业的长远发展。

在突发事件不断发生的今天，参与应急管理是企业承担社会责任的重要内涵之一。企业之所以要承担社会责任，是因为企业经营活动对其所处的社会将产生很大影响，社会发展同样也会影响企业的兴衰成败。企业承担社会责任，不仅可以确保自身的正常运行，提高自身的声誉，而且还能够造福于企业所在地区的社会公众。

企业通过参与各项应急管理活动，一方面降低自身的风险，保证企业的发展，维持国家经济的稳定；另一方面，可以提高企业资源的共享度，发挥其最大的社会效益，促进社会的和谐发展。

企业参与应急管理，不管是通过供给合格的救援物资，还是捐钱捐物，甚至是直接参与突发事件救援，都能够增强企业及其员工对突发事件后果的感性认识，促使企业员工思考如何避免和防范突发事件，强化安全意识，做到防微杜渐，进而减少企业的损失。当然，从另外一个角度讲，企业加强自身的安全管理也是对社会的重要贡献，因为企业内部的风险可能会扩散到社会之中。

企业参与应急管理主要包括以下形式：

（1）参与救援。突发事件发生后，企业可以派出自身的应急救援队，携带应急装备，赶赴现场进行救援。此外，企业还可以派出运输设备，运送应急救援物资。

（2）动员生产。突发事件发生后，企业必须遵守国家相关法律、法规，不囤货居奇、哄抬物价。同时，企业还要开足马力，对急需的应急物资实行动员

---

① Brenda D. Philips. Disaster recovery. Taylor & Francis Group，2009：235.

生产，及时提供高质量的产品与服务，为救灾物资的筹备提供便利。

汶川地震发生后，四川省民政厅提出，灾区缺少帐篷 300 万顶。2008 年 5 月 19 日，中央紧急部署帐篷动员生产，国家发展改革委、民政部责成全国 18 个省（区、市）的 75 家帐篷生产企业加班加点生产。这 75 家帐篷生产企业在进行生产动员之后，加快了帐篷生产的速度，为灾民的尽快安置做出了巨大的贡献。

（3）捐赠。企业是社会财富的“聚宝盆”。企业在突发事件发生后，奉献爱心，向受灾地区和人民捐款、捐物，这是企业承担社会责任的题中应有之义。例如，在 2008 年 5 月 18 日中央电视台《爱的奉献：2008 抗震救灾大型募捐活动》中，企业和企业家们踊跃捐款。在玉树地震后，企业的爱心捐赠同样起到了巨大的作用。

（4）提供技术、产品及服务。有些企业拥有自己的应急技术和产品，可直接参与救灾，提供相应的服务。例如，太极计算机股份有限公司在汶川地震后成立了“卫生应急项目组”紧急飞赴成都，全面参与四川省突发公共卫生事件应急指挥与决策系统保障工作，提供 24 小时无间断服务。还有许多企业特别是大型国有工矿企业，都有自己装备精良的专业救援队，可派人员协助政府处置突发事件。

（5）开发保险及金融产品。在突发事件中，人们的生命财产遭受巨大损失，而保险是一种分担风险降低损失的有效途径。保险企业应加快自身发展，开发各种突发事件保险产品，减少人们的损失，分担政府的压力。

金融企业也可以开发出金融产品，为突发事件提供救助服务。汶川地震发生后，宁波金港信托公司决定发行一款公益信托产品，把信托计划的收益全部捐赠给灾区人民。

（6）发展应急产业。应急产业是政府应急救援的得力助手和有益补充，可以弥补政府创新不足等缺点，调集全社会的力量与资源，形成应急救援的强大合力，提高应急救援的效率。2007 年 11 月 13 日，国务院有关领导在全国贯彻实施突发事件应对法电视电话会议上提出，要进一步加快发展应急产业。2009 年 9 月 4 日，工业和信息化部发布《关于加强工业应急管理工作的指导意见》，提出“应急产业是新兴产业，要加快发展”。发展应急产业，以市场机制合理配置应急资源，是对政府突发事件应对能力的重要补充，有助于增强我国社会整体突发事件应对能力，具有极大的社会效益。近年来，“应急产业”的概念又被拓展为“安全应急产业”，它为四大类突发事件应对提供安全防范与应急准备、监测与预警、处置与救援等专用产品和服务。2021 年 4 月，我国出台了《国家安全应急产业示范基地管理办法（试行）》。

二、社会组织与志愿者

社会组织与志愿者参与应急管理具有独特的优势：

(1) 贴近社会公众，可以反映社会公众在紧急状态下的利益诉求，防止次生、衍生灾害事故的发生。一些社会组织在应对某些突发事件时，具备更强的谈判和调节能力。不仅如此，它以社会公益为导向，具有常态化的工作机制，在弱势群体关怀、灾民心理干预等方面可以做到持之以恒。

(2) 汇集着大量掌握应急相关技术的人才，他们是突发事件应急管理宝贵的人力资源。社会组织形成的基础是成员具有某一方面的思想共识、志趣偏好或专业技能。通常，这些技能可以在突发事件处置的过程中发挥巨大的作用。比如，国外紧急救援产业最初发源于登山爱好者组织，他们利用自身的专业技能，频繁地开展山地搜救活动。一些无线电爱好者的通信设备可能会在突发事件中大显身手。

(3) 反应灵活而迅速。政府在应急管理方面最大的优势是掌控着大量的人力、物力和财力，最大的劣势是缺少足够的灵活性，响应速度相对较慢。社会组织分散、独立决策，可灵活调动、组合各种力量，而且组织成员来自社会的方方面面，可对突发事件进行有效、全面的监控，及时发现问题的征兆并加以解决。

因此，要动员与吸纳社会组织与志愿者参与。不仅如此，社会组织与志愿者还可以为政府应急提供资源和能力方面的补充。突发事件应对会产生巨大的资源、能力需求，这给政府带来了巨大的挑战。由于应急需求突然增大，政府的资源、能力储备极有可能会出现不足。社会组织与志愿者拥有大量人力、物力、财力和技术资源以及行动能力，可以为其提供补充。

在突发事件应对中，公众权利在必要情况下可能会受到一定程度的限制。若由政府单独出面，公众无有效利益表达渠道，则有可能导致应急工作的合法性受到质疑。社会组织与志愿者独立于政府，具有中立性，可发挥连接政府和公众的纽带作用，增进政府与公众之间的相互理解，促进各方之间的协调、配合，为政府主导的突发事件应对工作提供合法性支持。

公共安全教育是应急管理工作的一项极为重要的内容。社会组织与志愿者具有社会亲和力，投身公共安全教育既无功利目的，又不会使受众产生心理压力，不会给人以政治说教的印象。

在新时代，我们应鼓励和支持社会组织参与社会治理、公共服务，包括突发事件应对，以增强社会活力。

三、社区与个人

作为一种社会关系的整合，社区不仅是社会的有机组成部分，而且是一个"小型的社会"。社区在社会管理包括应急管理中应该扮演不可或缺的角色。没有社区的参与，就没有真正意义上的应急社会动员。

社区是因地缘关系而组成的社会生活共同体。当突发事件来临时，社区中的公众是最直接的承灾主体。由于突发事件与公众切身利益密切相关，社区公众一旦被动员起来，便具有很高的防灾抗灾意识与热情。在许多情况下，政府对突发事件的应对反应迟缓，社区在此时便成为应急的最初响应者。而且，社区公众对社区具有一定程度的认同感和归属感，政府以社区为基层应急单位，可以充分调动公众的主动性、积极性和创造性。

社区中蕴含着可资调配使用的大量人力、物力和财力。我国的农村社区同质性强，成功的社会动员容易产生一呼百应的效果；我国的城市社区异质性强，虽然整合需要一定的努力，但公众的社会交往广泛，与外界联系密切，可以在紧急状态下大量地获取、调配各种资源。另外，社区中往往汇集了拥有不同专业技能、知识背景的人才，他们可以在应急管理中一展身手，如医务工作者可以进行医疗急救。

多年来，我国社区开展了多种多样的文化活动，如社区文化节、艺术节、科普节等，这为我们进行公共安全教育、普及应急管理知识提供了良好的平台。长期以来，我们的社会公众公共安全意识淡薄，在公共危机中避险逃生的知识匮乏、技能薄弱，这与我们的公共安全教育缺失有着相当大的关系。弘扬公共安全文化、加强公共安全教育、强化公众的公共安全意识，是应急社会动员的题中之义，也是世界各国的通行做法。社区是公共安全教育的"前沿阵地"。

在社区发展与成熟的过程中，社区自治的观念逐渐深入人心。越来越多的带有草根性、志愿性的社会组织投入社区服务中，这对培育社区意识、增进人们之间的信任、形成相互守望制度、确保社区安全都起到了关键作用。我国传统社区中也存在着“相互守望”的习惯，但那是以“熟人社会”为前提的。在现代生活方式的冲击下，我国社区特别是城市社区中“熟人社会”的基础已不牢靠。因此，我们需要推动社区参与应急管理，以此来增强社区责任意识，培育人们的自主精神，塑造现代意义上的新型“相互守望”制度，预防和控制公共突发事件的滋生。

不仅如此，个人是各种突发事件中最直接的受害者，有着参与应急管理的巨大热情。《突发事件应对法》第十一条第二款规定：“公民、法人和其他组织有义务参与突发事件应对工作。”第三十四条规定：“国家鼓励公民、法人和其他组织为人民政府应对突发事件工作提供物资、资金、技术支持和捐赠。”公民可以用体力、智力、资金、物资、技术等多种方式，为战胜突发事件做出贡献。

动员公众参与到应急管理中，主要有以下作用：提高公众应对危机的意识，增强公众自救互救能力；减轻公众心理压力，避免不必要的恐慌；使公众配合政府的应急调控措施，提高全社会的应急能力；监测突发事件的风险，及时报送突发事件信息，做到群防群控；促进公众与政府在应急管理活动中的沟通，有利于公众对政府应急行动的监督，实现群策群智、科学决策；等等。

2018 年 8 月 11 日早 8 时 30 分，北京市房山区大安山乡军红路发生大规模山体崩塌，大约 3 万立方米的山石滚落。由于预警信息发布及时并在 10 分钟内发现险情、拦截车辆，崩塌未造成人员伤亡和车辆损失。2012 年“7・21”暴雨后，北京市加强地质灾害隐患排查力度，将巡查落实到人，做到“一点一预案”，每个点有专人巡查、专人监测、专人看护、专人上报，形成“横向到边，纵向到底”的群防群策网络体系。这彰显了公众参与应急管理的威力。

四、应急合作网络的构建

政府除了要将企业和其他社会力量纳入自己的应急体系，还必须与其共同编织一个社会动员的网络体系，建立彼此密切合作、协调的伙伴关系。只有这样，企业和其他社会力量的参与才是有序、有效、有力的。否则，动员的结果有可能是彼此冲突或重复建设，不能形成应对突发事件的合力。

在公共管理中，网络的含义就是指一个有着多个节点（不同的机构或组织）、多重联系（包括正式联系与非正式联系）的管理结构。那么，在应急管理网络中，政府、企业、社会组织等都是不同的节点，而它们之间存在着各种正式与非正式的关系。“建立应急管理网络的目标是制定政策、实施计划，在灾害发生时降低脆弱性，减少生命与财产的损失，保护环境，促进多组织的协调。”①

应急管理网络形成后，各个节点就会充分发挥各自的知识、技能与资源优势，为提高突发事件处置的效能服务。当然，应急管理网络正常运行的前提是各个节点对自己所扮演的角色与承担的责任有着准确的理解和把握。

应急管理网络上的各个节点可以通过正式的制度建立经常性的联系，如不同区域可以签订应急互助协议，也可以通过非正式的渠道密切彼此之间的关系。作为应急管理的重要协调者，政府应为各个节点之间的联络与沟通创造条件或搭建平台，使得多个组织能够围绕一个共同的目标而协调互动。例如，推动区域、组织、部门之间签订灾害事故援助协议。

应急社会动员网络的形成主要取决于以下三个条件：“灾前的联系（这使得一个组织熟知其他组织的知识和技能）；方便、快捷的共享灾害信息的手段；携手满足应急管理需求的意愿。”② 因此，对政府应急管理部门而言，以下措施是至关重要的：相关部门、组织进行综合性应急管理的培训；相关部门、组织联合制定突发事件应急预案；相关部门、组织形成定期或不定期的灾情会商制度；相关部门、组织签订应急互助协议；相关部门、组织开展应急演练；相关部门、组织建立相互兼容的应急信息技术平台，共享突发事件信息。

第三节　我国应急社会动员的经验与问题

2003 年抗击“非典”胜利以来，我国政府围绕“一案三制”的建设，不断加强应急管理工作，着力形成“党委领导、政府主导、军地协同、条块结合、全社会共同参与”的应急管理工作格局。在应急社会动员的实践方面，我国各级政府已经积累了一些值得总结、归纳的宝贵经验。但是，这些经验尚未被提炼为经常化的工作模式。应急社会动员机制建设有待于进一步加强。

一、我国应急社会动员的经验

(1) 坚持各级党组织的领导。“党政军民学，东西南北中，党是领导一切的。中国共产党是中国特色社会主义事业的坚强领导核心，是最高政治领导力

① William L. Waugh Jr., Kathleen Tierney. Emergency management: principles and practice for local government. ICMA, 2007: 60.

② Ibid., 61.

量，各个领域、各个方面都必须坚定自觉坚持党的领导。”[①] 应急社会动员取得成功，关键在于坚持各级党组织的领导。

我们党一贯遵循群众路线的原则，注重一切方针、政策从群众中来又到群众中去，具有强大凝聚力。党的组织体系“横向到边，纵向到底”，在危难时刻可发挥动员、组织群众的作用。在应急管理中，政府只有坚持党委领导，才能有效地整合企业与社会力量，打破各种界限，形成应对突发事件的合力。特别是，党的基层组织在突发事件应对中可发挥先锋模范作用，带动灾区的广大社会公众开展有效的自救互救。这是我国应急社会动员的一大特色和优势。

什邡市红白镇地处龙门山断裂带。“5·12”汶川地震使红白镇遭受了重大的损失，6 707 人受灾，981 人死亡，233 人失踪，4 189 人受伤。在地震中，红白镇公共设施损毁严重，电力、通信、交通中断，成为一座“孤岛”。不仅如此，还发生了液氨泄漏。面对众多伤者，红白镇缺少基本的医疗卫生资源，无法进行有效救治。社会公众基本生活物品匮乏，情绪不稳，社会秩序混乱。

在这种情况下，党组织的基层战斗堡垒作用在震后第一时间得到了凸显。红白镇人大常委会副主任雷兴保、副镇长黄立顺等人于地震当日 14 时 38 分左右在镇政府的空地上开会，决定抓紧一切时间抢救群众生命，派人到各村查灾情并到什邡汇报灾情。15 时 10 分，在附近调研的镇党委书记陈玉堂、副镇长赶到镇中心校救援现场，与其他党员干部一起，召开了临时党委会议，成立了“红白镇抗震救灾临时指挥部”。他们部署了一系列的自救措施：紧急征用红白平维超市，统一支配、集中控制、有序发放生活物资；利用各种医疗资源救治轻伤员，转移重伤员；保护金融机构，避免出现哄抢；妥善安置受伤群众；掩埋遇难者，防止疫病流行；积极应对氨气泄漏。在基层党组织的带领下，红白镇社会公众被有效动员起来，战胜了这场特大自然灾害。

（2）注重基层社会动员。在应急社会动员中，基层是重中之重。温家宝在 2005 年全国应急管理工作会议上指出，基层的应急能力，是全部应急管理的基础；人民群众的积极参与，是国家应急管理体系的重要组成部分。2007 年 5 月，在诸暨举行的全国基层应急管理工作会议上，国务院有关领导也指出，基层工作是党和政府一切工作的基础。做好应急管理工作，尤其要狠抓基层，固本强基。多数问题发生在基层，多数问题也要解决在基层。抓住了基层，也就

---

① 中共中央宣传部．习近平新时代中国特色社会主义思想三十讲．北京：学习出版社，2018：74.

抓住了根本。2010 年 8 月 12 日，四川省多个地方出现大到暴雨，成都、德阳、广元、绵阳、雅安、眉山、阿坝等 10 个市（州）发生特大山洪、泥石流灾害。其中，汶川地震重灾区绵竹市清平乡、汶川县映秀镇及都江堰市龙池镇受灾最为严重。在特大山洪、泥石流灾害发生的前 3 天，绵竹市清平乡接到暴雨预警后，立即启动专项应急预案，安全转移 5 000 多人。基层社会动员保护了公众的生命财产。

从总体上说，我国基层社会动员的能力还比较薄弱。但是，在我国一些地区，基层单位在应急社会动员方面已经摸索出一套比较好的做法。其中，湖南省长沙市岳麓区咸嘉新村、浙江省诸暨市枫桥镇、江西省南昌市东湖区的经验可供我们建立应急社会动员机制借鉴。

第一，突出“预防为主”的理念，实现应急宣传教育经常化。南昌市东湖区内的每个社区都成立了社区综合治理办公室和社区警务室，每周进行一次全面的治安排查。各个社区还通过张贴温馨提示语、发放创建活动倡议信、召开论坛和组织安全讲座等多种方式，提高本社区居民的公共安全意识，以预防突发公共事件的发生。

浙江省诸暨市枫桥镇广泛进行社会动员，整合各种社会资源，及时发现社会矛盾，并在其激化之前化解，做到“小事不出村，大事不出镇，矛盾不上交，解决在基层”，有效地防止了社会突发事件的发生。

长沙市岳麓区咸嘉新村的主要措施有：建立隐患“一月一排查”制度；借助社区报纸、大型户外宣传广告牌、数字化学习平台、室外显示屏等载体，平均每月组织一次以上的应急知识宣传教育活动；在社区各主要路口及庭院门外，设置消防宣传墙、防范意外伤害知识宣传栏；开设社区 QQ 群论坛、家长网校等 5 个网上交流平台，及时掌握居民的思想动态，同时利用虚拟空间普及应急知识；发放应急管理知识宣传手册和宣传页。

第二，综合协调各部门，成立应急社会动员领导机构。枫桥镇党委书记担任综合治理工作委员会主任，委员会下设“综合治理中心”，包括窗口、调解委、信访办、政法委、维权办、司法所、警务室等机构，由分管政法的副书记任中心主任。

威嘉新村的应急管理领导小组下设 8 个专项小组，分别负责安全教育、社会稳定、消防安全、居家安全、食品安全、生产安全、环境安全和道路安全。成员由社区居委会、警务室、卫生服务中心、驻社区单位、个体私营户代表组成。

第三，逐级分解应急管理任务，层层落实责任主体。枫桥镇综合治理工作委员会下辖的 84 个村分为东、西、南、北、中 5 个管片，分别设社区综合治理工作分中心；各村、组、企业设立综合治理工作组，由村支书和村委会主任担任正副组长，同时镇政府在每个村派驻一名协助矛盾排解的联村指导员；村综合治理工作组下辖调解办公室、护村队、治保会、平安志愿者、夜间巡防队等，各村信息员负责收集不稳定信息，并及时向综合治理工作组报告或向综合治理工作分中心直接报告。

咸嘉新村社区居委会整合楼栋长、离退休干部及热心居民等力量，组建了由 137 人组成的应急信息员队伍，并随时与信息员保持通信联络。楼栋长掌握自己辖区的情况，其他应急信息员分散在社区的各处。一有突发事件苗头，他们就可以在第一时间向居委会报告。

第四，动员、组合各种力量，形成基层应急队伍。南昌市东湖区下属的 106 个社区组建了 6 支队伍：综合信息员队伍、保安员队伍、义务巡逻员队伍、义务消防员队伍、楼栋长队伍、看楼护院队伍。这 6 支队伍承担不同的任务，责任明确，便于工作的开展。

咸嘉新村社区充分发挥城管协管员、综合治理巡防员、人民调解员、义务消防员、社区信息员、和谐监督员、志愿安全员、司法宣传员的作用，建立了由 50 人组成的社区治安巡防队伍，并实行准军事化管理，24 小时轮流巡逻值勤，一旦有情况，可以在 5 分钟内紧急出动。在此基础上，咸嘉新村挑选优秀的治安巡防队员，组建了 20 人的社区消防队，装备有社区消防车，在当地消防队伍的指导下进行培训和演练。

第五，凸显全民参与、民主参与的特点。在咸嘉新村，应急管理领导小组下属的 8 个专项小组由相关职能部门或专业机构牵头，吸纳社区专职工作者、企事业单位人员、专业技术人员、社区志愿者和居民代表参与应急管理；在各项应急预案编制的过程中，社区召开各个层次的居民代表座谈会，楼栋长逐户走访居民，让社会公众参与到编制工作中来。

第六，密切内部联系，加强信息沟通。咸嘉新村社区应急管理领导小组与驻社区单位、商家定期召开座谈会，进行信息沟通与交流，并签署信息报告的责任书。

南昌市东湖区火神庙社区推行“户户联防”制度，为 1 990 个居民家庭发放了“户户联防”联系卡。卡上注明的内容包括派出所电话、报警电话、常用的急救和火警电话、居住单元邻居姓名及联系方式、社区电话。这方便了居民在紧急状态下的相互联系与救助。

(3) 整合、统筹政府、企业与社会资源。在我国，政府对企业与社会力量在应急管理中的作用重视不足，“政府-企业”“政府-社会力量”之间的伙伴关系发展滞后。但是，在一些地区，政府部门已经在与社会组织建立合作关系，以期实现资源共享。2009 年 3 月 3 日，南宁市消防支队与广西建工集团第一安装有限公司等 12 家社会单位正式签订社会联勤协议，此举的意义在于为消防灭火救援工作提供了更加有效的社会联动保障。12 家单位涵盖石油化工、日用百货、食品卫生、道路疏通、车辆维修、消防器材等多个领域。根据该协议，当重大突发事件发生时，签约单位可为消防队伍提供技术、物资、生活、联勤四大保障支持。具体而言，12 家签约单位可一次性为消防队伍调集生活物资 5 吨、泡沫等灭火剂 60 吨、油料 20 吨、挖掘机等大型机械设备 48 台，实现消防应急物资装备的可持续供给。南宁市消防支队积极与多家社会单位构建社会联动保障体系，目的是提高南宁市的综合防灾能力。

(4) 加强公共安全教育。在我国应急社会动员的实践中，政府已采取多种形式开展公共安全教育。一些地区与部门对应急宣传教育常抓不懈，在某些方面已经形成经常化、制度化的措施。例如，北京市教育部门已经在多所高校实现了安全教育“进课堂、进教材、落实学分”的工作，参观海淀公共安全馆成为海淀区中小学生的一门必修课，等等。

此外，社会组织举办公共安全教育活动，收到了较好的效果。2009 年 7 月 26 日，中国红十字会总会训练中心联合搜狐网公益频道，向广大网友推出应急救护知识与技能培训普及活动。通过理论知识与实际操作的结合、红十字会应急救护培训专家的讲解与指导，以及现场的演练与互动，参与的网友了解了救护新概念，掌握了心肺复苏、创伤急救方面的知识与技能，提高了紧急避险与自救互救的技能。活动得到了搜狐网友的积极响应，众多网友踊跃报名参加。

(5) 发挥群众的首创精神。在许多地方，应急管理部门注意发挥群众的首创精神和智慧，群众平时自觉监测突发事件风险，在突发事件来临时以铜锣、吹哨、高音喇叭、奔走相告等手段发布预警信息，起到了非常好的作用。

2007 年 7 月 22 日，湖南省泸溪县境内连降暴雨。当地的村干部、党员带头组成巡查队开展昼夜巡逻，进行险情排查。7 月 26 日中午，有村民发现高速公路附近的水渠上出现的裂纹越来越长，马上动员党员和村干部通知危险区群众随时做好撤离准备。7 月 27 日凌晨，守卫在裂缝带的巡逻人员发现裂缝延长到 1 000 米，遂用准备好的铜锣向全村报警。村干部开船将 56 名群众转移后两分钟，当地发生了特大山体滑坡。

二、我国应急社会动员的主要问题

(1) 公共安全教育需要加强。公共安全教育是塑造公共安全文化的重要一环，但是目前我国没有普遍实现制度化，社会公众主动参与应急管理的冲动微弱。公共安全教育可以培养社会公众的公共安全意识和社会责任意识，提高其在突发公共事件中避险逃生、自救互救的技能。在某种意义上，公共安全意识决定着企业和其他社会力量响应政府号召、参与应急管理的动机。

公共安全教育在我国许多地方处于一种尴尬境地：说起来重要，做起来次要，忙起来不要。以校园安全为例，除了《学生伤害事故处理办法》第五条、《中小学幼儿园安全管理办法》第五章对安全教育提出明确要求，《中小学公共安全教育指导纲要》也进行了详细的规定。但是，受应试教育影响以及师资等条件所限，公共安全教育多数被穿插于思想品德、政治理论课中，并未受到应有的重视。学生的安全意识及自救互救技能有待进一步提高。

此外，我国的公共安全教育形式大于内容，追求场面的轰轰烈烈，而缺少长效机制。公共安全教育不能仅仅依靠“安全生产月”等“大兵团作战”方式，更应该普及成为国民教育、干部培训的必修内容，并应通过广播、电视、报纸、互联网等媒体的固定栏目融入社会公众的日常生活中，使“人人重视公共安全”从口号内化为一种公民的文化素质。只有这样，公民才了解自己在突发公共事件中的权利和义务，做到临危不乱，并自发地组织起来应对突发事件。

《突发事件应对法》第三十六条规定：“国家鼓励、扶持具备相应条件的教学科研机构培养应急管理专门人才，鼓励、扶持教学科研机构和有关企业研究开发用于突发事件预防、监测、预警、应急处置与救援的新技术、新设备和新工具。”2020 年，新冠肺炎疫情发生后，我国掀起新一轮应急管理学科建设热潮，应急管理大学也正在筹建之中。但是学科建设不能一哄而上，要防止潮汐现象。

(2) 应急社会动员相关立法滞后。在我国应急法律中，应急社会动员往往在一些原则性的条款中予以规定。例如，《突发事件应对法》第六条规定，“国家建立有效的社会动员机制，增强全民的公共安全和防范风险的意识，提高全社会的避险救助能力”；第十一条第二款规定，“公民、法人和其他组织有义务参与突发事件应对工作”。但是，对于开展应急社会动员的具体问题，相关法律却语焉不详，如志愿者参与应急管理的过程中意外死亡如何进行抚恤等。

在社会组织发展方面，我国《宪法》规定公民有结社的自由和权利，也出台了《工会法》《红十字会法》等专门规范社会组织的法律。但是，现有法律的涵盖面有限。

(3) 政府-企业-社会力量之间的经常性联系缺失。西方应急管理学界有句名言：“灾害来时不是交换名片之时。”应急社会动员顺利进行的前提是政府与动员对象进行密切的联系，保持良好的沟通。但是，在我国，社会动员基本是以政府发布行政命令的方式进行的。政府与企业和其他社会力量之间并没有形成良性互动的伙伴关系，也没有对应急管理中的责任分工、角色期待进行明确的规定，在突发事件发生时社会力量的有序调用就会成为一个严重的问题。政府与社会力量在应急协调与合作方面的欠缺，会大大削减应急救援的效率，甚至妨碍应急救援。

(4) 应急社会动员准备不足。突发事件来临时，政府如果要对企业及社会力量进行高效动员，就必须平时做好应急社会动员的各项准备。政府在制定应急预案时就必须考虑社会动员的因素。一是制定应急社会动员的预案，二是吸纳企业及社会力量的代表参与预案的制定。

应急预案有两种：功能导向型（function-specific）预案与致灾因子导向型（hazard-specific）预案。在我国，致灾因子导向型预案较多，功能导向型预案相对较少。在美国，科罗拉多州专门制定了《应急资源动员预案》，而我国各级政府的应急管理工作中缺少社会动员的预案。制定这样的预案，可以加强政府与企业和其他社会力量之间的联系，不仅有利于应对突发事件，也可以发挥教育社会公众的作用。当然，预案的制定需要广泛的代表性与参与性。我国的应急预案缺少企业和其他社会力量代表的参与，有的预案甚至缺少开放性。企业与社会力量根本不知道自身的权利与职责，有序参与便不可能了。

此外，我国的应急动员准备不足还体现在应急保障体系建设之中。应急救援队伍、装备、物资、资金、避难场所等是应急保障体系构成的关键要素。由于应急保障体系建设缺少社会动员方面的投入，企业与社会力量参与应急管理发挥的作用受到制约。汶川地震发生后，国内一大批企业的安全生产救援队伍赶赴四川灾区执行抢险任务，但发挥的作用比较有限，主要原因是应急社会动员的准备不足。

应急救援是一项高度专业化的工作，不经过专业的培训或者掌握一定的应急救援知识和技能很难胜任这一工作。在汶川地震和玉树地震救援中，许多志愿者缺少专业的知识和技能，仅凭一腔热情就前往灾区，辗转到达时却发现自己能胜任的工作很少，最终因缺乏专业技能无功而返。灾区曾为此问题而感到困扰，特别发出通知婉拒志愿者，请他们“择机再来”。可以说，灾区并非不缺志愿者，而是缺少专业的志愿者，如医护人员、心理干预人员、建筑机械操作人员等。

目前，我国应急人力资源、救援物资、紧急避难场所基本上是按照单一灾种应急的模式储备和建设的，不能适应现代社会突发公共事件复杂性与连带性的特点。为此，必须对应急人力、物资、避难场所进行全面的普查、规划、整合与管理。这样，既可以提高动员的效率，又可以避免重复与浪费。

（5）基层应急能力有待进一步提高。我国的基层应急能力普遍偏低。以社区为例，我国既有社会动员力量强大、符合国际标准的“平安社区”，也有安全措施不到位的老旧社区和“城中村”。许多街乡、村委会、社区的应急管理无编制、无资金，这严重影响了基层应急管理的积极性。

一些农村社区由于经济落后、防灾减灾意识淡薄，基本处于不设防状态。以火灾为例，农村的可燃物多，发生火灾的可能性大。农村距离位于县城的消防队（站）较远，加之乡村道路崎岖，消防队伍很难及时赶到火场救援。

应急社会动员工作的基础与关键在基层，这是因为：基层工作做得好，就可以将突发公共事件消灭在萌芽状态，这体现了应急管理“预防为主”的原则；基层组织和公众往往是突发公共事件最直接的承灾主体，蕴藏着巨大的应急潜力和热情；基层最了解突发公共事件的情况，更有条件做出快捷、有力的反应。为此，我们要深入推动应急管理“进工厂、进农村、进学校、进社区”，出台有关社会动员规范、标准的文件，使基层部门具备良好的应急机制与基础设施，提高应急社会动员的整体水平。

我国应急管理存在一个突出矛盾：一方面，应急管理的人力、物力和财力资源自上而下呈等级分布的特点，层次越高，所掌控的资源就越充沛；另一方面，资源匮乏的基层单位往往在应急管理中占据最关键的位置，因为它们的响应速度和力度决定着灾害事故能否被消灭在萌芽状态或灾害事故能否得到有效的控制，它们最熟悉自身的情况，因而也最能找到预防、消除灾害事故的有效方法。国内许多社区甚至是知名社区只有连篇累牍的预案，而缺少有针对性的演练，其中人力、物力和财力制约是重要原因。

应急管理重心过高，不利于社会动员。成功的社会动员必须构筑社会单元的应急管理网络，层层控制，直至入家、入户，形成“横向到边，纵向到底”的社会动员体系。“横向到边”，即整合政府、企业、第三部门各方面的力量，以应急需求为导向，形成应急伙伴关系；“纵向到底”，即社会动员要以政府为主导，充分发挥基层单位甚至是个人的主动性、积极性，形成全社会共同参与应急管理的局面。

（6）应急社会动员缺少沟通与协调。在应急社会动员过程中，政府要发挥重要的引导与调度作用。突发事件发生后，政府应组织相关部门进行初步的灾情探查，并进行应急需求评估，判断是否需要进行社会动员以及社会动员的程度，明确所需资源的类型、数量等要求，并有针对性地向企业和其他社会力量公布。但是，由于应急评估与需求发布工作存在问题，动员不足、动员不当、动员过度情况都可能发生。

（7）应急管理市场化手段的利用尚不充分、规范。我们利用保险等手段分摊灾害事故风险的意识不强，社会动员补偿机制还没有形成，企业在社会动员中的权利与义务有待规范。

第四节　应急社会动员机制的完善

所谓的“机制”，原来主要指机器的构造和运作原理。应急社会动员机制就是指应急动员体系的内在工作方式，说明政府与企业和其他社会力量在应急管理中的相互关系以及政府如何调动非政府资源以应对突发事件。构建应急社会动员机制的关键环节包括：（1）公共安全教育，即增强企业和其他社会力量参与应急管理的愿望，激发社会动员对象参与应急管理的愿望；（2）应急动员法律，即在特殊情况下，以法律来激励、约束企业和其他社会力量的行为，使其为确保公共安全履行参与应急管理的义务；（3）应急社会动员准备，建立“政府-企业-其他社会力量”网络体系，培育人力资本，加强各主体之间的联系；（4）应急社会动员的联合规划与保障体系，各相关主体联合制定预案并进行演练，建立应急保障体系；（5）应急需求评估与动员信息发布，在准确的应急需求评估的基础上，发布应急动员信息，并统一分配任务；(6) 确保应急主体之间的沟通与协调；(7) 应急补偿。

一、应急社会动员的原则

我们建立应急社会动员机制的最终目的是，在各级党委的统一领导下，发挥政府的主导作用，将各种企业和社会力量整合到应急体系中，形成全社会合成应急、协同应急的局面。围绕这一目标，我们在应急社会动员机制建设的过程中应遵循以下原则：

(1) 党委领导，加强统筹。党的领导是社会主义政治制度优越性的集中体现。习近平总书记说，这如同众星捧月，这“月”就是中国共产党。“党中央作出的决策部署，党的各个部门要贯彻落实，人大、政府、政协、监察委、法院、检察院的党组织要贯彻落实，事业单位、人民团体等的党组织也要贯彻落实。在国家治理体系的大棋局中，党中央是坐镇中军帐的‘帅’，车马炮各展其长，一盘棋大局分明，治国理政才有方向、有章法、有力量。”① 在新时代，只有加强党的领导，才能总揽全局、协调各方，将党政军民学的各方面力量调动起来，形成应对突发事件的合力。缺少党的领导，各方参与就有可能出现各自为战的情况，社会动员就会缺少有序性和协调性。

(2) 以人为本，依法动员。应急管理的根本目的是保护社会公众的生命、健康与财产免受突发事件的影响。在突发事件应对过程中，应急管理者面临的价值选择是多重的，但必须体现以人为本的原则。作为应急管理工作的有机组成部分，社会动员要做到既服务社会公众又依靠社会公众。

应急管理是政府履行社会管理与公共服务职能的重要内容。在大力倡导依法治国、依法行政的今天，应急管理部门更要依法动员。所谓的依法动员，就是在应急社会动员的过程中要以国家现行的法律、法规为依据，确保社会动员行为的合法性，在有效处置突发公共事件的同时，使社会公众的权益得到保障。

(3) 政府主导，社会参与。政府在应急社会动员中发挥主导作用，调动全社会力量共同参与。政府要千方百计创造各种平台与服务，使得企业和其他社会力量能够有序地参与到应急管理活动中来。不仅如此，在社会动员的过程中，

① 中共中央宣传部. 习近平新时代中国特色社会主义思想三十讲. 北京：学习出版社，2018：79.

政府要与社会力量构建合作伙伴关系，注重发挥其创新精神，调动其主动性和积极性。

(4) 统筹安排，资源整合。在各级政府的领导下，应急社会动员要着眼于提高应急管理效率，立足现有，开发潜能，整合应急救援队伍、物资、装备、避难场所等资源。应急社会动员的主要对象是已经存在的实体或能力，关键是扩大其应用范围，建立符合应急需求的临时隶属关系及工作秩序，而非另起炉灶、完全新建。

(5) 有条件强制，合理补偿。应急管理需要以政府的合法强制力为最终保障。应急社会动员有时要牺牲局部利益以保障整体利益、牺牲某些人的利益以保障大多数人的利益、牺牲眼前利益以保障长远利益。因此，社会动员要以法律为依据，体现出一定的强制性特征。但这种强制性不是无限制的，而是有条件的：不强制不足以维护最广大社会公众的公共安全，不强制不足以维护社会生活的正常运行。

在市场经济条件下，对于因应急社会动员特别是强制性社会动员而给企业、家庭及个人所造成的物质、经济损失，政府应该在进行科学评估的基础上，给予合理的补偿，以保护企业及社会力量参与应急管理的主动性和积极性。否则，社会动员就是不可持续的。《突发事件应对法》第十二条规定："有关人民政府及其部门为应对突发事件，可以征用单位和个人的财产。被征用的财产在使用完毕或者突发事件应急处置工作结束后，应当及时返还。财产被征用或者征用后毁损、灭失的，应当给予补偿。"

(6) 加强宣传教育，重视基层。公共安全教育是应急社会动员的"润滑剂"。通过应急宣教活动，公共安全文化得以在全社会弘扬，公众参与应急社会动员的愿望与动机得到刺激，素质与能力将得到提升。此外，应急社会动员面向基层，因为基层更贴近社会公众。基层是应急社会动员的关键与重点。

二、加强应急社会动员的措施

(1) 推动社会动员相关立法的进程，建立企业和其他社会力量参与应急管理的网络。针对当前我国社会发展迟缓的局面，必须开展相关立法活动，以推动社会力量参与应急管理。

同时，还要废除一些行政管理色彩浓厚的法规，减少行政对社会组织发展的过度管制。

为了提高社会动员的组织化水平，我国政府应推动中国企业联合会或企业行业协会，建立“企业应急管理网络”；同时，依托共青团组织或红十字会组织，建立“社会力量应急管理网络”。两个网络各自起到整合企业和其他社会力量的作用，并制定应急能力建设的标准。“企业应急管理网络”建立数据库，动态统计成员企业的物资、装备、产品、技术、救援队伍等情况；“社会力量应急管理网络”对社会应急救援队伍的技能、素质等情况进行登记。

（2）建立应急社会动员协调机构，完善社会动员相关制度建设。该机构应对应急社会动员提供必要的支持和指导，并与社会力量建立定期沟通、联系机制，同时在各非政府力量中构建具有广泛代表性的社会动员协调员队伍，作为应急社会动员的联系人。应急管理部门需要对应急协调员进行专门的培训，明确其责任与义务，并定期举行应急协调员联席会议，会商应急社会动员重大事宜，加强沟通、联系。当突发事件即将发生或已经发生时，应急管理部门应快速对灾情及应急需求进行预评估或评估，并据此发布动员需求信息。目前，我国各级政府及其部门与相关专业社会机构、监测网点逐步建立起了一套较为完善的突发事件应对信息收集、汇总、分析、报送、共享体系，在突发事件应对中发挥了很大的作用。但是，突发事件应对信息网络体系建设并未考虑社会动员信息的满足。

对于突发事件引致的应急需求、志愿参与机会及参与所需的技能、保障等，志愿者都不可能通过一般的预警信息和媒体报道准确、全面地了解。信息缺乏使得开展应急志愿行动带有很大的盲目性和无序性，直接制约了其作用的发挥。因此，建立应急社会动员信息发布系统对企业和其他社会力量的有序参与至关重要。

在应急动员需求信息发布后，协调机构应负责核查志愿者资质等相关情况，统一安排、调配志愿者或物资，并履行跟踪、监督的职责。不仅如此，应急动员协调机构还应该为社会力量参与恢复重建活动创造有利的条件。

此外，应急动员机构还应当推动社会动员补偿制度的建立。补偿主体是社会动员的主体政府。一般而言，补偿客体应该包括所有的被动员者，因为当被动员者被调动起来参与应急管理时，就一定意味着其在人力、物力、财力等方面的付出和损失。补偿要体现公平正义原则、有限补偿原则、财产保障原则，可采用支付补偿金、返还财产、恢复原状、保险等形式。

补偿机制可以通过以下方式得到保障：第一，在应急管理储备金中建立善后补偿专项资金，在政府预算中列出一项，进行动态补偿，支出后再补充资金，保证账户资金的动态平衡。第二，对应急社会动员中可能给被动员者造成的损失购买财产、人身、健康保险，通过保险机制来分担风险，降低行政成本。

(3) 提高企业和社会力量的应急能力，促进社会动员整体水平的提升。为确保企业与社会力量具有参与应急管理所需的基本素质和技能，我们要建立一整套参与应急活动资格的认证体系，加强企业与社会应急队伍的业务能力。在招募过程中，我们应注重吸收具有专业技能的人员参与，如退役的军人、消防队员、救援人员等。这不仅有助于提高志愿者队伍的专业化水平，降低培训成本，还可以延长应急人力资本的价值链。

同时，政府必须推动专业应急力量与企事业救援队伍、应急志愿者之间建立长期、有效的沟通、协调机制，构建综合性的应急体系，形成协同应急、合成应急的能力。

首先，制定联合行动预案。政府应推动专业应急机构与企业应急队伍、应急志愿行动协调机构协商，就应急管理中各自分工及合作制定预案，便于双方沟通、协调。行动预案应对突发事件应对中的物资、装备保障与成本承担等问题达成共识。政府及有关部门在行动预案中对相关应急法律、法规中涉及志愿行动的规定进行细化，对应急志愿行动的开展做出较为具体的安排。

其次，双方开展联合培训、演练。为提高企业救援队伍、社会力量参与应急管理的能力、促进彼此间的有效合作，专业应急机构应联合企业救援队伍及应急志愿力量，开展培训、演练。特别是，专业应急救援队伍应在业务上进行指导。

再次，应急协调机构必须对应急志愿者进行必要的分工，根据企业救援队伍、志愿者个人的体能、心理、技能等特点和专业应急机构的志愿行动需求，落实任务设计。在此基础上，根据联合行动计划及相关应急预案，合理设置培训、演练的内容。政府应为联合培训、演练的开展提供必要的资金、设备、设施、场地等支持。

最后，大力开展社会动员的宣传教育工作。宣传教育虽属于“软措施”，但可发挥“硬作用”。成功的宣传教育可以让公众、组织明确自身在应急管理工作中的权利、义务与责任，也可以让公众掌握应急常识，增强应急避险、自救互救的能力，为应急社会动员的顺利实施创造有利的条件。

目前，应急宣传教育应该以构建具有中国特色的公共安全文化为导向，淡化说教色彩，重在启发社会公众的自觉意识，做到宣教对象全民性，宣教形式多样性，宣教过程长期性，宣教目的有针对性。新闻媒体应当无偿开展突发事件预防与应急、自救与互救知识的公益宣传。

第八章
国际应急管理

从西方国家的历史上看，应急管理多导源于为应对战争而建立起来的民防体系。随着非战争安全问题的凸显，应对自然灾害、安全事故、传染病疫情、暴乱或骚乱等突发事件的任务愈加繁重，应急管理逐渐与民防脱离。但是，日本是一个例外。二战结束后，作为一个战败国，日本将战争与军事冲突纳入危机的范畴之内，其主要目的之一就是借助应急管理的发展来强化军备、扩充军力。他山之石，可以攻玉。无论如何，了解美国、日本、英国、加拿大等国家的应急管理经验与模式，对于完善我国的突发事件应急管理具有一定的借鉴意义。

根据国外学者的研究，“国际应急管理”也被称为“国际灾害管理”，其主要含义有两个：一是各国灾害、应急管理的比较研究，二是各国建立共同应对突发事件的合作机制①。在经济全球化背景下，超越任何一国应对能力的巨灾不断发生。例如，“卡特里娜”飓风过后，150 余个国家和国际组织承诺向美国捐赠救灾资金 4.54 亿美元，尽管美国实际只收到 40 余个国家、组织捐赠的 1.26 亿美元。可见，如今的国际应急管理合作越发显得重要。

第一节 美国的应急管理

美国幅员辽阔，地处世界自然灾害三大频发地带之一的太平洋沿岸，历史上多次遭受地震、飓风、龙卷风等自然灾害的侵袭。同时，作为经济与技术发展迅速、社会矛盾错综复杂的发达资本主义国家，美国的人为灾难与技术事故也时有发生。回溯历史，在处理各种自然、人为与技术突发事件的过程中，美国不断地调整应急管理的理念，完善应急管理的体制。深入了解美国应急管理的发展与演变，有助于我们把握美国应急管理的特点，进而吸取其在应急管理方面的经验和教训。

一、二战结束前的美国应急管理

应急管理提供的产品是公共安全，具有受益的非排他性和效用的不可分割性。政府在应急管理中发挥着不可替代的作用。“美国宪法开宗明义地指出，政

① Jessica A. Hubbard. Emergency management in higher education: current practices and conversations. Public entity risk institute, 2008: 58.

府的目标是‘保障国内安宁，规划共同防务，促进公共福利’。”[①]为此，美国政府对于应急管理一向非常重视。早在 1786 年，美国就派出军队平息在马萨诸塞州西部发生的谢伊斯叛乱，这可以看作美国政府较早的一次应急管理实践。

美国是一个实行三权分立的联邦制国家。美国宪法规定，各州具体负责各自的公共卫生及公共安全事务。联邦政府只有在州、地方、个人无力应对公共风险的情况下才会伸出援助之手。1803 年，新罕布什尔州的朴次茅斯发生特大火灾，联邦政府首次提供了经济援助。此后，从 1803 年到 1950 年，联邦政府对各州及地方发生的洪水、龙卷风、地震和火灾等灾害实施了 100 多次的救助。1905 年，美国红十字会受命于国会，成为全美灾害响应的协调机构。次年，旧金山发生里氏 8.3 级大地震，造成 478 人死亡，25 万多人无家可归。红十字会第一次起了非常重要的救灾协调作用。

历史上，美国应急管理的发展与战争动员的关系密切。20 世纪初，人类科学技术获得了突飞猛进的发展并被应用到军事领域，武器装备的杀伤能力得到了大幅度的提高。第一次世界大战展示了大规模空袭的威力和化学武器打击的恐怖场景。在这种情形下，美国国会于 1916 年颁布了《美国军队拨款法案》，成立了国防理事会。该理事会又建立了战争工业委员会，并要求各州、地方成立相应的机构。这标志着美国民防制度的开端，其作用在于避免美国公民遭受战争的打击，并为美国赢得战争调动一切人力、物力和财力。

20 世纪 30 年代，美国发生“滞胀”危机，陷入了经济大萧条。罗斯福总统在实施“新政”的过程中成立了田纳西河流域管理局，以减轻洪灾的影响，发展水电。重建融资公司和公共道路局还被允许发放赈灾贷款以修复灾毁设施，包括公路和桥梁等。1934 年，美国政府出台了《洪水控制法》，授权美国陆军工程师部队设计、兴建防洪工程。这些措施的背后都有一个共同的目的：创造就业机会，推动经济增长。

二战期间，为确保战时生产的安全，罗斯福总统责成联邦调查局对战时物资生产工厂进行调查，并成立了应急管理办公室，负责战时生产的安全保卫工作。随着战争形势的不断发展，这个应急管理办公室的职能不断扩大。1941 年，罗斯福取消了联邦国防理事会的机构设置，以民防办公室取而代之。民防办公室下辖 44 个州、1 000 个地方的国防理事会，为美国取得反法西斯战争的

---

① 夏保成. 西方公共安全管理. 北京：化学工业出版社，2006：3.

胜利立下了汗马功劳。

由上所述，我们可以得出以下结论：第一，美国的应急管理包括战时应急与非战时应急，应急管理在战争期间要被纳入战时轨道；第二，美国的应急管理重点受平战转换的影响，也就是说，战时应急与非战时应急的侧重点不同，战时以应战为主，非战时以救灾为主；第三，两次世界大战中成长起来的美国民防是战时应急管理的有力手段，为非战时应急管理积累了宝贵的经验。

二、冷战前期的美国应急管理

二战结束后，美国与苏联为争夺世界霸权，展开了长达半个世纪之久的冷战对峙。在此期间，美国的应急管理深受国际安全形势特别是美苏关系变化的影响，但始终没有偏离一个核心：应对苏联的核打击。

1947 年，美国颁布了《国家安全法》。根据该法，美国成立了国家安全资源委员会，主要职责是向总统通报美国战时动员协调情况，特别是工业生产能力及关键性战略物资的储备情况。1949 年，苏联成功地爆炸了第一颗原子弹，打破了美国在世界上的核垄断地位。为此，避免苏联的核打击成为美国应急管理的重中之重。是年，杜鲁门政府在应急管理办公室下成立了联邦民防局，主要职责是对民防事务提供技术支持。然而，其人员和资金都很有限。

1950 年，美国国会通过《联邦民防法》，该法规定：联邦政府有权向各州及地方政府提供与装备、给养采购相关的指导、援助、协调、培训和贷款。1951 年 1 月，联邦民防局成为联邦政府的独立机构，并接管了国家安全资源委员会的职责。它所履行的职责与五角大楼在 1950 年成立的国防动员办公室相关，国防动员办公室的主要职能是确保战时物资与生产的快速动员。1958 年，联邦民防局与国防动员办公室最终被合并为民防与国防动员办公室。

20 世纪 50 年代，出于与苏联争霸和打赢朝鲜战争的需要，美国民防主要的侧重点是战争准备，而非灾难救助。尽管 1950 年 9 月 30 日，国会出台了《联邦灾害救助法》，但该法只是规定：联邦政府可以在某些灾害发生时给予各州有限的援助。1953 年，国防动员办公室被赋予应急准备、灾害救助协调的职能。但实际上，在整个国家机器以战争为核心运转的情况下，民防被认为事关“国家安全”的部门，其主要任务是避免公民遭受敌国打击，保障战略物资的生产。无疑，灾害救助在很大程度上遭到了忽视。但是，在此期间，自然灾害却经常“光顾”美国：1954 年，飓风“黑兹尔”袭击了弗吉尼亚州和北卡罗来纳州；1955 年，飓风“戴安娜”袭击了东北部的几个州；1957 年，飓风“奥德丽”袭击了路易斯安那州、得克萨斯州。美国政府的应对策略只是通过临时立法向灾区增加灾害援助。

20 世纪 60 年代初，三场大规模的自然灾害引起了美国政府的关注：1960 年，蒙大拿州发生了里氏 7.3 级的地震；同年，飓风“唐娜”袭击了佛罗里达州西海岸；1961 年，飓风“卡拉”袭击了得克萨斯州。约翰·肯尼迪政府于 1961 年将民防事务与其他应急事务区分开来，在白宫内部成立了专门应对自然灾害的应急规划办公室（1968 年改称应急准备办公室），其主要职能包括资源调配与利用、灾害救助与恢复、经济稳定与政府的持续性。民防职责由国防部内的民防办公室行使。可是，就在美国应急管理重心开始向救灾转移时，1962 年爆发的古巴导弹危机使美国政府再次绷紧了防范核打击的神经。加上越南战争的爆发，美国军费开支一涨再涨。战争准备依然占据着美国应急管理的主要地位。

20 世纪 60 年代是美国自然灾害的频发期：1962 年，“圣龙节”风暴席卷美国东海岸的沿海地带，导致经济损失高达 3 亿美元；1964 年，阿拉斯加州发生里氏 9.2 级的地震，并在太平洋沿岸引起海啸，造成 123 人死亡；1965 年和 1969 年，飓风“贝齐”和“卡米尔”造成墨西哥湾数百名美国公民丧生及巨大的经济损失。对此，美国政府的灾害应对策略依然是撞击-反射式的，即通过临时立法向灾区增加灾害援助。不过，美国于 1968 年启动了“国家洪水保险计划”，通过了《国家洪水保险法》，以保险的形式来分担灾害成本，减少政府的灾后援助负担。

20 世纪 70 年代初，由于尼克松政府以灵活、务实的态度发展与苏联的关系，美国与苏联关系处于相对缓和状态。在国内，美国许多州的州长对民防与应急职能分割的做法提出质疑，建议联邦政府将民防部门的两用资金和设备用于自然灾害的预防与应对。1971 年，民防办公室被更名为“防务民事准备局”，各州及地方获得的拨款一半用于民防，另一半用于应急。民防工作人员要协助各州及地方政府制订应对自然灾害及核打击的计划。

1973 年到 1975 年，美国遭受了严重的自然灾害。特别是 1974 年，美国中西部爆发的龙卷风使数百人丧生。1977 年，田纳西河流域遭受巨大洪灾，发生多起崩坝事件；1979 年，三里岛发生核电站事故。这些都使得美国政府越来越重视灾害、事故的应对。但是，美国应急管理出现了碎片化的现象，应急管理职能主要分散于 5 个联邦部门中：美国通用服务局主要负责大型灾害中各联邦机构的响应协调，包括政府的持续性、物资储备、联邦准备；联邦住房与城市发展部主要负责联邦灾害救助活动的协调，包括洪水保险；1974 年的《联邦火灾预防与控制法》使商业部在负责天气和预警之外，还负责防火；财政部负责进口调查；核管制委员会负责电厂安全。此外，军方还设有负责防范核打击的防务民事准备局和负责洪水控制的美国陆军工程师部队。众多部门职责不清，彼此重叠，关系混乱，经常发生“势力范围”之争。在各州及地方政府层面，应急管理碎片化趋势更加明显，问题更加突出。为此，美国的应急管理迫切需要加以整合。

1977 年，全美州长协会指出，美国缺少一个全国性的综合应急政策，联邦应急职能分散于诸多部门削弱了各州管理灾害的能力。1978 年，该协会发表报告《1978 年应急准备计划：最终报告》，提出：联邦、州及地方政府建立平等的伙伴关系以推行综合应急管理方式；创建一个联邦应急机构，其职能包括减缓、准备、响应与恢复；在各州建立相应的机构。在美国，成立一个独立的应急管理部门的呼声日高。

三、冷战后期的美国应急管理

1979 年，卡特政府成立了联邦应急管理署，实现了应急管理与民防的功能整合。这在美国应急管理发展史上是一件具有里程碑意义的大事。联邦应急管理署由一系列的联邦部门合并组成，包括国家消防管理局、联邦保险局、联邦广播系统、防务民事准备局、联邦灾害援助局、联邦准备局等。不仅如此，它还被赋予了许多新的应急准备与减缓职能，如监督地震风险减除计划，协调大坝安全，协助社区制订严重气象灾害的准备计划，协调自然与核灾害预警系统，协调旨在减轻恐怖袭击后果的准备与规划等。

可以说，联邦应急管理署的成立体现了美国应急管理的一种新理念，即“综合性应急管理”。其具体含义包括两层：第一，从横向来看，应急管理的对象由单灾种向多灾种转变，也就是说，联邦应急管理署要将各个下属机构协调起来以应对不同类型的灾害；第二，从纵向来看，应急管理应该是一种全过程的管理，也就是说，联邦应急管理署无论应对何种灾害，都要经过减缓、准备、响应与恢复四个阶段。约翰·马西是联邦应急管理署的首任署长。他提出“一体化的应急管理体系”（IEMS）的概念，强调将自然风险准备与民防融合起来，使指挥、控制与预警功能适用于各种突发事件，包括应对核打击。

但是，联邦应急管理署从诞生之日起就面临着严峻的挑战：需要协调各种关系，即如何协调内部组织关系，自身与国会及各州、地方政府的关系。从内部来看，联邦应急管理署组织上的整合容易，而运行模式的整合困难；从外部来看，联邦应急管理署要接受国会 23 个委员会和分委员会的监督。1982 年，路易斯·古伊弗里达接管联邦应急管理署并进行重组，将其主要职能再次转向应对苏联的核打击。他的继任者朱利斯·贝克顿将军依然奉行此政策。

1984 年，美国政府的一份报告指出："美国民防计划的主要目的是：在核打击发生时，拯救美国人的生命；增强美国能力，阻碍苏联对美国发动攻击；提高各州及地方应对自然灾害及技术灾难的能力。"[①] 由此可见，美国应急管理在 20 世纪 80 年代的重心还是没有落到救灾上。所幸的是，从联邦应急管理署成立到 20 世纪 80 年代中期，美国并没有遭受重大的自然灾害。但到 80 年代末，联邦应急管理署陷入严重的组织危机，具体表现为士气低落、组成部门各自为政、与各州及地方应急机构在经费支出问题上龃龉不断。

四、后冷战时代的美国应急管理

20 世纪 80 年代末 90 年代初，东欧剧变、苏联解体。苏联核打击的威胁淡去，自然灾害成为公众关注的焦点。同时，由于经济全球化的加速发展以及媒体报道的"CNN 效应"，政府应对各种灾害的效能成为左右民众手中选票的重要因素。

1989 年，美国爆发的两场大规模自然灾害使联邦应急管理署隐藏的问题开始浮出水面。是年 9 月，飓风"雨果"袭击了波多黎各和处女岛后，又席卷了北卡罗来纳州和南卡罗来纳州，造成 85 人死亡，经济损失达 150 亿美元。联邦应急管理署的行动非常迟缓，受到公共舆论的严厉谴责。不久，加利福尼亚州又发生了地震。尽管联邦应急管理署的关注重点是核打击，但加利福尼亚州的应急机构一直在进行防震演练。而且，加利福尼亚州实施了严格的建筑标准。因此，这次地震虽然给当地造成了严重的损失，但死亡人数非常少。

1992 年，飓风"安德鲁"袭击了佛罗里达州和路易斯安那州，飓风"伊尼

---

① John Dowling. FEMA：Programs，problems，and accomplishments//Civil defense：a choice of disaster. American institute of physics，1987：33.

基”袭击了夏威夷。联邦应急管理署没能成功地应对这两场飓风，将其自身存在的救灾体系与救灾程序上的缺点暴露无遗，导致了美国公众强烈的不满情绪。美国媒体对此进行了大规模的报道。总统布什派交通部部长安德鲁·卡德接管了灾害的响应工作，同时动用军队救灾。许多人主张对联邦应急管理署进行脱胎换骨的改革，甚至主张取消联邦应急管理署。

1993年，美国公共管理国家研究院发布了一份影响非常大的报告——《应对巨灾：建立自然及人为灾害中满足人民需要的应急管理系统》。同年，美国政府问责署（GAO）也发表了两份报告，分别是《灾害管理：改善国家对巨灾的响应》和《灾害管理：最近发生的灾害表明需要改善国家的响应战略》。这三份报告所涉及的主要问题有6个：“(1) 联邦应急管理署是否应当被解散？(2) 军队在灾害中应该发挥什么作用？(3) 联邦应急管理署与抵御核打击的民防在灾害中应该发挥什么作用？(4) 联邦应急管理职能如何才能得到改进？(5) 如何建立联邦应急管理署与州及地方应急管理机构之间更为良好的关系？(6) 联邦应急管理署如何改进与白宫及国会的良好关系？”① 可以说，这三份报告的结论从某种意义上说是在对联邦应急管理署的改革进行理论探讨。

美国公共管理国家研究院与政府问责署的报告表明，联邦应急管理署存在着很多问题，如损失与需求估价不充分、沟通不畅、法律授权不清晰、州及地方的应急反应者缺乏训练等。报告提出了以下建议：第一，总统与白宫更多地参与灾害响应，确保对灾害快速、有效地反应；第二，在紧急状态下迅速地部署联邦应急管理署的灾害评估团队；第三，从法律上更为清晰地授权联邦应急管理署来进行巨灾动员；第四，号召国防部将其与灾害响应相关的资源特别是国民警卫队整合到联邦响应的大系统中来；第五，联邦应急管理署需要推行综合应急管理计划，放弃民防计划；第六，增加对州及地方政府拨款的灵活性以改进其灾害应急计划；第七，联邦应急管理署的高级管理职位应该由具有应急管理专业背景和灾害响应经验的人士来出任②。

克林顿当选美国总统后，任命詹姆斯·李·维特执掌联邦应急管理署的大

---

① Richard T. Sylves. Ferment at FEMA：Reforming emergency management. Public administration review，1994，54 (3)：303-307.

② Aron Schroeder，Gary Wamsley，Robert Ward. The evolution of emergency management in American：From a painful past to a promising but uncertain future//Handbook of crisis and emergency management. Marcel Dekker Inc.，2001：94.

权。受命于危难之际的维特有着丰富的应急管理经验，上任伊始就在联邦应急管理署内外进行了大刀阔斧的改革：在内部，他在灾害服务领域大胆地采用新技术，突出强调应急管理的减缓及风险规避的作用；在外部，他加强了与各州及地方应急管理者的联系，建立了联邦应急管理署与国会、媒体的新型关系。具体而言，维特在以下方面进行了改革："与其他联邦机构、州及地方政府、志愿者组织、私人部门建立应急管理伙伴关系；与联邦应急管理署的伙伴一道，构建综合性的、以风险为基础、采用全风险方法的国家应急管理体系；将风险减缓作为国家应急管理系统的基础；对任何灾害都提供快速、有效的回应；加强州及地方的应急管理；振兴联邦应急管理署，发展更有效率的管理骨干、雇员及灾害预备人员。"① 这些行之有效的改革措施使联邦应急管理署起死回生。1993 年，中西部 9 个州遭受洪灾；1994 年，加利福尼亚州发生地震。联邦应急管理署在这两场灾害中采用了新的运作方式和先进技术，反应迅速，应对有力，重新赢得了公众的信心。维特也因出色的政绩被擢升为克林顿政府的内阁成员，应急管理的价值与重要性也因此而得到提升。

值得一提的是，联邦应急管理署在此期间还向全国发出倡议，推行一个以社区为基础的全新灾害减缓计划，即"影响工程：建设抵御灾害的社区"。它要求建立包括各利益相关者在内的伙伴关系，识别并减少风险。商业部门首次被融入伙伴关系的范畴之内。这个工程的目的是把风险及风险规避决策纳入社区日常决策中，促进社区经济的可持续发展，保护自然资源，确保公民的生活质量。这个计划受到了社区的欢迎，也得到了国会的认可，并取得了良好的减灾与防灾效果。

五、"9·11"事件后的美国应急管理

"9·11"事件是美国应急管理的一个转折点，它标志着反恐成为应急管理的核心。2001 年 10 月，美国通过了《反恐怖主义法》；2002 年 11 月，乔治·W. 布什签署《国土安全法》；2003 年 1 月 25 日，美国内阁级的国土安全部正式成立，下辖 22 个联邦部门，拥有雇员 17.9 万人，成为美国的第 17 个部。联邦应急管理署并入国土安全部。

---

① R. Steven Daniels，Carolyn L. Clark-Daniels. Transforming government：The renewal and revitalization of the federal emergency management agency. Nova Science Publishers Inc.，2002：83-84.

根据美国《国土安全法》，国土安全部的主要职责是：预防美国境内发生的恐怖袭击；减少美国对恐怖主义的脆弱性；一旦美国境内发生恐怖袭击，将损害减到最小，并帮助从袭击中恢复；履行划归国土安全部的所有职责，包括承担处理自然与人为危机和紧急事态预案编制的所有责任；确保与国土安全部所属部门和保护国土不直接相关的功能不被削弱或忽略，除非通过国会特别明确的法令许可；保证美国全面的经济安全不因旨在保护国土安全的工作、行动和计划而被削弱；监控非法毒品交易与恐怖主义的联系。

早在 1995 年 4 月，俄克拉何马州就曾遭受恐怖主义炸弹袭击。当时，美国政府认为，恐怖主义应当成为联邦应急管理署全风险应急管理的对象之一。但是，应急管理部门缺少解决诸如生物战、大规模杀伤性武器等问题所需要的资源和技术。因此，美国在“9·11”事件后将联邦应急管理署并入国土安全部。这个举动从理论上讲，具有一定的合理性。“今天，由于现代恐怖主义分子可能获取的武器和仪器以及它们可能造成的损失，比起冷战时期民防与国内应急管理的关系，国土安全名下以恐怖主义为核心的应急管理与灾害管理实际上更能够相互补充。”[①] 但是，美国国土安全部将反恐作为首要职责的同时，忽略了对自然灾害、技术灾难等的预防和应对。国土安全部面临着一系列挑战：第一，美国政府如何将 22 个不同部门协调起来、融为一体，避免官僚机构的权力之争？第二，美国政府如何处理好反恐应急与非反恐应急之间的关系？

2005 年，美国南部墨西哥湾沿岸遭受“卡特里娜”飓风的袭击，因国土安全部的救援不利，造成 1 000 多名美国公民丧生。“卡特里娜”飓风是美国有史以来最为严重的自然灾害，被称为“天灾版的 9·11”。这引起了美国学者的深刻反思：“美国国土安全部官员近视地将注意力集中在恐怖主义威胁上面，这导致了联邦应急管理署的解体及对更为确定的自然风险威胁的忽视。”[②] 在自然灾害救援过程中，各州的国民警卫队发挥着重要的作用。特别是当灾区发生治安事件时，国民警卫队就成为维持社会秩序的有生力量。在“卡特里娜”飓风来袭时，路易斯安那州与密西西比州数万名国民警卫队及预备役部队士兵被派往阿富汗和伊拉克参加反恐战争，当地的救援工作无力展开，强奸、抢劫等犯罪行为猖獗。不仅如此，由于国民警卫队参加反恐战争，参与“卡特里娜”飓风

---

① Richard T. Sylves，William R. Cumming. FEMA's path to homeland security：1979—2003. Journal of Homeland Security and Emergency Management，2004，1（2）：14.

② William L. Waugh Jr.. Annals of the American Academy of Political and Social Science，2006：6.

灾害救援的国民警卫队士兵缺少先进的运输工具、工程设备，所使用的通信设备还是越战时期的。

全风险应急管理本来是美国联邦应急管理的主旨，这意味着反恐只是应急管理的一项重要任务。但国土安全部成立之后，美国实际上偏离了应急管理全风险的原则，单纯地以反恐为核心，其他应急业务领域呈现出萎缩状态。由此来看，“卡特里娜”飓风是天灾，也是人祸。

毫无疑问，“卡特里娜”飓风使“联邦应急管理署再造”成为美国应急管理的当务之急。但是，这种再造不可能在国土安全部框架下完成。“原来的联邦应急管理署之优势在于它与州、地方官员的合作关系，在于它能集中精力发展地方应对自然风险与灾害的能力。但是，在对待公众参与的问题上，国土安全部有着不同的看法。同时，它对自身在巨灾中的作用也有着不同的理解。”①

因此，美国有学者建议，联邦应急管理署应该从国土安全部中独立出来，恢复其应对自然灾害的职能。对于“卡特里娜”飓风的应对不利，媒体大肆批评联邦应急管理署，而专业人士则认为联邦应急管理署不过是“替罪羊”，应该指责的是国土安全部。其原因是：“随着国土安全部的成立，联邦应急管理署所扮演的角色变了。它不再是一个内阁级的机构，在预算、开支、任务等方面更多地依赖于国土安全部的官员。联邦应急管理署的预算遭到缩减，联邦应急管理署的人员和资源也被转移到其他反恐项目中。这个机构由于自身的组成部分被分散到国土安全部的其他部门，实际上已经解体。国土安全部主要精力集中于反恐，没有组织起来以应对自然灾害，包括恐怖主义所导致的灾害。”②

在美国，应急管理系统的重心向反恐转移，但反恐不应该削弱应对自然风险的能力。为此，美国学者指出，以下原则是必须坚持和恪守的：应急管理必须实施“全风险管理”；联邦响应的基础设施必须在《联邦响应计划》的基础上运转；必须使美国应急管理系统成为世界上最好的系统；必须将“减缓”作为美国应急管理的焦点③。

不仅如此，尽管美国加强了国土安全的应对措施，加大了对恐怖主义的打

---

① William L. Waugh Jr. The political costs of failure in the Katrina and Rita Disasters//Annals of the American Academy of Political and Social Science，2006：12.

② 同①17.

③ George D. Haddow，Jane A. Bullock，Damon P. Coppola. Introduction to emergency management. Elsevier Inc.，2006：329-331.

击力度，但是，其有效性还是值得怀疑的。这是因为：在经济全球化背景下，恐怖主义呈现出新的特点，常常成为弱者反抗强者的非对称手段。早在1999年，美国著名的战略咨询机构——兰德公司就发表了《反击新恐怖主义》的研究报告。这个报告对恐怖主义的新特征进行了归纳：恐怖主义组织结构是无中心、松散化、扁平化的，恐怖主义分子可以发动核生化袭击及网络攻击。这将使得美国政府防不胜防：一是恐怖主义分子的行动非常隐蔽，大敌无形，美国的暴力机器再强大，也如老虎吃天；二是经济全球化时代大规模杀伤性武器及技术扩散难以完全得到控制，恐怖主义分子可能会以较低的成本获得致命的武器及技术；三是以等级森严的、纵向科层制的国家机器来应对扁平化的恐怖主义网络，其效用将被大打折扣。

六、美国应急管理的两种模式

从发展历史来看，美国的应急管理存在着两种模式：传统模式和职业模式。所谓的传统模式，即民防模式，强调指挥与控制，突显一线应急救援力量的作用，带有官僚主义的色彩。其主要特点如下：突出与战争相关的突发事件；政府是最为可靠的应急主体，因为灾害会带来社会混乱；等级制对于应急处置而言是最理想的，应急活动必须遵循标准化的相应程序；应急管理只是一线响应者的事情①。

具体来说，在传统模式下，美国的应急管理还表现出以下理念②：

（1）应急管理应该是消防和警察两个部门的职责。

（2）应急管理者只负责协调应急救援活动。

（3）政治家只会妨害应急响应。

（4）非政府人士或机构所获得或传递的信息是不能相信的。

（5）主要领导人和决策者认为，应急救援人员会出于关照自身福祉与私利的目的而玩忽职守。

（6）法律、政策、标准程序在任何灾害情境之下总是有效的。

（7）不遵循官僚主义的指导方针将会有害于应急响应活动。

（8）公众不会对灾害进行响应或不能进行有效的响应，会引发恐慌、抢劫

---

① David A. McEntire. Disaster response and recovery：strategies and tactics for resilience，John Wiley & Sons Inc.，2007：88.

② 同①90.

或其他反社会行为。

(9) 公众群体的自发参与妨害应急响应活动。

客观地讲，在两次世界大战及冷战期间，传统模式对于美国强化应急管理起到了巨大的作用。但是，随着时代的发展，传统模式的弊端逐渐显露。例如，传统模式强调战争风险，但今天美国社会所面临的非传统安全挑战更加频繁。传统模式没有正确理解人在灾害中的行为。一般而言，社会公众大多可以开展有序自救，反社会行为较少发生。传统模式墨守成规，对应急程序的恪守会遏制应急管理者的临机决断能力和创新能力。

从总体上说，美国的应急管理专家、学者倾向于抛弃传统模式。但是，传统模式也并非一无是处。应急管理者需要对传统模式进行“扬弃”，维系其合理的要素，剔除其不合理的要素。传统模式的优缺点对比如表 8-1 所示。

表 8-1　传统模式的优缺点对比

优点	缺点
在所有灾害中，战争造成的负面影响最严重	自然或技术灾害或灾难更加频发
政府是灾害响应行动中的重要主体	政府不是灾害响应行动中的唯一主体
标准应急程序为常见的紧急情况提供了一个合乎逻辑的行动指导	标准应急程序不能为所有类型的紧急情况提供行动指导
等级和秩序可能会挽救人的生命，有助于应对行动的成功	自上而下的结构可能会延缓或阻碍应急响应
在灾害中，恢复秩序是人们的自然愿望	混乱中也会存在秩序，并且控制灾害是不可能的

资料来源：David A. McEntire. Disaster response and recovery：strategies and tactics for resilience. John Wiley & Sons Inc.，2007：95.

目前，美国的应急管理专家积极倡导与传统模式截然不同的职业模式。它是一种公共管理模式，强调综合性地应对各种风险，认为不同应急组织之间存在着相互依赖的关系，主张组织之间以解决问题为导向，形成应急管理的网络。职业模式的理念具体如下①：

(1) 应急管理者面对不同类型的灾害。

(2) 任何一个个人、群体或组织都不能单独应对。

① David A. McEntire. Disaster response and recovery：strategies and tactics for resilience. John Wiley & Sons Inc.，2007：97.

(3) 灾害对社会提出严重的挑战，人们相互合作，共同战胜挑战。

(4) 紧急情况很难预防。公众即便没有经过动员，也会自发地响应。

(5) 当多个组织对灾害进行响应时，应急主体之间不可能形成自上而下等级式的关系。

(6) 灾害凸显了标准应急程序的弱点，将会形成紧急规范。没有一个应急预案会考虑到各种灾害问题。

(7) 在灾害情境下，人们需要调整与适应。偏离应急活动方案是经常发生的，也是有益的。

(8) 除了一线响应者，应急管理者还需要扮演其他不同的角色。

(9) 应急管理者如果与决策者及其他部门的领导不相联系，就不能取得成功。

与传统模式相比，职业模式更强调合作、协调，而不是指挥、控制。无疑，这有着巨大的合理性。但是，在突发事件处置的过程中，等级式的领导与各相关力量的整合有时同样重要。应急管理者需要在恪守规范与临机决断之间形成一种平衡。在许多情况下，特别是在对复杂灾害的处置过程中，应急管理者既需要传统模式，也需要职业模式。例如，在“9·11”事件中，纽约的应急管理者既采用了传统模式，也采用了职业模式。警察与消防部门的领导要采取传统模式，以便与下属保持联系，确保其安全。同时，应急管理者又认识到多部门合作的重要性，按照职业模式，成立了新的应急指挥中心。

第二节　日本的应急管理

日本位于环太平洋活动带上，火山、地震等“地灾”经常发生。由于地理、地形和气象条件等方面的原因，日本遭受台风、暴雨和大雪等“天灾”的频率也非常高。每年，灾害都给日本的生命与财产安全带来重大的损失。为此，日本政府对于突发事件应急管理一向高度重视。

一、日本的防灾体制

灾害给日本带来了巨大的损失，也推动了日本防灾体制的不断进步。1946年，日本发生南海道地震后，于1947年出台了《灾害救助法》；1948年，日本发生了福井地震后，出台了《建筑基本法》；1959年，日本发生了伊势湾台风后，出台了《灾害对策基本法》；1995 年，日本发生阪神—淡路大地震，出台了《地震防灾特别措施法》等。目前，日本的防灾法制非常完备，形成了由基本法、灾害预防与准备法、灾害紧急应对法、灾害恢复法与金融措施法等组成的法律体系。

伊势湾台风发生后，日本于 1961 年公布了《灾害对策基本法》，建立了综合性的灾害管理战略体系。这部法律的主要内容包括：界定灾害管理的责任；灾害管理的组织；灾害管理计划系统；灾害预防与准备；灾害应急响应；灾害恢复与复兴；财政金融措施；灾害紧急事态。日本的灾害管理体系涉及灾害的四个阶段：预防、减缓与准备、应急响应、恢复与复兴。国家与政府角色、责任清晰，公司部门的利益相关者在实施灾害对策方面彼此合作。

2001 年，日本中央政府进行了一系列的改革，设立了防灾担当大臣，负责整合与协调减灾政策。内阁府负责相关政府组织在众多问题上的合作。防灾担当大臣负责基本灾害管理政策的规划、大规模灾害的应对以及总体协调。

此外，借鉴阪神—淡路大地震的经验，内阁秘书处制度得到强化，包括任命内阁危机管理监，建立内阁信息收集中心，加强风险管理的职能，以应对大规模的灾害和严重的突发事件。内阁办公室在灾害管理事务上支持内阁秘书处。

中央防灾会议主要负责内阁重要的政策制定。它是根据《灾害对策基本法》在内阁中设立的。日本首相是中央防灾会议的主席，成员还包括各省的大臣以及主要公共机构的领导和专家。中央防灾会议积极推动综合性的灾害对策，包括根据首相的要求，审议重要的减灾问题。

日本的灾害管理规划体系由以下部分组成：

(1) 防灾基本计划。这是日本减灾活动的基础，由中央防灾会议根据《灾害对策基本法》制订。其主要内容涉及综合性的长期减灾问题，如灾害管理相关制度、减灾项目、灾害恢复与复兴、科技研究等。该计划根据 1995 年的阪神—淡路大地震进行了修订，现在包括针对各种不同类型灾害的计划，详细描述了每个利益相关者所采取的具体措施。

(2) 防灾业务计划。这是由指定的政府组织和公共机构根据《防灾基本计划》制订的。

(3) 地方防灾计划。这是都道府县和市町村在《防灾基本计划》的基础上根据地方的具体情况制订的。

从 1995 年到 2004 年，日本灾害管理的国家预算平均为每年 4.5 万亿日元，约占国家全部预算的5%。其具体分配情况如下：科学技术研究为1.3%，灾害预防与准备为23.6%，国家土地保护为48.7%，灾害恢复与复兴为26.4%。

日本非常重视利用科技成果来提高灾害管理水平。例如，日本开发了地震速报系统。它利用地震来临时纵波与横波之间的时间差，向社会公众发出警报。2006年，日本公布了《科学技术基本计划（第三期）》，提出要将日本塑造成世界上最安全的国家，中期目标就是要确保日本国土、社会、人民生活的安全。这一计划提出了10个防灾方面的重要课题。

二、日本的城市灾害管理

城市是一个国家经济、社会发展成果的聚集地。一旦遭受灾害的侵袭，其后果不言自喻。随着城市化进程的推进，城市人口迅速增加，许多城市甚至兴建在高风险地带，脆弱性极强。不仅如此，由于全球气候变化的影响，城市所面临的极端天气事件考验越发严峻。与此同时，现代化城市的正常运行高度依赖那些科技含量高且彼此之间相互依存的关键性基础设施。在一种基础设施遭受灾毁的情况下，整个城市系统就有可能全部崩溃，进而导致城市运行的中断。

日本是世界上自然灾害最为严重的国家之一，海啸、台风等“天灾”与地震、火山喷发等“地灾”的威胁很大。而且，日本的城市中存在着大量的木制建筑，对火灾的抵御能力较低。1995年1月17日清晨5时46分，日本发生了阪神—淡路大地震，共造成6 434人死亡，失踪3人，受伤43 792人，24万多座建筑被毁，经济损失超过1 000亿美元。此次地震直接袭击了大阪、神户等城市地区，现代化建筑倒塌，高速公路、港口受损，新干线高架桥坍塌。灾害发生后，日本政府痛定思痛，建立了更加完善的城市公共安全体系，其中的许多经验值得我们借鉴。

第一，加强城市公共安全管理体制的建设。阪神—淡路大地震给日本在城市公共安全管理方面所带来的教训是刻骨铭心的。地震发生后，日本兵库县加强了城市公共安全管理的体制建设。在地震发生之前，兵库县只有3～4位官员负责防灾事务，并且没有专门的灾害管理部门。地震后，兵库县设立了防灾监一职，防灾监是该县名列第三位的高官，辅助县知事进行危机管理，拥有协调各个部门的绝对权力。2005年，兵库县设立了防灾企划局和灾害对策局。兵库县在防灾企划局下成立了防灾中心，拥有80多位专职防灾官员。为了便于灾害发生时及时、迅速地展开应对与处置，这些防灾官员集中居住在防灾中心附近的公寓内。他们 24 小时值班，每班 4 人，随时对灾害信息进行监控。

兵库县防灾中心特别注重自身的安全保障。作为灾时指挥、调度枢纽，防灾中心的抗毁能力是至关重要的。防灾中心附近有备用水源，并储存发电机等设备和食品、毛毯等基本生活物资，可保障自身灾时运转的持续性。例如，在因灾而发生停电事故的情况下，防灾中心可依靠自身的设备维持运转 3 天。政府部门和警察等救援机构的基础设施服务供给的恢复处于优先的位置。如果防灾中心陷于瘫痪，三木综合防灾公园可起到临时指挥部的作用。

日本重视广域防灾体制的建立。兵库县在地震后推动县内各市区达成相互支援的协定，还参加全国知事会的支援协定以及“近畿 2 府 7 县危机发生时相互支援相关基本协定”等，建立了一系列的灾害管理伙伴关系。

第二，增强城市公共安全管理措施的实用性与针对性。在阪神—淡路大地震发生之前，兵库县只是例行公事式地与消防、警察、自卫队等部门每年联系一次，并无固定的联动机制。兵库县在震后更加注重防灾措施的实用性，重新修订了防灾手册，并有针对性地组织相关部门，展开实战演练。现在，兵库县每年召开一次防灾会议，各有关部门共同讨论防灾对策，制订详细的防灾计划。

城市公共安全管理贵在减缓与预防。阪神—淡路大地震后，兵库县制订了“治山、治水防灾实施计划”，从源头上防止威胁城市安全的灾害。同时，兵库县还分别在 2003 年和 2005 年推行“我的家抗震改造促进事业”和“简易抗震性检查推进事业”，提高城市居民住宅的抗震性能。

信息是城市公共安全管理决策必不可少的关键因素。为了及时地将灾害信息传递给广大社会公众、避免流言和谣言，兵库县防灾中心设立了与媒体直接联系的电话。在灾害发生时，防灾官员们可拨通电视台、电台的电话，随时插播有关灾害的信息。兵库县防灾中心还与消防、警察、内阁府等部门设立了防灾专线，确保灾时通信联络的畅通。神户市危机管理室向全市的防灾要害部门和关键人员发放了 300 多台特制的收音机。在灾害发生时，这些收音机可自动发出灾害警报。

在灾害预警的过程中，日本特别注重体现以公众为核心的思想，考虑公众群体的差异。比如，气象部门以日文、中文、英文、韩文等多种文字向公众发布预警信息，以满足不同国籍公众的需要。在信息技术应用方面，兵库县建立了“凤凰防灾系统”，收集灾害信息，进行灾害预测，发布预警信息等。不过，日本防灾专家认为，该系统的功能有待于进一步发挥与增强。

日本的应急救援队伍特别注重综合性。消防不仅仅承担灭火任务，还参与滑坡等自然灾害的救援。消防与医疗救援合二为一。119 既是火警，也是医学急救电话。此外，日本特别强调自主防灾，充分调动志愿者的积极性。阪神—淡路大地震发生后，灾区附近志愿者驰援，人数多达 120 万。为此，1995 年被称为日本的“志愿者元年”，1 月 17 成为日本的“志愿者日”。日本志愿者行动经费来自个人捐赠、财团赞助、社会保险、会费、政府委托任务的费用支付等渠道，但基本是非营利的。由于在大地震中志愿者的聚集也产生了混乱的局面，志愿者的有序参与与协调也是日本必须解决的一个问题。

在阪神—淡路大地震中，日本自卫队出动 22 万人，车辆 3.5 万台，各类飞机 1.3 万架次，为应对巨灾发挥了不容否定的作用。地震发生后，日本政府放松了对自卫队参与救灾的限制，规定自卫队可不经地方政府的请求主动参与救灾。

在应急物资储备方面，兵库县建立了广域防灾据点网络。各个防灾据点中储存着毛毯、食品等基本的救灾物资以及切割机等救灾装备。它们根据灾害救援的实际需要，布局在机场附近，以便于在道路基础设施崩溃时运送救援物资。不仅如此，防灾据点还是应急救援队伍集结的地点。作为兵库县的重要防灾据点，三木综合防灾公园的规划与建设还体现了平灾结合的思想。平时，它是一个消防学校；灾时，它就是一个防灾应急场所。

由于日本木结构建筑较多，尽管国土面积狭小，但日本在城市建设中还是预留了大面积的绿化空间。城市中央公园一般为理想的应急避难场所。绿色隔离带不仅可以美化城市，也能够防止火灾的过度蔓延。在日本，学校一般为应急避难场所。据日本有关人士介绍，日本土地为私有，社区小学校的用地为公民均摊捐献。为此，公民有权进入避难。还有，小学校对于社区小学生而言距离较近，步行可至，适合紧急状态下的避难需求。

日本是一个资源匮乏、灾害频发的岛国，人们的危机意识与此密切相关。社区邻里之间深知灾时互救的重要性，平时出入相友、守望相助。根据这一特点，日本非常注重社区防灾能力的培养，使社区形成良好的居民参与机制，以便于他们灾时在政府救援到来之前开展自救与互救。在阪神—淡路大地震中，许多被埋压者是通过家人或亲友的救助而逃生的。

第三，重视城市公共安全的研究与教育。在日本，由于城市具有比乡村更为先进的防灾设施和装备，危机意识相对而言反倒薄弱，容易产生思想麻痹。

因此，加强城市公共安全教育、提高社会公众居安思危的意识尤其重要。每年的9月1日是日本的“防灾日”。在这一天，日本要举行规模较大的防灾演习。从幼儿园起，日本的孩子就要接受避险逃生的训练。

日本许多家庭都备有应急包。一些商店里也出售应急防灾产品，如压缩式水桶、便携式马桶、应急口粮、可储存6年的矿泉水等，品种繁多，有的颇具匠心。例如，有一款收音机同时带有手电筒和报警器的功能，还带有手摇发电装置，能为手机充电。一旦被埋压在黑暗的废墟下，人们可以通过收音机获得外部的信息；充电后的手机可用来与外界联络；手电筒可照明；报警器在人体虚弱的情况下发挥求救的功能。

阪神—淡路大地震发生后，兵库县举办了针对自主防灾组织领导的培训，创立“兵库防灾学堂”，加强公共安全管理教育。一些大学还创设了灾害管理研究机构。神户大学有34人在大地震中遇难，其中包括1名教师。1996年5月，神户大学成立城市安全研究中心，专门研究城市公共安全问题。它从自然科学的角度去分析安全问题，从社会科学的角度去解决问题，并借助防灾教育来弘扬安全文化。日本高校教授还开发了利用游戏来学习防灾知识的课程。

在震后恢复重建的过程中，神户市启动了“HAT神户”（神户东部新都心）建设项目。在“兵库震灾纪念21世纪研究机构”的努力下，兵库县将20多座灾害管理及教育相关的机构集中在这一地区，包括亚洲防灾中心、国际防灾复兴协力机构、神户防灾联合厅舍、神户红十字医院等。这一灾害管理及研究集群在世界上恐怕是绝无仅有的，可以发挥共同推进防灾教育、提升防灾水平的协同效应。

在新都心，兵库县在日本政府的支持下，建立了人与防灾未来中心。这个中心利用声、光、电、声等现代科学技术，逼真地再现阪神—淡路大地震的场面，全景式地展示了震后恢复重建过程，使人们能够真实地体验灾害，增强忧患意识。同时，该中心还从事防灾研究，并组织、开展各种灾害管理培训与研修，开设灾害应对概论、危机应对时的组织论、灾害应对演习等课程。2008年5月，汶川地震发生后，该中心还派遣专家小组来中国进行支援。

第三节　韩国的应急管理

韩国是一个自然灾害频发的国家。在应急管理方面，韩国比较重视自然灾害的应对。20世纪90年代以来，各种技术或人为因素所引发的事件对韩国公共安全不断提出挑战。例如，1995年，韩国首都的三丰百货大楼发生垮塌事件；2003年，大邱地铁发生纵火案；2008年，韩国发生利川冷库爆炸事件及崇礼门火灾。这些都迫使韩国政府不断调整应急管理政策，综合性地应对各种突发事件。

一、韩国应急管理的发展

韩国宪法明确提出，政府有责任管理各种灾害，保护公民。其中的第6章第34条规定："国家应该努力预防灾害，防止公民因此而受到伤害。"① 韩国所处的朝鲜半岛深受台风影响。每年的6月至12月，韩国都要应对台风所带来的洪灾。此外，火灾经常给韩国造成严重的人员伤亡和财产损失。此外，干旱、暴雪、地震、沙尘暴等自然致灾因子以及恐怖主义、原油泄漏、国内暴乱、经济危机等人为致灾因子也对韩国的公共安全构成威胁。

自20世纪50年代初以来，韩国政府共出台了70多部与应急管理相关的法律、法规。在2004年之前，韩国政府主要通过立法的形式，对突发事件实行单灾种管理。1975年，颁布了《民防基本法》；1995年，颁布了《自然灾害对策法》和《应急管理法》。这些法律见证了韩国应急管理发展的历程，标志着应急管理侧重点不断转换。

《民防基本法》的立法目的是针对敌人攻击、恐怖主义或国内地方骚乱，保护公民的生命，减少经济损失。这一法律的主要着眼点在于应对战争和恐怖主义。在冷战时期，半岛南北高度对立，民防在应急管理中占据重要地位。这部法律颁布后，韩国政府设立了相应的机构，配备了充足的人员，规定了详细的行动原则。

《自然灾害对策法》主要针对各种自然灾害，目的是为遇险公众提供及时的救助。这部法律的基础有两个，即1961年颁布的《洪灾与救援法》和1967年颁布的《台风洪灾对策法》。1995年，三丰百货大楼垮塌事件的发生是这部法律得以通过的直接动力。

《应急管理法》的主要立法目的是对人为灾害进行综合性的管理。它整合了

---

① Pan Suk Kim，Jae Eun Lee. Emergency management in Korea and its future directions. Journal of contingencies and crisis management，1998，6 (4)：189-201.

《建筑法》及《消防法》的部分内容。

可见，上述法律虽各有侧重点，但都有单灾种应对的特点。现代社会是高度复杂的社会，需要应急管理者对多种突发事件进行综合性的应对。2003 年，韩国发生了大邱地铁纵火案，192 人丧生。同年，超级台风“鸣蝉”袭击了韩国东北部，造成最少 113 人死亡，经济损失重大。这促使韩国于 2004 年 3 月出台了《应急与安全管理基本法》。这部法律汲取了韩国应对突发事件的历史经验，既针对社会突发事件，也针对自然灾害，还针对人为的突发事件。

但是，这部法律在韩国受到了公众的批评：一是该法对一些基本的术语缺少清晰的界定，例如，通篇使用“紧急事件”，没有说明它与“灾害”的关系；二是该法过分强调政府在应急管理中的作用，没有强调志愿者组织、公司企业和地方社区的角色。

二、韩国应急管理的体制与弊端

在韩国应急管理中，公共组织占据着主导地位，私人组织处于从属地位。人们认为，应急管理是一种公共产品。因此，如何调动社会力量参与应急管理，在韩国是一个比较突出的问题。

在政府主导的模式之下，韩国的应急管理可分为三个层次：中央政府、道与大城市政府及地方政府。较低层次的政府自治权力较小。2004 年 6 月，韩国中央政府成立了国家应急管理署（NEMA），设在公共行政和安全部（MOPAS）下，开始进行综合性应急管理。就综合性而言，该机构的职能履行并不出色。其主要原因如下：在成立国家应急管理署之前，一些机构就有自己管辖的专门化应急领域。因此，国家应急管理署实际上只管辖消防和民用工程。韩国的道、大城市政府和地方政府都在各自的机构里设立了应急管理科，主要应对台风引发的洪灾。为了应对火灾和恐怖主义，各个社区都建有消防站和警察局。因此，韩国的应急管理机构在履行综合协调职能方面存在着较大的障碍。

自 2004 年以来，越来越多的韩国公司建立自己的业务持续性计划。此外，志愿活动近年来在韩国蓬勃发展，特别是以社区为基础的组织在应急管理中发挥重要的作用。但是，韩国缺少专业的志愿组织，而且志愿者希望自己的善举在日后可以得到回报。因此，韩国志愿者精神、志愿行动的组织化与专业化方面均有较大的提升空间。为了促进志愿活动的发展。韩国国家应急管理署加入“韩国灾害安全网”（KDSN）以及“灾害公民团”（CCAD）等志愿者组织，成为其中的成员。还有，韩国的许多居民和社区的灾害与应急意识自国家应急管理署成立以来得到了明显的提高。尽管如此，许多韩国公民依然拒绝制定家庭防灾预案，甚至在突发事件发生后坐等政府救援。

韩国应急管理的一个重要特征是强调恢复。在韩国，国家应急管理署下辖四个总部，即预防与减缓总部、准备总部、响应总部和恢复总部。名义上，各个总部之间的地位平等，但恢复总部获得的支持要明显大于其他三个总部。国外学者认为，韩国应急管理之所以强调恢复而忽视准备，其主要原因之一就是韩国的信息技术发达。一旦突发事件发生，轰动性的消息就会被媒体迅速传播。此外，许多韩国人认为，突发事件是一种宿命，控制突发事件超越人的能力范畴。

三、未来发展方向：蜘蛛网模式[①]

应急管理的蜘蛛网模式是由突发事件及其应对活动的复杂模式决定的。首先，从应对的主体来看，政府、企业、第三部门的力量应该被纳入网络之中；其次，应急管理活动的四个阶段并非按照线性演进的顺序依次进行的；最后，现代应急管理不能仅仅以特定的致灾因子为核心，还要结合应急管理的功能。韩国学者认为，蜘蛛网模式是韩国应急管理发展的方向。

韩国公共行政和安全部实施的《国家安全管理基本计划》（BPNSM）旨在综合应对韩国各种类型的风险。它在2004—2009年首次实施，在2010—2014年第二次实施。《国家安全管理基本计划》包含应急管理生命周期的四个阶段。然而，它所包含的四个阶段并没有重合的部分，该计划认为，应急管理的各阶段应该专注于本阶段的措施，而无须考虑其他阶段。

蜘蛛网模式是现代应急管理的必然要求。在每一阶段，应急管理者必须考虑如何在其他阶段采取措施。《国家安全管理基本计划》中的合作网络主要是政府间的纵向合作网络。在这一系统中，中央政府在指导、命令、协调和与较低层级的政府进行合作中占据主导地位。韩国的应急网络带有很强的命令-控制系统的特征。此外，《国家安全管理基本计划》应允许其他参与者，如私人工商企业、志愿组织和社区参与到合作网络中来。否则，中央政府仅靠自己的力量将

---

① Kyoo-Man Ha，Ji-Young Ahn. Application of the "spider-web approach" to Korean emergency management. Journal of homeland security and emergency management，2009，6（1）：5-7.

难以实现应急管理的目标。

韩国公共行政和安全部编制了一份《应急运行计划建立指南》，下发给中央政府以下的各级政府，要求各级政府每年编制自己的应急运行计划。计划需涵盖自然灾害、人为突发事件、国家基础设施存在的危险等内容。这份指南特别说明了如何收集和传递应急信息、如何应对突发事件预警、如何管理特殊设施和进行及时恢复等内容。

就合作网络而言，该指南在描述如何建立地方应急管理部门、如何与高层政府合作时，提到了地方政府和其他政府机构应该加入国家合作网络。然而，它并没有强调横向合作网络的重要性，也没有说明如何与工商企业和志愿组织开展合作。

第四节　英国的应急管理

作为西欧国家，英国频繁遭受洪水等自然灾害的袭击。疯牛病等公共卫生突发事件、电脑千年虫等技术风险、伦敦地铁爆炸案等人为突发事件也使得应急管理在英国倍受重视。特别是，为了确保 2012 年伦敦奥运会的安全，英国政府着力打造快捷、有效的应急管理体系，积累了丰富的经验。

一、英国应急管理的发展

英国的应急管理起源于民防。为了防范苏联，1948 年英国政府出台了《民防法》。中央政府授权地方政府负责应对可能发生的突发事件。地方组织与机构可以灵活地请求地区与国家在资源方面的支持。中央政府并不强求地方组织与机构进行合作与协调。

冷战结束后，外敌入侵的威胁消失，但各种灾害频繁发生。这迫使政府对应急管理制度进行反思，但没有根本性的变化。在世纪之交，由于电脑千年虫问题、2000 年的洪水及燃料危机、2001 年的口蹄疫，英国政府开始对突发事件的复杂性产生全新的认识，着力提高地方政府的信息能力、行动能力和灾害管理能力，建立应对国家、地区和地方层次突发事件的准备与响应框架。在这种背景下，2001 年 7 月，内阁办公室设立国民紧急事务秘书处（CCS），主要履行突发事件应急管理的职能。

“9・11”事件发生后，英国政府更加重视公民防护，以防止恐怖袭击等人为的灾难。同时，英国认为，现有的法律不能为国民防护提供一个良好的框架。于是，2004 年，英国颁布了《国民紧急事务法》(CCA)。这部法律为国民保护构建了一个框架。它由两个部分组成：第一部分涉及地方相关组织的管理、指导、目标、责任，地方响应者依据职责被分成不同的部门和种类；第二部分更新了 1920 年颁布的《紧急权力法》，主要涉及最为严重的突发事件以及未来的风险。这部法律界定了突发事件的含义，确定了所有相关组织的角色与责任，为地方和政府规定了新的职责，取代了已经过时的紧急权力体系。

进入新世纪后，频繁发生的自然灾害、全球气候变化的影响、恐怖主义袭击、毒品泛滥、新技术、社会问题等都对英国构建可持续性社会提出了严峻的挑战。为了确保公共安全，英国对国民保护与应急响应管理体系进行了重大改革。变革的核心是及时、有效地对突发事件进行响应。

二、突发事件的分类与分级

1948 年的《民防法》规定，地方政府应该应对外敌入侵。那时，英国突发事件的含义主要为外敌入侵。冷战结束后，随着外敌入侵可能性的减小，英国地方政府应对较多的是洪水、交通事故等灾害或灾难。相对于新的风险与威胁，原来对突发事件的界定已经过时。在这种情况下，英国赋予了突发事件新的内涵。

在英国，突发事件目前被定义为“对人的福祉、环境或安全构成威胁或造成严重损失的情境或一系列事件”。具体而言，它主要包括以下三个方面的含义：

(1) 对人的福祉构成严重威胁或造成损失的事件或情境；

(2) 对环境构成严重威胁或造成损失的事件或情境；

(3) 对安全构成严重威胁或造成损失的战争、恐怖主义。

以上是英国政府对突发事件的分类。《国民紧急事务法》的两个部分所涉及的威胁是不同的：第一部分主要针对第一、第二类突发事件，其影响范围主要局限于地方。地方应急响应者可以在精心准备的基础上，有效地进行应对。第二部分主要涉及第三类突发事件，其影响范围较大，地方政府往往无力应对，中央政府必须动用紧急权力。

地方性突发事件主要由地方当局进行处置，最初的响应者为警察、消防与卫生部门，如道路交通安全事故。英国中央政府的参与响应是建立在三级突发事件的基础上的。根据灾害的严重程度不同，所激活的政府部门不同，它们所履行的功能也不同。其中，3 级为巨灾型突发事件，2 级为严重突发事件，1 级为重要突发事件。具体内容如表 8－2 所示。

表 8－2　英国突发事件的分类

类别	描述	案例	响应
3 级突发事件	灾害影响十分广泛，需要中央政府立即介入	“9·11”事件或切尔诺贝利核泄漏事件	主要的响应机构是内阁紧急应变小组（COBR）/国民紧急事务委员会(CCC)
2 级突发事件	灾害有广泛而持续的影响，需要政府及其他部门的支持与协调	传染病暴发	主责政府部门（LGD）负责协调，内阁办公室负责灾害管理
1 级突发事件	灾害影响较小，只需要对焦点地区集中关注	骚乱、严重自然灾害或小型人为灾难	中央政府的支持通过主责政府部门提供，不一定需要激活内阁紧急应变小组。如果需要，国民紧急事务秘书处可以提出建议

三、英国应急管理体系

英国的应急管理体系是分权式的：中央政府负责协调，提供指导；地方政府具体负责对突发事件进行应对。尽管突发事件的规模或复杂程度不同，但大多数由地方进行处置，中央政府是不参与的。地方机构通常是最初的应急响应者，承担应急管理的主要职责。一般而言，警察是地方应急响应行动的执行人，他们在突发事件应对的过程中扮演着不可替代的角色。

但是，其中也有特例。在动物疾病与疫情等灾害的处置过程中，警察部门并非主要的响应机构。灾害管理需要通过地方政府的办公室来进行。不仅如此，如果突发事件的影响超出地方政府应对的能力范围，各种应急服务部门、各类机构就要被动员起来，形成合力，目的是尽快控制住突发事件演进的情势。

在英国，应急响应者分为两类：第一类是占据应急管理核心地位的组织，主要包括应急服务部门（警察、交警、消防、医疗救护、海上及海岸安全等）、地方当局（大城市的区、郡中的县或区、港口卫生部门等）、医疗机构（急救、卫生保护等部门）、政府机构（环保）。它们在应急管理中的主要职责如下：

（1）评估突发事件发生的风险并为应急规划提供信息。

（2）实施应急预案。

(3) 实施企业持续性管理的安排。

(4) 实施相关制度，向社会公众提供国民保护事务信息，在突发事件来临时向公众发出预警、提出行动建议。

(5) 与其他地方响应者合作，增强协调性，提高效率。

(6) 向企业和志愿组织提供有关企业持续性管理的建议。

第二类主要是合作性组织，起到辅助性作用，与第一类应急响应者合作并共享信息。它们主要包括公共设施部门（如供水、排水、供电、供气、通信等部门)、运输部门（如铁路、地铁、公交、机场、海港、公路等)、战略卫生部门及专门负责卫生与安全的政府机构。这类组织很少参与应急规划。但是，当突发事件涉及本部门时它们要参与应对与处置。两类组织通过“地方弹性论坛”在地方层面实现合作与协调。

当突发事件造成更大的影响与人员伤亡时，英国中央政府就会参与、协调。当然，中央政府的协调和响应是通过主责政府部门来进行的。这时，内阁紧急应变小组启动，支持主责政府部门的协调与决策。

在英国的应急体系中，三个组织最为重要：

(1) 国民紧急事务秘书处。支持国民紧急事务委员会应对恐怖主义与自然灾害，设在内阁办公室内部。自成立以来，国民紧急事务秘书处就是英国主要的应急管理组织。

国民紧急事务秘书处的核心目标是通过识别挑战、评估与管理突发事件、为未来的风险制定预案，提高英国的应急准备和响应能力，发展应对突发事件和灾害的弹性。

国民紧急事务秘书处的角色是在国民紧急事务委员会的领导下，形成跨部门、跨机构的合作与协调中心，使英国能够成功地应对灾害挑战并从中恢复，而不是具体地管理所有危机。

国民紧急事务秘书处介入应急管理后，将通知相关部门，告知其应急战略决策。如果突发事件范围广泛，任何一个部门都不能响应或主责政府部门无法确定，国民紧急事务秘书处立即指定一个部门作为主责政府部门。但是，如果事件是因为恐怖袭击导致的，初始阶段的领导权归内务部恐怖主义与保护局。在大灾发生后的紧急情况下，国民紧急事务秘书处与主责政府部门合作，负责以下事务：进行需求评估，并支持需求的满足；设定最坏的情况，为突发事件的升级、后期保障及撤退制定预案；确保中心及其他相关单位获得信息，做好参与的准备；确定管理响应的组织、节奏、程序和数据流，特别是促进部门资源及公共信息系统的提升；与可以提供专业建议及信息的部门保持联系，决定是否或何时向主席建议召开国民紧急事务委员会会议。

国民紧急事务秘书处与主责政府部门保持伙伴关系，在以下方面提供支持：制定预案；与其他部门合作；提高决策能力；开发预警系统；与其他核心部门共享信息；发展管理与专业技能，维护预案；检验既有的预案；持续性地完善预案。

(2) 主责政府部门是根据突发事件情境类别进行认定的。国民紧急事务秘书处根据职责来制定主责政府部门名录。在紧急状态下，如果主责政府部门模糊，国民紧急事务秘书处就要做出决定，指定最适合的部门承担这一责任。

(3) 内阁紧急应变小组是英国政府的主要危机管理机构，在国家级的突发事件发生时，予以启动、激活。当灾害影响大量的企业和政府部门、需要采取集体行动时，政府启动内阁紧急应变小组。它位于白厅内，会议在特殊的安全室内举行，参加人员包括首相、情报官员、国防部等部门的高官以及其他大臣，伦敦市市长等要员，主责政府部门的代表，等等。内阁紧急应变小组会议持续到紧急状态平息，活动包括分析主要问题、提出解决建议，以进行有效的应对。会议室配备必要的通信工具，可以迅速、有效地向相关部门传递信息。会议通常由首相或内政大臣主持，但也可以根据突发事件的规模、性质而变化。

突发事件往往不是任何一个机构或组织可以单独处置的，它需要许多机构的参与、合作。对于地方多机构响应与恢复的管理是通过一个国家框架进行的。该框架确保所有的相应机构知晓、理解自己在响应与恢复行动中的角色和责任。它包括三个层次，功能彼此不同：

(1) 战斗层面。它要求在突发事件现场或其他影响区域，管理那些需要立即展开的处置工作。现场响应者及相关机构必须共同行动，与其他部门协同，形成合力。在战斗层面，响应者将立即采取行动，在责任区域内根据特殊的任务要求，提供可能的支持。

(2) 战术层面。为了实现效能的最大化，战术层面确保战斗层面所采取的行动的协调与整合。在突发事件中，战术层面的指挥官应在现场附近建立指挥点。

(3) 战略层面。由相关组织与机构的高级指挥官组成战略协调小组。他们为战术层面的指挥官建立工作框架、制定政策。通常，警察占据战略协调小组的主导地位。但是，根据灾害类型与规模的不同，其他机构也可能取而代之。

四、紧急权力

当英国遭受严重突发事件侵袭时，政府可以行使紧急权力。紧急权力对社会公众基本的权利与自由进行了限制。为了防止紧急权力的滥用，英国政府对紧急权力行使的条件进行了严格的限制。紧急权力的行使必须满足以下要求：

第一，严重性。突发事件即将发生或正在发生，并且对人的福祉、环境或安全造成了严重的威胁或严重的损害。第二，必要性。现有的权力不足以应对突发事件，不得不行使紧急权力。第三，比例性。紧急权力必须与突发事件的影响相称。

此外，英国政府规定，紧急权力的行使不能用来实现以下目的：限制对罢工或其他与工业有关的行动；实施军事政变；改变刑事程序；违反《人权法案》；等等。

第五节　加拿大的应急管理

加拿大是美国的邻国，应急管理的发展与演变深受美国影响。近年来，加拿大政府出台了一系列应急法律文件，如《应急管理框架》《应急管理法》等，进一步完善了加拿大的应急管理体制与机制，可资我们学习与借鉴。

一、加拿大应急管理的发展

加拿大应急管理可以追溯到二战时期的民防。第二次世界大战不同于以往的战争，暴力的威胁蔓延到了群雄逐鹿的欧洲战场之外。空军可以携带杀伤性武器，远距离对敌人进行打击。随着潜艇的出现以及海陆两栖攻击作战能力的增强，北美也处于战争的边缘。为了应对新的威胁，北美需要加强自身的国土防卫。与此同时，一战退役的老兵跃跃欲试。民防呼之欲出。

1939 年，加拿大通过了《空袭防范法》，并指令联邦退休金与国家健康部监督其实施。负责官员权力很大，可以宣布宵禁或疏散。在珍珠港事件发生后，这个计划更名为民防，包括 775 个社区，大约 28 万人。

二战结束后，加拿大迟迟没有解除民防部门的权力。人们对公民自由受到的限制非常不满。许多社区从即将解散的民防组织手中购买了消防设备。但是，由于苏联核武器试爆成功，人们对于战争时期的国民保护重新重视。

在加拿大，联邦负责履行军事方面的责任。但是，保护公众免受攻击却是地方政府的职责。因而，加拿大的民防是分权式的。联邦和省政府共同承担规划、训练与协调的职能，但地方政府具体负责实施民防计划。

1951 年，国防部下的民防职能被转移到国家健康与福利部。民防被看作对公民的关爱行为。1957 年 6 月，枢密院办公室又成立应急措施组织。该组织主要负责政府持续性及联邦总体规划的协调。这就意味着两个规划部门都涉及民防，它们共同负责核打击背景下的公民福祉与生存。

1959 年，加拿大颁布《民防法令》，民防职能分散于两个部门的局面结束。应急措施组织开始独家主导民防和联邦政府持续性规划，民防人员和设施负责满足和平时期灾害应对的人道主义需求。

20 世纪 60 年代，加拿大对核打击的关注力度较大。各个省都通过了相关法令并形成了自己的应急措施组织。1967 年，加拿大应急措施组织归国防部管理。

1973 年，内阁在枢密院办公室成立新的秘书处——应急规划秘书处，但是其职责被下放给国家应急规划机构。1975 年，国家应急规划机构更名为加拿大应急规划组织。20 世纪 70 年代后期，世界日益紧张的局势使得加拿大越发重视应急规划。1980 年，应急规划秘书处与加拿大应急规划组织合并，归属枢密院办公室，统一更名为加拿大应急规划组织。

1988 年，加拿大通过《应急法》和《应急准备法》。前者取代了《战争措施法》，规定了政府在紧急状态下行使特殊权力的情况；后者为创立新的加拿大应急准备组织奠定了基础。1992 年，加拿大应急准备组织归属于国防部。

2001 年 2 月 5 日，加拿大宣布成立关键基础设施防护与应急准备办公室（OCIPEP），它由国防部部长负责，主要应对互联网安全问题，并接管了加拿大应急准备组织的职能。这标志着加拿大应急管理重新关注国内安全问题。

在加拿大，关键基础设施防护与应急准备办公室被整合到了新成立的公共安全与应急准备部，部长由加拿大副总理兼任。这个部由警察、安全情报、消防、边境服务、巡逻等机构整合而成。关键基础设施防护与应急准备办公室的功能被分散到了该部的各个机构中。

2007 年，加拿大颁布新的《应急管理法》，应急规划成为每个联邦部门的职责，协调职能归属于国家级的应急管理组织——公共安全部。与此相应，各个省与地区都实现了民防向综合应急管理方向的发展。但是，各地的转型速度与表现不同。

加拿大应急管理政策比较简洁。在加拿大，所有的省政府都认可 2007 年《应急管理框架》所提出的原则。这份文件强调了四个相互联系的功能的重要性：预防与减缓、准备、响应、恢复。在它所规定的 9 个原则中，有三个涉及应急管理中两个机构之间的关系：责任、伙伴关系和清晰的沟通。

导源这些关系的应急管理计划为三个原则所指导：综合性、以风险为基础和全风险。与此相关的原则是弹性。它是现代应急管理的重要原则，强调灾害对物理或社会系统的影响，而不是致灾因子本身。行动一致性原则强调需要协调、合作的活动，特别是在响应过程中。最后是持续性改进的原则，要应用过去经验，进行管理评估或演练。

加拿大其他两个比较重要的联邦政策是《灾害财政援助安排》和《国家减灾战略》。它们为在恢复及风险减缓活动中分配联邦资金提供了指导，对各省如何制定预案、灾害响应都有重要的影响。

二、加拿大应急管理的框架

2005 年 1 月，加拿大联邦、省和地区决定共同努力，改善加拿大的应急管理框架，实现联邦应急系统的协调，对各省、地区的应急系统进行补充。2007 年，加拿大政府发布了《加拿大应急管理框架》，为全国的应急管理行动提供了指南。

(1) 应急管理的目的。挽救生命，保护财产、环境和经济。保护生命是最为重要的。就最广泛的意义而言，应急管理能够提高风险认知的水平，有助于在加拿大建立一个更加安全、繁荣、可持续、抵御灾害和更具恢复力的社会。

(2) 应急管理的功能。应急管理由预防与减缓、准备、响应、恢复四个功能组成。它们以风险为基础，彼此之间相互依赖。预防与减缓通过灾害或突发事件发生前的主动措施，消除或减少致灾因子的影响和风险；准备通过在事件发生前采取措施，做好应对灾害、管理灾害结果的准备；响应在灾害发生的过程中或灾害发生之初采取行动，通过应急公共沟通、搜救、紧急医疗救助和疏散等措施管理灾害的后果，将灾害的损失最小化；恢复通过灾后实施的措施，将灾区状况修复或恢复到可接受的水平。长期恢复与未来灾害的预防与减缓关系密切。

以上四个相互依赖的功能可依次进行，也可同时进行。但是，它们彼此并不是孤立的。省、地区和联邦政府的应急管理应采取综合性的全致灾因子的方式，协调和整合上述功能，实现加拿大安全的最大化。确保这些功能之间以及应急管理伙伴之间建立保持强大的无缝连接，对于有效应急管理而言是至关重要的。

历史上，加拿大应急管理重视准备和响应。不断变化的风险环境要求应急管理通过灾前的预防与减缓措施，应对风险、致灾因子和脆弱性。在预防与减缓方面加大关注与投资力度，可以预防灾害或灾害发生后对社会、经济和环境引致的成本或带来的损失。

(3) 应急管理的原则。这些原则是加拿大应急管理架构的核心，反映了加拿大应急管理的本质，构成了加拿大应急管理基本的理念和目标。作为加拿大应急管理系统构成元素，框架、项目、程序、指南与活动的设计、实施与不断改进所遵循的就是这些原则。

1) 责任原则。在加拿大社会的各个层面，应急管理的角色和活动都体现了责任原则。法律、政策框架和其他安排建立了指南和标准，目的是确保人们勤勉应急、恪守责任。加拿大应急管理的责任由联邦、省、地区政府及其伙伴共同承担，包括有责任进行灾害准备的个人。省和地区政府对各自的辖区负责，联邦政府在国家层面的应急管理中行使领导权。

在紧急情况下，最初响应往往由市或省、地区做出，因为灾害通常发生于地方。在突发事件或灾害响应中，如果省或地区需要区域外的支援，联邦政府将迅速对省或地区的援助请求做出回应。

2) 全面性原则。联邦、省或地区政府分别采取综合性应急管理的方法。它整合所有基于风险的措施、所有致灾因子、全社会方方面面的伙伴，协调和平衡应急管理四大功能。

3) 伙伴关系原则。所有加拿大人都是应急管理的参与者。联邦、省和地区政府、社区、公民个人、应急最初响应者、私人部门、志愿者、非政府组织、学术界以及国际盟友等都可能参与应急管理。基于有效合作、协调和沟通的良好伙伴关系是加拿大应急管理体系的重要组成部分。

4) 行动一致性原则。应急管理需要合作、协调和整合，以促进所有伙伴互为补充、协调一致地行动，确保最有效地利用应急管理资源，实施应急管理活动。互为补充的各级应急管理体系有助于形成合力，及时有效地发挥应急管理的功能。行动一致性取决于应急管理伙伴是否有清晰与适当的角色、责任、权威和能力。广为认同的期望以及对上述因素的理解与支持是确保行动一致性的关键。

5）基于风险原则。基于风险的模式说明了应急管理功能的相互依赖。它强调，最初要评估各种相对于致灾因子的脆弱性，以确定处置脆弱性和风险功能的最佳平衡与整合。与脆弱性相关的致灾因子或威胁的存在构成了风险。风险管理活动通过阐释风险的各个维度、风险的原因、风险发生的可能性或结果的严重性，推动决策的改进。基于风险的模式更加强调风险减缓措施，是一种可持续的方式。它可以解决社会经济成本上涨的问题，因为造成这个问题的原因是过分强调应急准备和响应。

对上游预防与减缓活动的强调可以减轻致灾因子的易损性，增强恢复力。这点很重要，虽然许多致灾因子不能预防，但灾害可以预防。在特定的地理区域，应当在制定应急管理措施之前，系统地评估致灾因子、威胁、风险和人或组织的脆弱性。风险管理的欠缺可能会对社会、社区、团体或个人产生极端不利的后果。

6）全致灾因子原则。在加拿大，应急管理采取全致灾因子的方法应对自然、人为和灾害引发的脆弱性。当某一时刻一个致灾因子与脆弱性互动，产生严重的负面结果，超出应对能力时，突发事件或灾害就发生了。相关部门应对每种致灾因子进行识别和评估，目的是比照潜在的社会脆弱性对致灾因子进行排序。通过整合的方式对所有与致灾因子相关的风险进行评估，人们就可以有效地降低人员、财产、环境和经济的脆弱性。

7）韧性原则。韧性指一个系统、社区或社会通过防护、恢复达到维持功能运行的水平，适应致灾因子所造成的扰动的能力。应急管理的目的是要加强公民、响应者、组织、社区、政府、系统和社会的韧性，防止致灾因子演变为灾害。增强韧性可以将损害的脆弱性和致灾因子的易损性最小化。手段是创造或加强人、建筑或环境等对灾害进行应对、适应、响应、恢复和学习的社会能力和物理能力。

8）清晰沟通原则。联邦、省和地区政府尽可能公开各自在应急管理中所做的工作。清晰的沟通是一个重要的秩序性过程。在事前，沟通的目的是增强公民致灾因子、风险和脆弱性意识，增强预防、减缓和准备措施，提供应急管理各方面的信息，公共报警系统传递警报信息提示灾难迫近。在灾害过程中和灾害发生后，沟通指导响应行动，将影响最小化，保障安全。沟通对短期、中期和长期的恢复都具有指导意义。

9）持续性改进原则。一些教训和知识产生于基于事实的定性信息。它们可用来改进应急管理的实践。突发事件或灾难发生后，人们使用系统的方法从经验中吸取教训，提高应急管理的有效性，改进应急管理的实践和过程。从灾害中恢复后，人们需要记录、吸纳所得到的教训。加拿大政府系统地进行持续性的改进，包括增量改革和转型式改革，并将它作为各级应急管理功能与实践的一个不可或缺的部分，最大限度地防止问题的重复发生。

三、《应急管理法》

2007年，加拿大出台了《应急管理法》。这部法律清晰地规定了联邦部长在预防与减缓、准备、响应、恢复和关键基础设施防护等应急管理活动中的角色与责任，提高了加拿大政府对各类突发事件应对的准备水平。其中，公共安全部部长被赋予的责任是，作为国家层面的领导，为加拿大政府的应急管理与关键基础设施防护确定一个明确方向。该法增强了应急管理的合作性，提高了各级政府之间以及政府与私有部门之间的信息共享能力。

加拿大公共安全部部长的职责之一是，通过对政府机构活动的协调、与省及其他实体的合作，对加拿大的应急管理行使领导权。具体来说，这主要表现在以下方面：确定准备、维护、检验、实施应急管理计划的政策、项目和其他措施；就应急管理计划的准备、维护、检验、实施，向政府机构提供建议；分析、评估政府机构的应急管理计划；监测潜在的、即将发生的和已经发生的突发事件，向其他部长提出建议；协调加拿大政府的应急响应；协调联邦政府机构与各省政府的应急管理活动，支持各省的应急管理活动；当各省发生突发事件时，协调援助事宜；与外交部部长协商，协调加拿大对美国境内发生的突发事件所做出的响应。

其他各部部长也在自身的责任范围内承担一定的应急管理职责。这主要包括：准备应急管理计划；维持、检验、实施应急管理计划；进行应急管理计划的演练与培训；对于援助各省的计划、联邦-省制订的地区计划、政府机构持续运作计划或当战争、武装冲突发生时，每个部长都必须参加一个应急管理计划。

四、《国家灾害减缓战略》

2008年1月9日，加拿大发布了《国家灾害减缓战略》。它由联邦、省和地区政府共同制定。这个战略制定的初衷是为加拿大的灾害减缓活动确立一个共同的愿景，将灾害减缓纳入应急管理框架之中，同时明确联邦、省和地区政府采取的主要行动。

国家灾害减缓战略的目标是保护人的生命，将灾害减缓作为一种生活方式，维持具有恢复力的可持续发展的社会。该战略遵循如下指导原则：(1) 保护生命——通过预防来保护生命；(2) 保障社区安全——通过削减灾害影响增强经济与社会的活力；(3) 公正——在实施中考虑公平与一致性；(4) 可持续——平衡长期的经济、社会和环境考虑；(5) 灵活性——对地区、地方、国家与国际的前景具有回应性；(6) 共享——通过伙伴关系与合作，确保权益的共享。

加拿大政府认为，实施国家减缓战略必须注意以下重点环节：

(1) 领导与协调。加拿大各级政府的官员履行促进灾害减缓的领导职责，致力于将灾害风险减缓原则纳入各自的政府计划中，把灾害减缓融入城市规划、公共卫生、社区计划中，合作开展关键基础设施防护，提高公共部门和私人部门的韧性。

(2) 公共意识、教育与拓展。在社区参与的情况下，灾害减缓最为有效。公共意识与公共教育是优先考虑的重点。为此，加拿大各级政府将弘扬减缓文化，将灾害风险减缓融入加拿大人的生活方式之中。同时，与非政府组织及其他利益相关者合作，推动以灾害减缓为核心的公共参与、教育与拓展活动。

(3) 知识与研究。加拿大的减缓活动必须依靠国内外的减缓研究与科学发展，必须从灾害教训中汲取经验。为此，加拿大各级政府支持减缓科学与工程的发展，及时获取支持致灾因子识别、风险评估的标准数据，为灾害减缓次序的确定与决策提供信息。

(4) 联邦、省、地区共担减缓投资。成功的减缓战略依赖于各级政府的贡献，体现成本共担的原则。灾害减缓战略鼓励现有的减缓活动，也支持创新性的减缓活动。

此外，加拿大的灾害减缓战略还提出要建立一个治理结构，将分散的减缓活动纳入一个有效的框架之中。这个治理结构强调地方的责任，比自上而下的管理模式更有效。它可以推动地方一系列伙伴关系的建立。相关主体可以从利益相关者那里获得有关灾害减缓的建议。

五、《灾害财政援助安排》

在加拿大，当响应或恢复的成本超出省或地区的承受范围时，联邦政府就会按照公正、平等的原则，启动灾害财政援助安排。联邦援助提供给省或地区，而不是直接提供给受灾害影响的个人、小企业或社区。

联邦财政援助资金可用于以下项目：（1）疏散、运输、应急食品、避难所与衣服；（2）紧急提供基本的社区服务；（3）安全措施，包括从危险区域转移有价值的财产和有害物质；（4）修复公共建筑及相关设备；（5）修复公共设施，如道路桥梁；（6）清除对公共安全构成威胁的受损建筑；（7）恢复、替代或修复个人住宅；（8）恢复、替代或修复个人基本的家具、用具；（9）恢复小企业和农场，包括建筑与折本；（10）损失巡查、评估、清运成本。

各省、地区提出、分发灾害财政援助，决定遭受灾损者所需援助的类型和数量。《灾害财政援助安排》在这个方面对省及地区没有限制，但要求它们与联邦政府进行成本分担。

第六节　印度的应急管理[①]

作为一个发展中国家，印度由于自身独特的地理、气候条件，不断遭受严重的洪水、干旱、饥荒、热带气旋、地震、滑坡、热浪等自然灾害的侵袭。此外，化工厂泄漏、空难、铁路和道路交通事故以及恐怖袭击等突发事件也对印度的公共安全提出了严峻的挑战。

近年来，印度的应急管理发生了三个引人注目的重大变化：一是改变了对突发事件被动进行响应的传统，更加突出强调减缓与准备，前瞻性增强；二是完善应急管理制度，颁布了《灾害管理法》和《国家灾害管理响应框架》等重要的法律文件；三是在加强自身应急管理能力的同时，积极参与国际应急救援。

一、公共安全形势

位于南亚的印度濒临阿拉伯海、印度洋和孟加拉湾，北部是喜马拉雅山脉，

① 本节数据资料来源于美国 FEMA 网站。

是世界第二人口大国，其中72%的人口居住在农村地区，将近60%的劳动力从事农业生产。这意味着自然灾害对印度经济、社会的发展具有重要影响。

印度是一个贫穷的发展中国家。2018年，印度的人均国内生产总值为2 030美元，在人类发展指数中排名第130位。“在该国2.3亿贫困人口中，大多数生活在干旱、半干旱地区或洪水易发的平原上，经常遭受干旱和洪水的袭击。”[①] 贫穷是印度灾难的根源，灾难也使印度更加贫困。将减灾与发展统一起来，对于印度而言具有特别的意义。

在印度，洪水、干旱、热带气旋、地震、滑坡等自然灾害经常发生，这与印度独特的地理环境与气候条件有着密切的关系。印度60%以上的陆地易受各种烈度地震的侵袭；大约80%以上的面积易受热带气旋的影响，68%的面积易受干旱的影响。此外，在印度总长为7 500千米的海岸线中，近5 700千米易遭受海啸的袭击。

（1）洪水。印度全年降水的75%都集中在雨季，即6～9月。在这一时期，几乎所有河流的水量都会猛涨，加之河床淤塞、排水系统不畅、沿海平原地区河流洪水与海潮叠加等因素的作用，印度在雨季发生洪灾的风险很大。这对农业生产造成了巨大的影响。

印度的洪水发生频率非常高。1955年、1971年、1973年、1978年、1980年、1984年、1988年、1989年、1998年、2004年、2005年、2008年均爆发了特大洪水。在印度洪灾中，年均受灾人口为3 200万。1978年，洪水造成7 000万人受灾。从1953年到2005年，洪灾平均每年造成1 588人死亡、750万公顷土地受灾，造成的经济损失约为180亿卢比。

（2）干旱。在印度，由于降水量不足或是灌溉设备不足，旱灾时有发生。其中，拉贾斯坦邦是印度最易发生干旱的地区。20世纪以来印度的严重旱灾及受灾情况如表8-3所示。

表8-3　　20世纪以来印度的严重旱灾

年份	受灾情况
1900年	造成125万人死亡

① Sanjay K. Srivastava. Making a technological choice for disaster management and poverty alleviation in India. Disasters，2009，33（1）：58-81.

续表

年份	受灾情况
1942 年	造成 150 万人死亡
1943 年	造成 190 万人死亡
1965 年	造成 150 万人死亡，1 亿人受灾
1972 年	造成 2 亿人受灾
1982 年	造成 3 亿人受灾
2000 年	造成 5 000 万人受灾
2002 年	造成 3.1 亿人受灾

（3）热带气旋。印度东海岸是遭受热带气旋袭击最为频繁的地区。此外，在阿拉伯海生成的热带气旋也会袭击印度的西海岸，特别是古吉拉特邦和北马哈特拉施特拉海岸。20 世纪印度遭受的主要热带气旋灾害情况如表 8－4 所示。

表 8－4　　20 世纪印度遭受的主要热带气旋灾害

年份	受灾情况
1935 年	导致 3 万人死亡
1942 年	在奥里萨和孟加拉西部造成 4 万多人死亡
1943 年	在拉杰普塔纳造成 5 000 多人死亡
1971 年	在奥里萨东海岸登陆，造成 9 000 多人死亡
1977 年	造成泰米尔纳德、安得拉、喀拉拉等地 1.42 万人死亡
1999 年	袭击了奥里萨海岸，造成 1 万余人死亡

（4）地震。在印度，喜马拉雅山地区、卡奇地区、安达曼和尼科巴群岛是地震易发地区。印度历史上的主要地震及所造成的损失如表 8－5 所示。

表 8－5　　印度历史上的地震

年份	受灾情况
1618 年	孟买发生地震，导致 2 000 人丧生
1737 年	孟加拉国发生地震，估计约有 30 万人丧生
1819 年	1 月 16 日，卡奇发生里氏 8.0 级的地震，多个城镇被夷为平地
1869 年	1 月 10 日，阿萨姆邦发生里氏 7.5 级的地震
1905 年	4 月 4 日，喜马偕尔邦发生里氏 8.3 级、烈度 6 度的地震，造成 2 万人死亡
1934 年	比哈尔地区发生里氏 7.5 级、烈度 4 度的地震，造成 6 000 人死亡
1935 年	奎达（今巴基斯坦的一部分）发生里氏 8.3 级、烈度 6 度的地震，22.5 万人丧生

续表

年份	受灾情况
1941 年	安达曼群岛发生里氏 8.1 级、烈度 5 度的地震，造成了极其严重的破坏
1950 年	阿萨姆邦发生里氏 8.6 级、烈度 7 度的地震，造成 1 500 人死亡
1956 年	古吉拉特邦发生里氏 7.0 级、烈度 7 度的地震，导致数百人丧生
1988 年	阿萨姆邦发生里氏 7.2 级、烈度 4 度的地震，2 000 万人受灾
1993 年	马哈拉施特拉邦发生里氏 6.4 级、烈度 8 度的地震，造成 7 928 人死亡
2001 年	古吉拉特邦发生里氏 7.9 级地震，造成 2.5 万人死亡，受灾人数达 630 万
2004 年	印尼地震海啸侵袭了印度大陆近 2 260 千米长的海岸线。印度的泰米尔纳德邦、喀拉拉邦、安得拉邦、安达曼和尼科巴群岛等地受灾。海啸掀起 10 米高的巨浪，涌进了印度内陆地区 3 千米，造成至少 10 749 人死亡、5 640 人失踪。印度 1 089 个村、279 万多人受到影响，11 827 公顷农作物受损，大约 30 万渔民失去了生计
2005 年	巴基斯坦穆扎法拉巴德城附近发生里氏 7.6 级的地震，造成印控克什米尔地区 1 309 人死亡

随着城市化进程的加快，大量人口集中在印度的大都市，这使得自然灾害对印度的公共安全影响加剧。例如，在印度，25%的人口居住于距海岸线 50 千米以内的区域。他们很容易受到洪水、热带气旋或海啸的影响。不仅如此，自然灾害发生后，由于一些地区道路交通、铁路交通、水路交通都不便，救援队伍、装备、物资很难在短时间内到达现场，这对印度政府的应急管理提出了严峻的挑战。

除了自然灾害，印度的事故灾难、恐怖袭击也频繁发生，并造成严重的社会影响。博帕尔事件是迄今为止全球最为严重的工业灾难。1984 年 12 月 3 日晚，位于博帕尔的联合碳化工厂发生泄漏，造成 40 吨异氰酸甲脂（MIC）泄漏。有毒气体当即造成 3 828 人死亡，数十万人受伤，其中大部分人留下了终身残疾。不仅如此，此次泄漏还造成了数以千计的牲畜死亡，水源和空气受到污染。根据大赦国际的统计，另有 2.2 万人因受伤而死亡。此外，在印度，铁路、公路交通事故不断，空难时有发生。

二、应急管理组织

印度实行联邦制。为了便于管理，印度将全国分为 28 个邦、6 个直辖区和 1 个国家首都辖区。直辖区由中央政府直接管理，共有 6 个，即安达曼-尼科巴群岛、拉克沙、昌迪加尔、达德拉-纳加尔哈维利、达曼-第乌、本地治里。28

个邦由自己选举产生的邦政府领导。

灾害管理是地方区政府的职责，邦政府负责监督，印度中央政府提供支持。全国被分为约 600 个区。按照《灾害管理法》的规定，每个区都应该制订灾害管理计划。设立灾害管理委员会，进行灾害管理训练，开展灾害预防、准备和减缓活动。此外，每个邦设有一个灾害管理小组，通常是在邦行政训练协会中。其资金主要由中央政府提供。该小组负责进行灾害管理培训、制订应急计划与文件等。

印度在邦一级政府设有救助专员，通常是相关部门的部长或主要部长。在获得了较低层级的地方行政部门上报的信息后，救助专员就会向邦政府提出建议，决定是否宣布进入灾害状态，如何分配救济物资，等等。

印度国家灾害管理局由总理执掌。各邦的灾害管理局由首席部长出任，目的是在印度推进整体性、综合性的灾害管理模式。印度国家灾害管理局的愿景是："通过各级政府部门与非政府组织的共同努力，形成整体、具有前瞻性、多灾种、科技导向的灾害管理战略，建设一个更加安全、对灾害具有弹性的印度。"

印度国家灾害管理局拥有以下职责：制定灾害管理的政策、计划和指导原则等，协调各部部长和中央政府各部门，统筹并监督用于灾害减缓、准备与响应的资金，制定灾民救助的最低标准，为救助贷款的偿还或者新贷款提供指导。

为应对各种灾害，印度还建立了多学科、多技能、高科技的国家灾害快速反应部队（NDRF），编制为 8 个营，每个营兵力约 1 158 人，部署在全国 9 个最为脆弱的地区。他们按照自然灾害的响应标准配置装备、开展训练，能够执行海、陆、空多种任务。其中的 4 个营还能处置核、化学与生物灾难。每个营都配备救援队，由搜救专家、工程师、技术人员、警犬、医疗及后勤人员等组成，人数 45 人。

不仅如此，印度国家灾害快速反应部队的营区附近，设立国家灾害管理资源中心（NDMRC）。该中心的仓库可以为 2.5 万灾民提供救济物资，能够在灾后 72～96 个小时之间满足应急需求。印度还将在加尔各答和昌迪加尔两地建立高海拔地区备灾仓库，可满足 5 万人的应急需求。

1995 年 3 月，印度农业部在新德里印度公共管理学院成立了国家灾害管理中心（NCDM），培养灾害管理的专门人才。2003 年 10 月，印度将国家灾害管理中心改组为国家灾害管理学院（NIDM），负责培养减灾与灾害管理领域的人力资源，帮助中央、邦和区政府做好应对灾害的准备，协调各层级政府、各政府部门的研究项目、培训项目，并通过案例研究创建灾害数据库。其未来的发展目标是成为印度甚至南亚地区减灾与灾难管理的领导中心。

值得注意的是，印度的应急管理组织一直在不断变革之中。孟买恐怖袭击后，印度组建了国家调查局（NIA）。根据《国家调查局法》，中央政府有权调查发生在全国任何地区的恐怖袭击，包括威胁国家主权和统一的行为、爆炸、劫持飞机或舰船、攻击核设施等。国家调查局负责调查有着复杂的邦际与国际联系的事件，与军火、毒品走私、假币、非法越境等活动相关的事件等。

三、综合性灾害管理

近年来，印度的灾害管理模式发生了巨大的变化：从注重灾害响应与救援转变为强调应急准备、预防和减缓，从单纯依靠政府转变为建立公私部门伙伴关系、加强社区灾害管理。但是，由于制度的惯性，印度的灾害管理从总体上说还带有很强的政府独家主导的特征。

印度效仿苏联的模式，在经济、社会发展中实施以五年为周期的国家计划。在相当长的一个时期内，印度的五年计划并没有涉及灾害管理的内容。但是，2002—2007 年的第十个五年计划首次出现了题为“灾害管理：发展前景”的章节。它强调：如果不将减缓纳入发展的过程之中，发展也将难以持续。“发展的过程需要对灾害预防、准备和减缓保持敏感。灾害管理因此是国家需要优先考虑的问题。仅仅关注灾后救援与重建的历史已经过去。现在需要的是向前看，并对灾害准备与减缓进行规划，尽量减少灾害对发展成果造成的冲击。”这标志着灾害减缓与预防首次被列入印度国家发展战略。

此后，印度的第十一个五年计划通过推动一系列防灾项目与计划的实施，进一步发展与培育安全文化，将灾害减缓与预防融合到发展的进程中，以巩固发展的成果。与此相对应，印度根据以下两个方面，努力推动灾害管理模式的转变：一是遵照《灾害管理法》的指导原则和方向；二是变革不仅要为国家灾害管理局理解与接受，更要为所有利害相关者理解与接受。

印度灾害管理模式转变的原因是近年来在灾害响应行动中所吸取的教训，特别是 2001 年发生的古吉拉特大地震。2003 年，印度古吉拉特邦政府率先颁布了《古吉拉特邦灾害管理法》。此前，印度缺少综合应对各类灾害的专门法律。

在印度，由于灾害频发，政府组建了各种不同的委员会，为有效应对灾害出谋划策。1999 年，灾害管理高级委员会（HPC）成立，其职责是针对如何制订灾害管理计划、建立有效的减缓制度，提供决策参考。2001 年 10 月，该委员会提出了一系列建议，包括出台《灾害管理法》及《国家响应计划》，实现印度灾害管理从注重响应向注重准备的转变，设立国家灾害管理局，等等。印度政府接受了该委员会的建议，将农业部的灾害管理职能转交给内政部。

印度政府成立国家灾害管理局的设想由来已久。古吉拉特大地震使得这一设想更加强烈。2004 年，印度洋海啸终于使印度政府下定决心，成立了灾害管理的专门机构。同时，印度政府于 2005 年 11 月 23 日颁布了《灾难管理法》，要求依法成立国家灾害管理局。国家灾害管理局成立后，出台了《灾害管理政策框架》，对印度的灾害管理提出了一系列的指导方针。

目前，印度的灾害管理具有以下特点：

第一，重视基层的应急能力。社区是灾难最早的响应者。政府需要采取措施，鼓励社区参与应急管理。应急合作至关重要，孤立无援的行动无济于事。应急预案要详细规定各利害相关者的职责，并将责任与可持续性等因素考虑在内。

第二，重视社会力量在应急管理中的作用。例如，危机管理研究院（EMRI）是一个非营利性的专业组织，主要研究医疗救助等问题。通过“1-0-8 危机服务”，它建立了危机求助响应中心，在安得拉邦、古吉拉特邦、拉贾斯坦邦、卡纳塔克邦、阿萨姆邦和梅加拉亚邦等地拥有 1 800 余辆救护车。目前，其应急医疗服务不断拓展。

在印度洋海啸中，印度的 415 个非政府组织参与了应对工作。许多无任何组织归属的自发志愿者也投身其中。南印度联邦渔民协会和“社会需要人类知识教育”组织在联合国的支持和直接管理下，创建了非政府组织协调和资源中心（NCRC）。在灾害响应和与工作完成之后，它在重建阶段依然发挥着重要的作用。

第三，重视灾害教育。2003—2004 学年，印度首开先河使灾害管理作为社会科学教育的一部分，成为八年级学生的教学内容。2004—2005 学年，又使灾害管理走进九年级学生的课堂。在此后的几年中，按照印度中等教育中央委员会的要求，灾害管理成为十一和十二年级的重要课程。在灾害管理课程中，学生们不仅学习理论知识，还需要参加实地演练。这也为家长们提供了一个了解灾害管理特别是灾害准备知识的契机。此外，印度还与联合国相关机构合作，实施基于社区的灾害管理项目。这大大强化了一般社会公众的公共安全意识。

第四，重视巨灾响应中的国际合作。印度洋海啸发生后，印度政府宣布将不接受任何外国援助，因为印度政府认为有能力应对。同时，印度派出军队、医疗队、救灾专家、舰船、直升机，携带救灾物资和装备，援助斯里兰卡、毛里求斯和印度尼西亚等国。这实际上展示了印度的大国雄心，而并非闭锁戏台。印度洋海啸救援结束之后，印度与世界银行、亚洲发展银行合作，开展了重建投资项目。2004 年 12 月 30 日，印度政府发布命令，规定参与海啸救济活动的所有组织（政党除外）不受 1976 年颁布的《外国捐赠管理法》的限制，即国外以现金或实物形式进行捐助必须先获得中央政府的正式批准。命令当日生效，有效期持续到 2005 年 3 月 31 日。

学习、研究国外应急管理良好的做法与有益的经验，必须结合中国的具体国情。更为重要的是，我国应急管理具有明显的制度优势、组织优势，大可不必“言必称希腊”，而应保持制度自信。

第七节　应急管理国际合作

“一个国家的响应能力与几个因素相关，包括灾害的易发性，地方和地区的经济资源，政府的组织体制，技术、学术与人力资源的供给。但是，在巨灾面前，国家自身缺少响应能力，这种情况日益增多，并呼唤着外援。影响整个地区的灾害并不罕见，应对需要国际响应机制。”① 国际合作是应急管理综合性特征在经济全球化时代的新表现，即要整合国内与国际力量以应对可能发生的巨灾。

一、国际合作的原则

从某种意义上说，国际社会处于无政府状态。各国在共同应对突发事件的过程中，虽无一个“世界政府”来约束，但需要有一套“游戏规则”。我们认为，突发事件应对的国际合作应遵循以下原则：

---

① George D. Haddow，Jane A. Bullock，Damon P. Coppola. Introduction to emergency managemen. Elsevier Inc.，2006：219.

第一，预防为主。突发事件应对的国际合作不仅要注重灾后的救援援助，也要注重灾前的防范合作，如开展关于重大传染病防控知识的普及与宣传，推行巨灾保险，建立海啸、地震等灾害的联合预警及信息共享系统，进行打击恐怖主义的跨国军事演习，等等。也就是说，突发事件的国际合作要体现在应急管理的全过程。在20世纪90年代，联合国提出了国际减灾10年计划，推动了应急管理从灾害响应导向型向灾害减缓导向型的转变。

第二，体现国际公平与正义。在经济全球化进程中，发达国家是主导者和主要受益者。从某种意义上讲，它们的发展是以牺牲发展中国家的利益为代价的。在突发事件应对的国际合作中，发达国家应该承担更多的义务。这体现了国际公平与正义的原则。

受经济发展水平所限，许多发展中国家对突发事件减缓与准备的投入严重不足，这就导致了贫困与灾害之间的互动：因为贫困而脆弱性强，因为脆弱性强而频发灾害，进而造成更加贫困。对此，发达国家应给予发展中国家更多的经济援助，帮助其提高对突发事件的抗逆能力。

第三，奉行人道主义原则。突发事件应对的国际合作机制应该体现人道主义的原则，避免某些国家借国际合作之机，或附加政治条件、干涉别国内政，或扩大势力范围、彰显战略意图。2004年，印度洋发生特大海啸，沿岸国家损失惨重。美国提供了价值3.5亿美元的对外援助，其目的之一是向受灾国家示好，以期消除反美主义情绪；日本同时向印度洋地区派出了海上、陆上和航空自卫队，进一步突破了和平宪法的限制，突显了日本争做政治大国的野心。印度为了防止美日向南亚地区的势力扩张，拒绝了国际援助。可见，一旦突发事件应对的国际合作背离人道主义的原则，就会面临严峻挑战。

第四，标本兼治。在经济全球化背景下，增强国际合作、确保人类的共同安全是世界各国的共同心愿。但是，各国合作、共同应对突发事件必须坚持既治标、又治本的原则。

以打击核恐怖主义为例，国际社会必须加强国际合作，这是因为：第一，打击核恐怖主义事关国际安全，提供的是一种全球公共产品，世界各国均有义务参与、支持此项事业；第二，只有加强全球合作，才能真正控制核技术与核材料的扩散，从源头上遏制核恐怖主义。

第五，充分发挥联合国的主导作用。联合国是世界各国政府间进行集体合作的唯一机构，也是促进全球和平与安全、推动全球发展、保护人权并加强国际法的重要场所。它是由主权国家组成的最大的国际组织，有“世界议会”之称。联合国在推动世界经济发展、维护人类社会的稳定和保护人权方面做出了不可磨灭的贡献。

在突发事件的应对过程中，国际社会应充分发挥联合国的主导作用。“当灾害发生时，联合国立即做出响应，并动态地提供食品、住宅、医疗救助和后勤支持等援助。联合国紧急救助协调员通过人道主义事务协调办公室（OCHA）对危机做出国际响应，其中包括联合国儿童基金会、联合国开发计划署、世界粮食计划署、联合国难民事务高级专员以及其他与事件相关的必要机构。”① 这些机构负责消除自然灾害、人为灾难及人道主义紧急事件引发的严重后果。

此外，联合国还将减灾纳入全球可持续发展战略的框架下，通过项目开发来推动灾害的预防与减缓，如鼓励建立预警系统，进行日常的监测与预报，提高地方和地区的应急准备水平。联合国通过的《国际减灾战略》，将减灾和风险减缓作为自身的核心任务，以提高全球恢复力，并通过一系列的机制来减少人、经济与社会的损失：增强公众意识；获得公共当局的承诺；促进多学科、部门间建立伙伴关系，构筑不同层次的风险减除网络；加强对自然灾害原因、自然危险要素影响以及有关技术、环境灾难对社会影响的研究②。

今后，在对联合国机制进行改革的过程中，应充分考虑突发事件对人类生存影响日益加剧这一现实，使联合国成为各国在突发事件应对中开展国际合作的平台与纽带。

二、国际合作的形式

从层次和范围上看，突发事件应对的国际合作可以分为三种形式：全球合作、区域合作、双边合作。例如，1998 年 6 月，在俄罗斯的建议下，北约总部在和平伙伴关系框架下成立了欧洲-大西洋灾害响应协调中心（Euro-Atlantic Disaster Coordination Center）。该中心负责协调欧洲-大西洋地区的北约及其伙伴国家之间的灾害响应行动。从 2001 年起，它开始协调各国反恐行动，进行恐怖袭击的结果管理（consequence management）。此外，该中心还起到灾害援助信息共享平台的作用，开展有关自然、人为灾害的国际演习，与联合国人道主

① George D. Haddow，Jane A. Bullock，Damon P. Coppola. Introduction to emergency management. Elsevier Inc.，2006：223.

② 同①223-224.

义救援办公室、国际原子能机构、世界卫生组织等国际机构进行密切的合作，鼓励各国以双边或多边协议的形式解决跨境往来签证等可能影响救援效率的问题。多年来，该中心参与了全球30多场针对突发事件的跨国救援行动，包括对美国“卡特里娜”飓风、巴基斯坦地震的救援。

但从合作伙伴的性质来说，可以把国际合作分为以下三种：一是非政府组织合作；二是救援企业合作；三是政府间合作，包括军事合作。通过这些合作，各国密切联系、协同应急，抵御共同面临的威胁。

（1）非政府组织合作。在国际合作中，需要发挥以联合国为主的国际组织的作用，也需要借助规模不断壮大的非政府组织的力量。“在过去的几十年里，关注国际人道主义救援的非政府组织的数量呈现出指数级增长。这些组织逐渐在灾害响应与恢复中发挥重要的作用，填补了国家组织与多边组织留下的空白。它们具备不同的技能和设备，可以满足灾民的需要，提升了国际救援的能力。”①

具体来说，在突发事件应对中，非政府组织可以提供以下几种资源：一是信息资源，非政府组织可以收集信息，准确提供灾害损失和援助需求情况；二是救援人力资源，非政府组织可以在短时间内调集具有各种技能的救援人员；三是财政资源，非政府组织具有很强的筹资能力，能够迅速地在国内外筹措大笔应急资金。

以红十字与红新月会国际联合会（IFRC）为例，它在全球拥有众多的成员机构，是各国应对突发事件、开展国际合作可依托的重要网络。IFRC的全球重要合作行动包括：降低灾害易发地带社区及家庭的脆弱性，提高其承受灾害影响的能力；增强各国红十字会、红新月会的灾害准备与灾后响应能力；等等。

这样的非政府组织一方面具有国际组织的特征，拥有遍及全球的网络，可以与地方政府结成应急伙伴关系，在突发事件中发挥重大作用；另一方面又具有草根组织的特点，组织结构分散化，反应灵活，处置效率很高，且具有独立、中立、人道主义色彩，在一些突发事件的谈判中发挥着独特的作用。不仅如此，它们的成员接受了正规的培训，实践经验丰富，敬业精神强大，可以从事灾害救助到灾后恢复重建等各种工作。

---

① George D. Haddow，Jane A. Bullock，Damon P. Coppola. Introduction to emergency management. Elsevier Inc.，2006：230.

(2) 救援企业合作。在突发事件应对的过程中，一个国家可以与国际非政府组织合作，也可以与其他国家的救援公司合作。在国外，紧急救援已经成为一个仅次于银行、邮电、保险业的重要服务性产业，是政府救援的有益与必要的补充。例如，法国“亚洲国际紧急救援中心”（AEA）成立于 1984 年，总部设在新加坡，在欧洲、美洲、亚洲、大洋洲和非洲五大洲建立了 22 个分支机构。仅在亚洲就有 12 个报警中心，主要分布在新加坡、日本、韩国、泰国、越南、缅甸、印度尼西亚、菲律宾、中国，是亚洲最大的紧急救援网络①。

在突发事件的应对过程中，一国政府可以按照商业化模式，调用国外的紧急救援公司。但是，国外紧急救援公司的行为必须受到严格的法律规范约束和委托人的有效监管，必须实行严格的行业自律。对此，西方国家政府官员、学者也在积极探讨如何使紧急救援公司成为可资信赖的应急处置国际伙伴。

(3) 政府间合作。在当前的国际形势下，民族国家仍是国际关系的主要行为体。突发事件应对的国际合作离不开民族国家，其形式可能是国家与国家之间的双边合作、国家参与地区或国际合作等。比如，中国政府高度重视区域间救灾互助关系，积极推动上海合作组织国家在救灾领域的合作。各国签署了《上海合作组织成员国政府间救灾互助协定》，通过了《上海合作组织成员国救灾合作行动方案》。

军事合作是政府合作的特殊表现形式。近年来，世界主要国家的军队都将更多的目光锁定在非传统安全问题上，承担职责实现了向多样化的转变，遂行反恐救灾等非战斗军事任务明显增多。军队之间在国际维和、人道主义救援、打击跨国犯罪、铲除国际恐怖主义等方面开展了一系列的合作与交流。不仅如此，随着国际交往的日益密切，军队还承担着救助突发事件发生地侨民、保卫驻外机构人员安全的职责。这些职责的成功履行离不开当地政府的合作与支持。

三、我国应急管理的国际合作

在中华人民共和国成立以后相当长的一个历史时期内，中国不断地为发展中国家提供灾害救助，却拒绝其他国家提供的援助。

改革开放后，我国对国际救灾援助问题的认识逐步解放思想。特别是 1987

① 丁石孙．灾害管理运行机制．北京：群言出版社，2004：97-98.

年大兴安岭发生特大森林火灾后，我国调整了接受国际救灾援助的方针。“我国基本上是从 1980 年开始接收国际救灾援助的。当时所确定的方针为：‘对联合国救灾署的援助可适当争取，可及时提供灾情（包括组织报道），情况严重的亦可提出援助的要求。’到 1981 年改为：‘不主动提出和要求援助，对方主动提出援助又不附加先决条件，可以接受。’1987 年又调整为：‘要有组织有计划地向国际社会通报和提供有关灾情和救灾工作的资料’‘有选择地积极争取国际救灾援助’。”①

近年来，随着国内外突发事件的不断发生，我国密切了与世界其他国家的国际应急管理合作关系。这主要表现在积极参与国际突发事件救援，向受灾国提供大量的援助，展示了中国作为“负责任大国”的形象。

2004 年，印度洋海啸发生后，中国政府反应积极，向受灾国提供了大量的资金和物资援助，派出了多支医疗救援队和技术救援队等，参加灾害救助、卫生防疫等工作。中国还于 2005 年 1 月主办了中国-东盟地震海啸预警研讨会，双方签署了《建立地震海啸预警系统技术平台的行动计划》。

不仅如此，中国国家地震局、中国人民解放军联合组成中国国家地震灾害紧急救援队，参加国际灾害救援。2005 年 9 月，亚洲减灾大会在北京召开，会议通过了《亚洲减少灾害风险北京行动计划》，推动了亚洲区域减灾与灾害救援合作的发展。中国还通过上海合作组织加强了与中亚各国在救灾、反恐领域的交流、联动。

多年来，中国积极参加有利于各国共同应对突发事件的国际公约。以反击核恐怖主义为例，2005 年 4 月，第 59 届联合国大会通过了《制止核恐怖行为国际公约》。此项公约是联合国制定的第 13 项反恐公约，也是首项打击核恐怖犯罪的专项公约。它要求各国为打击核恐怖行为加强情报交流，加强对本国放射性物质的监管。这为国际社会加强核反恐合作提供了法律框架。同年 9 月 14 日，外交部部长李肇星代表中国政府签署了该公约。

2006 年 10 月，“打击核恐怖主义全球倡议”首次会议在摩洛哥拉巴特召开，中国作为该倡议的 12 个创始国之一参加会议。会议通过《原则声明》，强调：必须制止恐怖分子拥有、运输或使用核材料和放射性材料，防止其对核设施采取任何破坏行为。同年 11 月，为防范核恐怖主义、促进和平利用核能的国

① 孙绍骋．中国救灾制度研究．北京：商务印书馆，2004：138-139.

际合作，我国修改《中华人民共和国核出口管制条例》。2007 年 1 月，我国公布了《国务院关于修改〈中华人民共和国核两用品及相关技术出口管制条例〉的决定》，在原条例中增加了“防范核恐怖主义行为”的内容。

我国在突发事件应对的国际合作中，一向十分重视、关注以下方面的工作：一是加强与有关国家、区域或国际组织的交流与合作，联合建立预警监测、应急救援等方面的工作机制；二是积极参加国际应急救援；三是与国外应急管理研究机构联合开展项目合作。党的十八大后，以习近平同志为核心的党中央积极倡导构建人类命运共同体，大力推动“一带一路”建设，为应急管理国际合作开辟了广阔的空间。

应急管理部成立后，大力推动构建“一带一路”沿线国家自然灾害防治和国际应急管理合作的机制，以此服务国家总体外交。同时，着力提升跨国境救援能力建设。应急管理部组建了中国救援队，并通过了国际重型救援队的资质认证。中国成为亚洲唯一一个拥有两支国际重型救援队的国家。应急管理部与联合国减灾办公室（UNDRR）、联合国人道主义事务协调办公室（OCHA）、国际劳工组织、国际民防组织、上海合作组织、亚太经合组织、亚洲备灾中心等国际或区域组织加强合作，形成了中日韩合作框架、中俄印救灾合作机制、金砖合作机制、东盟框架，密切了与俄罗斯、美国、欧盟国家的政府间双边合作关系。2019 年 3 月，莫桑比克遭受热带气旋“伊代”的袭击。经党中央、国务院批准，应急管理部迅速组织派出中国救援队赶国外参与为期 12 天的国际救援，受到了国际社会的广泛赞誉，展现了中国的大国担当。

◎ 结　语

应急管理是国家治理体系和治理能力的重要组成部分。2018年，在党和国家机构调整中，我国拉开了应急管理改革的帷幕。经过两年多的不懈努力，改革成效已经在重大灾害事故应对过程中得到充分显现。应急管理改革是一项前无古人的事业，富有创新性与挑战性，不可能在短期内一蹴而就。目前，改革遭遇的一些难点、堵点还需要进一步攻克、疏通，甚至改革本身也可能伴生、引致新的问题。在本书即将杀青之际，党的十九届五中全会召开，通过了《中共中央关于制定国民经济和社会发展第十四个五年规划和二〇三五年远景目标的建议》，为我国经济社会发展，包括应急管理现代化指明了方向。

展望“十四五”时期和2035年远景目标，我国发展环境的急剧变化将对应急管理现代化提出新的更高的要求。深化应急管理改革，必须贯彻落实党的十九届五中全会精神，准确识变、科学应变、主动求变，以前瞻的视野与务实的态度，推进我国应急管理体系和能力的现代化，重点是要认准三个方向：更加有力的综合协调、更加科学的风险防范、更加有效的社会治理。

一、更加有力的综合协调

党的十九届五中全会指出，“十四五”时期是我国全面建成小康社会、实现第一个百年奋斗目标之后，乘势而上开启全面建设社会主义现代化国家新征程、向第二个百年奋斗目标进军的五年。在这一具有承前启后意义的关键时期，我国发展环境面临着深刻复杂的变化。虽然和平与发展仍是当今世界两大主题，但不确定、不安定、不稳定因素明显增多。在新发展阶段，我国虽然仍处于重要战略机遇期，但机遇与挑战都有新的变化，国内改革发展稳定的任务异常繁重，可以预见与难以预见的风险同时涌现。在此背景下，传统安全威胁与非传统安全威胁叠加，国家安全与公共安全的界限日益模糊，国内风险与国际风险相互促动，并可能形成迟滞中华民族伟大复兴进程的系统性风险，将对我国国家治理现代化提出前所未有的严峻挑战。

我国幅员辽阔，经济社会发展不平衡不均衡的特点突出，面临着双重现代化的考验，即从农业社会向工业社会转型的“第一现代化”与从工业社会向后工业社会转型的“第二现代化”。每一类型的现代化都意味着与传统的断裂和超越，必然伴随着风险的激增与突发事件的高发、频发、重发。而且，“第一现代化”与“第二现代化”之间也存在着巨大的冲突与张力，这是世界其他国家所没有的挑战。如果说“第一现代化”主要释放的是简单风险，则“第二现代化”主要释放的是系统性风险。两种风险的叠加结果就呈现出“超复杂风险”，它具有极强的弥散性特征，藐视工业社会基于部门职能划分的管理边界，让综合协调成为应急管理领域最为重要的主题。

党的十九届五中全会指出，要“把安全发展贯穿国家发展各领域和全过程”。以往，我们主要强调，“安全发展”是安全生产的一根“红线”和“高压线”。今后，安全生产成为国家整体发展的一条“主线”和“底线”，其主要原因是，影响我国经济社会发展的风险可能会跨越部门、地域、领域等人为设置的一切屏障，毫无障碍地自由扩散与传导，分布于各个领域、各个部门，甚至叠加成超复杂性风险，即迟滞中华民族伟大复兴进程的系统性风险。应对系统性风险，必须极端重视综合协调。

将 11 个部门的 13 项职责整合在一起、组建新的应急管理部，是党中央着眼国家治理体系和治理能力现代化的一项重大举措与英明决断。成立以来，应急管理部勇于担当、善于作为，一路披荆斩棘，明显地提升了我国应急管理能力。但是，搭建应急管理体系的四梁八柱，绝不是应急管理改革的“休止符”。早在成立之初，应急管理部的主要负责同志就明确指出，应急管理部是“防范化解重特大安全风险的主管部门，健全公共安全体系的牵头部门，整合优化应急力量和资源的组织部门，推动形成中国特色应急管理体制的支撑部门”。回头来看，这一定位是契合实际、非常准确的，也是高瞻远瞩、富有远见的。当然，作为一个“部门”，应急管理部来“牵头”“组织”“推动”“支撑”，的确存在着一定的困难。这恰恰是未来国家在深化应急管理改革、健全应急管理体系必须解决的体制性难题。在“安全发展”成为各部门工作首要任务的背景下，应急管理部的指导与支持作用恐怕是难以或缺的，因为它是以防范化解重大安全风险、提高国家应急管理水平、确保人民群众生命财产安全和社会稳定为己任的专业机构。坚持总体国家安全观，健全防范化解重大风险的体制机制，将安全发展的理念落实落细，需要国家进一步深化应急管理改革，让应急管理部超脱“部门”定位的局限，在综合协调中扮演更为重要的角色。这是应急管理着眼两个“大局”、坚持两个“至上”的必然要求，绝非出于部门利益精打细算的“小账”。那种认为“应急管理部只负责自然灾害与事故灾难两大类突发事件处置”的观点是有着明显局限性的误读。

二、更加科学的风险防范

应急管理是一个包含减缓、准备、响应、恢复活动的全流程闭环。它不是一个线性的“流水作业”，更不是只关心应急响应。现代应急管理的发展要求应急管理的重心前移，即从重视事后的应急响应转向事前的风险防范。党的十八大以来，习近平总书记特别强调风险管理和综合减灾，反复强调“两个坚持，三个转变”。我们认为，这绝不仅仅适用于自然灾害管理，对整个应急管理工作都具有全局性、普适性的指导意义。

经济社会的高质量发展要求我们以更为科学的理念进行风险防范，补齐我国应急管理的短板。中华人民共和国成立以来，在中国共产党的领导下，我国在应对特大洪水、地震、疫情等突发事件的过程中依靠举国动员，战胜了一个又一个艰难险阻，彰显了极大的政治优势和制度优势。应急管理者还必须遵循底线思维，着力应对具有高度复杂性和高度不确定性的系统性风险。安全与风险是一枚硬币的两面。应急管理工作坚持总体国家安全观，必然要重视防范化解重大风险。

一提到科学，人们就会情不自禁地想到更为先进的技术手段。其实，影响风险防范科学效能的主要是制度因素。应急管理改革后，灾害与事故风险的相互耦合、关联得到了很大的重视。北京、云南等地都模拟自然灾害引发安全生产事故的情境，举行多灾种协同处置的演练。未来，我们还应着意打破部门职责界限，进一步发挥应急管理部门的综合优势和其他部门的专业优势，基于全灾种和灾害链的分析，进一步健全综合风险防范的制度，达到护牢“底板”、守住“底线”的目的，因为重大风险必然会超出某一特定的功能领域。

不仅如此，大数据、云计算、物联网、人工智能、量子信息等高新技术的发展给人们带来前所未有的福祉，同时也可能造成难以预料的公共安全风险。应对前所未有、前所未遇的风险，我们要按照习近平总书记所强调的，“把困难估计得更充分一些，把风险思考得更深入一些”。同时，要进一步深化应急管理改革，以能力和韧性为基础，构建整合式的综合风险防范体系。

深化应急管理改革，必须在思想观念上与时俱进。自 2018 年 10 月 10 日中央财经委员会第三次会议以来，应急管理部牵头推动自然灾害防治“九大工程”建设，积极践行“生态优先”的原则。2020 年 8 月，习近平总书记在蒙洼蓄洪区视察防汛抢险工作时说：“愚公移山、大禹治水，中华民族同自然灾害斗了几千年，积累了宝贵经验，我们还要继续斗下去。这个斗，要尊重自然，顺应自然规律，与自然和谐相处。全面建设社会主义现代化国家，我们要提高抗御灾害能力，在抗御自然灾害方面要达到现代化水平。”党的十九届五中全会提出，推动绿色发展，促进人与自然和谐共生。从自然灾害风险防范来看，绿色发展是安全发展的必然要求。曾经，我们在防范自然灾害风险的过程中突出人的意志和对自然的征服欲，结果屡屡遭到“大自然的报复”。今天，抗御自然灾害不仅要树立“减负为正”的理念，更需要坚持“绿水青山就是金山银山”。

风险防范绝非应急管理部一家的事情，而是全政府、全社会共同的治理责任。过去那种以“各司其职”为名，“铁路警察，各管一段”的陈旧模式已经不适应新时代风险管理的要求。如何发挥应急管理部的牵头作用，确保风险防范各项措施统得起来、落得下去，是深化改革必须解决的高难度课题。

三、更加有效的社会治理

回顾历史，无论是在中央苏区、边区、抗日根据地、解放区，还是在夺取全国胜利后的新中国，中国共产党始终将救灾救荒作为一项关乎民生、民心的重要工作。应急管理是最能体现党为中国人民谋幸福、为中华民族谋复兴的一个领域。从始至终，中国共产党在应急管理工作中都坚持群众路线，发动群众，依靠群众，从而凝聚成应对重大突发事件的磅礴力量。今天，在加强党的领导的大前提下，我们要弘扬党的群众路线优良传统，以社会治理创新带动应急管理改革的深化。

党的十九届五中全会提出，要“加强和创新社会治理。完善社会治理体系，健全党组织领导的自治、法治、德治相结合的城乡基层治理体系……建设人人有责、人人尽责、人人享有的社会治理共同体”。纵观世界各国的应急管理发展，从政府独导到社会共治的转变，是受人类社会风险形态演变的驱使。“应急管理”这样蹩脚的概念，实际上也无非是提示外行去关注应急主体的多元化、工具的多样化。在世界进入风险社会的背景下，无处不在、无时不在的风险使得仅靠政府的资源和力量防不胜防，巨灾的应对更需要社会协力。

汶川地震发生后，我国志愿者踊跃投身应急救援，为抗震救灾做出了重要的贡献。2008 年被称为“中国志愿者元年”。多年来，蓝天救援队、公羊队等社会救援力量在国内外突发事件应对中都起到了重要的作用。此外，每逢大灾大难，社会各界踊跃捐赠钱款、物资，彰显人间大爱。但是，每一次社会力量参与和救灾捐赠都会引发无序、不透明、不及时等舆情风波。这主要是因为我国社会力量发育较晚，社会治理还存在弱项。应急管理部成立后，将社会力量纳入国家应急救援体系，开展救援技能比武竞赛，努力理顺应急管理中的政社关系。同时，应急管理部还与安能、铁路、航空等大型国企签订合作协议，旨在挖掘企业的应急潜能。如今，政府、企业、社会组织协同应急的格局基本形成，但距离共建、共治、共享的标准尚存在一定的差距，还需要进一步通过深化改革实现制度的完善。

治理突发事件需要动用多样化的政策工具。从 1982 年开始，浙江省诸暨县(现为诸暨市）民政局就与县农业银行协作，积极配合县保险公司动员农民参加家庭财产保险。这是我国利用市场化手段分散灾害风险的创造之举。但是，40 年过去了，我国灾害保险特别是巨灾保险尚不发达，依旧是一个制约我国防灾、减灾、抗灾能力提升的因素。2020 年夏天，在安徽洪灾中暴露出来的土地承包商集中受损问题，呼唤着巨灾保险制度的尽快完善。

面对复杂性风险，应急管理的重心必须下移，风险防范责任必须分解到每一个社会单元、社会成员，从而做到“人人受益，人人有责”。例如，进入老龄化社会后，老年人的防灾减灾将会给社会提出新的挑战。河南鲁山养老院火灾、“长江之星”号客轮沉没、哈尔滨北龙温泉酒店火灾等都是发人深省的案例。家庭养老与机构养老作为养老的模式依旧会发挥作用，但社区养老越来越成为切实可行的选择。社区养老服务工作者的应急知识、技能直接影响着老龄社会的公共安全水平。

在突发事件应对中，社会力量不是处于“呼之即来，挥之即去”的被动地位，更不是一种可有可无的“点缀”。更为有效的社会治理，意味着社会力量不再是边缘化的“参与者”，而是应急管理当之无愧的主体，必须具备应急管理的专业知识与技能。2018 年成立应急管理部后，应急管理部强调，加强应急管理基础理论研究，大力推动应急管理学科建设，高度重视应急管理科普宣教，这些打基础、利长远的重要举措都有助于实现应急管理社会共同体的形成。

2021 年是中国共产党成立一百周年。中国人民实现了第一个百年奋斗目标，正在迈向全面建成社会主义现代化强国的第二个百年奋斗目标。习近平总书记指出：“新的征程上，我们必须增强忧患意识、始终居安思危，贯彻总体国家安全观，统筹发展和安全，统筹中华民族伟大复兴战略全局和世界百年未有之大变局，深刻认识我国社会主要矛盾变化带来的新特征新要求，深刻认识错综复杂的国际环境带来的新矛盾新挑战，敢于斗争，善于斗争，逢山开道、遇水架桥，勇于战胜一切风险挑战！”进入新时代，迈向新征程，应急管理事业必须提高政治站位，做到“两个维护”；必须善于战略谋划，立足“两个大局”；必须坚守应急管理的基本价值遵循，奉行“两个至上”；必须有效防范化解重大风险，统筹好“两件大事”；必须持续深化改革，拿出防灾减灾的“战略性举措”，强化“两个根本”，即从根本上解决问题，从根本上消除事故隐患，锻造全灾种、大应急的国家综合性消防救援队伍，健全应急管理体系，将制度优势转化为治理效能。

七七事变前夕，一个 25 岁的河南大学的学生应“中国文化史丛书”之约，写下了 25 万字的《中国救荒史》。这个年轻人就是邓拓。他豪迈地说：“目前国难当头，我们应该做一件扛鼎的工作，不是在战场上和敌人进行生死搏斗，就应该在学术上有所贡献，写一二种大部头的学术著作，发扬祖国的文化。”1937 年 9 月，他北渡黄河，奔赴抗日前线。在河北辛集，邓拓先生写下了一首诗《寄语故园》：

四年执笔复从戎，不为虚名不为功。
独念万众梯航苦，欲看九州坦荡同。
梦里关河闻唳鹤，兵间身世寄飘蓬。
寄语故园双老道，征蹄南北又西东。

邓拓先生的热血豪情让人钦佩。在实现中华民族伟大复兴中国梦的历史进程中，作为应急管理学者，我们应以不懈求索的情怀为“逢山开路”探路、为“遇水架桥”打桩，这是一种特别的骄傲与荣光。

◎ 参考文献

习近平. 习近平谈治国理政：第3卷. 北京：外文出版社，2020.

中共中央党史和文献研究院. 习近平关于防范风险挑战、应对突发事件论述摘编. 北京：中央文献出版社，2020.

中共中央党史和文献研究院. 习近平关于统筹疫情防控和经济社会发展重要论述选编. 北京：中央文献出版社，2020.

王宏伟. 新时代应急管理通论. 北京：应急管理出版社，2019.

王宏伟. 中国应急管理改革：从历史走向未来. 北京：应急管理出版社，2019.

王宏伟. 健全应急管理体系探析：从制度优势到治理效能. 北京：应急管理出版社，2020.

中华人民共和国应急管理部. 中国应急管理年鉴（2018）. 北京：应急管理出版社，2020.

薛澜，张强，钟开斌. 危机管理：转型期中国面临的挑战. 北京：清华大学出版社，2003.

郭济. 中央和大城市政府应急机制建设. 北京：中国人民大学出版社，2005.

冯惠玲. 公共危机启示录：对SARS的多维度审视. 北京：中国人民大学出版社，2003.

金磊. 中国城市安全警告. 北京：中国城市出版社，2004.

汪永清. 中华人民共和国突发事件应对法解读. 北京：中国法制出版社，2007.

卡普费雷. 谣言. 上海：上海人民出版社，1991.

郭庆光. 传播学教程. 北京：中国人民大学出版社，1999.

俞可平. 治理与善治. 北京：社会科学文献出版社，2000.

高钰琳，解亚宁. 突发公共危机事件的心理自我防护. 广州：暨南大学出版社，2005.

卢涛. 国家公务员九项能力培训教程：应对突发事件能力. 北京：人民出版社，2005.

刘铁民．应急体系建设和应急预案编制．北京：企业管理出版社，2004．

李飞．《中华人民共和国突发事件应对法》释义及实用指南．北京：中国民主法制出版社，2007．

贝克．风险社会．南京：译林出版社，1992．

孙绍骋．中国救灾制度研究．北京：商务印书馆，2004．

王美权．美国战争动员与危机管理．北京：国防大学出版社，2007．

刘军甫，郭炎．防空防灾一体化建设研究．北京：海潮出版社，2008．

U. Rosenthal. Coping with crises：the management of disasters，riots and terrorism. Charles C. Thomas Publisher，1989.

David A. McEntire. Disaster response and recovery：strategies and tactics for resilience. John Wiley & Sons Inc.，2007.

Emergency management in Australia：concepts and principles. Commonwealth of Australia，2004.

William L. Waugh Jr.. Terrorism，homeland security and the national emergency management Network. Public organization review，2003，3 (4).

William L. Waugh，Jr.. The political costs of failure in the Katrina and Rita Disasters//Annals of the American Academy of Political and Social Science，2006.

George D. Haddow，Jane A. Bullock，Damon P. Coppola. Introduction to emergency management. Elsevier Inc.，2006.

National Research Council of National Academics. Army science and technology for homeland security. The National Academics Press，2001.

Michael K. Lindell，Carla S. Prater，Ronald W. Perry. Introduction to emergency management. John Wiley & Sons Inc.，2007.

Richard T. Sylves，William R. Cumming. FEMA's path to homeland security：1979－2003. Journal of homeland security and emergency management，2004，1 (2).

Damon P. Coppola. Introduction to international disaster management. Elsevier Inc.，2007.

FEMA. Guide for all-hazard emergency operations planning，1996.

Uriel Rosenthal. Managing crises：threats，dilemmas，opportunities. Charles C. Thomas Publisher，2001.

Richard J. T. Klein，Robert J. Nicholls，Frank Thomalla. Resilience to natural hazards：how useful is the concept?. Environment hazards，2004，5 (1-2).

Jessica A. Hubbard. Emergency management in higher education：current practices and conversations. The Public Entity Risk Institute，2008.

图书在版编目（CIP）数据

应急管理新论/王宏伟著. --北京：中国人民大学出版社，2021.8
（新时代应急管理学科建设丛书）
ISBN 978-7-300-29745-3

Ⅰ.①应… Ⅱ.①王… Ⅲ.①突发事件-公共管理-研究 Ⅳ.①D035.29

中国版本图书馆 CIP 数据核字（2021）第 159929 号

新时代应急管理学科建设丛书
应急管理新论
王宏伟 著
Yingji Guanli Xinlun

出版发行	中国人民大学出版社		
社　　址	北京中关村大街 31 号	**邮政编码**	100080
电　　话	010－62511242（总编室）		010－62511770（质管部）
	010－82501766（邮购部）		010－62514148（门市部）
	010－62515195（发行公司）		010－62515275（盗版举报）
网　　址	http://www.crup.com.cn		
经　　销	新华书店		
印　　刷	固安县铭成印刷有限公司		
开　　本	720 mm×1000 mm　1/16	**版　　次**	2021 年 8 月第 1 版
印　　张	16.75 插页 1	**印　　次**	2024 年 8 月第 3 次印刷
字　　数	258 000	**定　　价**	98.00 元